新時期中國知識份子研究

■ 朱志榮 著

認識大陸作家系列

目　次

引　言

　　從 1976 年末到 1989 年這十來年間，中國知識份子和他的民族一起迎來了新的歷史時期。他們在經歷了一場深重的劫難、人性受到壓抑和扭曲之後，又逐步甦醒過來。從自身的解放到推動社會的變革，中國的知識份子做出了積極的努力。隨著社會變革的不斷發展，隨著中國門戶的開放，也隨著經濟形勢的不斷推進，知識份子對待政治、經濟和文化發展的態度出現了多元化趨勢，並且產生過激烈的爭論。知識份子的經濟地位因社會的轉軌而出現過一段危機，而知識份子的社會觀人生觀也因思想意識的激進或保守，與環境發生了激烈的摩擦，因此，八〇年代後期的中國知識份子，一度陷入了苦悶和彷徨的狀態。

　　隨著對「文革」等時期冤假錯案的平反，加之國家建設對知識份子和人才的需要，中共中央毅然做出了給「右派」分子全部摘帽的決定。這些平反固然主要出於政治原因，而知識份子由此獲得了解放，卻是不可懷疑的事實。在十一屆三中全會上，鄧小平明確指出：「應該承認，毛澤東同志曾經把知識份子看成是資產階級的一部分，這樣的話，我們現在不能繼續講。」他還繼續周恩來的做法，把知識份子看成是工人階級的一部分，並在各種環境和場合下多次呼籲要在黨內造成尊重知識、尊重人才的空氣。他從教育和科技入手，推翻關於十七年的「兩個估計」，決定恢復高考招生制度和選派留學生制度，為教育和科技培養生力軍。在 1978 年的全國科學大會上，鄧小平還強調了科學技術也是生產力。與此同時，一批知

識份子也不斷地為提高自身的地位大造輿論。這一系列的措施，以及對知識份子的科研工作環境和生活待遇的改善，重新喚起了科學家和教育家們獻身科學文化和教育事業的激情，大大地調動了廣大知識份子投身改革、建設四化的積極性。這是新中國知識份子繼1956 年以後迎來的又一個春天，也是二十世紀中國知識份子永遠值得紀念的最輝煌的時刻。後來改革開放的優秀人才，大多由此獲得了培養和鍛煉。

在思想解放的運動中，知識份子起到了積極的推動作用。無論是反對「兩個凡是」，還是在真理標準問題的討論過程中；無論是在經濟體制改革的歷史進程中，還是在科學文化與國際接軌的艱難征途中，廣大知識份子都積極投身其間，發揮了重要的作用。歷經「文革」的嚴冬，隨著對「兩個凡是」的批判，知識份子思想的禁區被逐漸突破，出現了一系列反思「文革」十年乃至五〇年代的傷痕文學、暴露文學等，這對於調整不正常的時代所扭曲、變異了的人性，恢復人們正常的精神生活，調動人們投身偉大、嶄新的改革時代的積極性，起著引導和鼓舞作用，而且使文學本身從「高、大、全」的桎梏中掙脫了出來，對繁榮新時代的藝術起著推動作用。雖然人們在反映社會生活的角度、尺度以及藝術形式的探索及其改革幅度等問題上曾有過種種爭議，但總體上看，對整個社會和文學藝術的發展作用是積極的。同時，隨著對教條主義的批判和門戶的開放，一些三、四〇年代曾經被介紹到中國來的西方現代新思潮和六、七〇年代西方流行的新思潮這時被廣泛地介紹到中國來。這些新思潮產生了一定的積極影響，也產生了一些消極影響。有些「文革」結束前曾經歷經苦難的知識份子和一些青年知識份子，因不滿社會中所存在的種種詬病，認同西方對立的政治形態，這就與領導層產生了激烈的衝突。領導層也正是在此背景下主張和強調「四項基本原則」的。

　　在八〇年代的社會發展進程中,知識份子的社會地位經歷了一個由興到衰的過程。從 1981 年底開始的幹部體制改革,提出幹部隊伍建設的「四化」標準,即「革命化、年輕化、知識化、專業化」,使一批知識份子特別是年輕的知識份子走上了領導崗位。這在我國長期以來以官本位為尺度衡量人生價值的大眾心理中,知識份子的社會地位無形中得到了明顯的提高。加之平反冤假錯案,評定職稱和「尊重知識、尊重人才」的宣傳,知識份子在人們心目中的形象大為改觀。知識份子自身也懷著一種崇高的使命感,摩拳擦掌,為國家的四化建設躍躍欲試。但好景不長,由於領導層中不少人還存在著極左思想的殘餘,也由於一部分知識份子在思想觀念上與中央精神有一定的差異,隨著經濟的改革開放,人民的生活水準逐步提高,而知識份子的經濟和生活待遇卻逐步下滑,社會待遇在新時期也曾經明顯下降。從 1985 年開始,各類報刊已經在為知識份子的可悲境地呼號吶喊。也就在這一年,六屆人大九次會議決定,重新設立教師節。設立教師節是為了體現關懷,知識份子需要關懷,說明他們這時已經成了弱者。兒童節、婦女節、勞動節都是這樣設立起來的。當然,也有人在這一轉變的早期,採取了積極樂觀的態度來對待這一轉變。

　　當時知識份子中的相當一部分人,由於看待問題的視角、方法等因素,使得他們的看法與鄧小平的改革開放思想有一定的差異。這些人或是以己度人,在理解時事的政策上揉合了自己的觀點,對鄧小平在堅持四項基本原則的基礎上搞經濟的改革開放,和建設有中國特色的社會主義把握得不夠準確。這就形成了一系列思想上的矛盾衝突。例如在右派平反問題上,當年的許多觀點鮮明、態度強硬的知識份子認為自己當初的觀點和價值取向是正確的,一如既往地堅持過去的意見和態度,結果導致他們與外部環境之間產生了激烈的衝突。由他們和與他們觀點相近的知識份子在思想界所形成的

思潮，被稱為「資產階級自由化」思潮。鄧小平在 1986 年 12 月
30 日就說，方勵之、王若望等人「猖狂得很」，「要開除」他們的
黨籍。並說「1957 年反對資產階級右派的鬥爭，有太過火的地方，
應當平反。但我們對它沒有全盤否定。」[1]這種觀點在鄧小平的思
想中是一以貫之的。不少知識份子看到了鄧小平尊重知識、尊重人
才的觀點，看到了鄧小平發展市場經濟的觀點，這些觀點與他們自
己的想法有一定的一致性，卻沒有意識到鄧小平對堅持四項基本原
則（特別是堅持社會主義道路和共產黨的領導這兩個方面）的態度
更為堅決。少數知識份子甚至錯誤地以為資本主義只可幹、不可
說，掛社會主義的羊頭賣資本主義的狗肉就是鄧小平思想。而王若
望、方勵之、劉賓雁等少數有著幾十年中國共產黨黨齡的知識份
子，則早就明確提出反對四項基本原則。從改革開放早期知識份子
全面地投身到國家建設之中，到八〇年代中期一部分知識份子陷入
困境，迷茫、抱怨乃至和官方對抗，都反映了這部分知識份子的世
界觀和人生觀。他們對西方民主的推崇與追求，除了與他們本人的
世界觀、人生觀相關外，還與過去左傾錯誤給我們民族和國家所帶
來的深重災難對他們所產生的影響有關。當時國際大氣候的影響，
當然也是一個重要因素。同時，一些知識份子在新時期整個歷程
中，也暴露出其自身的弱點，其中既包括傳統知識份子的弱點，也
包括二十世紀後半期歷次運動中一些知識份子所形成的垢病。

在七〇年代末到八〇年代末的新時期，在改革開放的大趨勢和
黨的知識份子政策不斷調整的過程中，中國知識份子曾經復甦了他
們的創造性激情，在突破思想禁區、科技革命和發展經濟等一系列
的重大事件中做出了積極的貢獻。他們當中的大多數人都能自覺做

---

[1]　《旗幟鮮明地反對資產階級自由化》，《鄧小平文選》第 3 卷，人民出版社
1993 年版，第 194-197 頁。

到把科技發展與國民經濟的發展結合起來，把當前的事業與崇高的歷史使命結合起來。同時，在改革形勢不斷深入和曲折發展的過程中，不同領域、不同層次的知識份子不斷地面臨著挑戰和抉擇，其中既反映了他們推動社會發展的積極性的一面，也反映了他們在面臨困難時的彷徨和苦悶。不過總的說來，中國知識份子在一場場社會風暴的洗禮中日益變得成熟起來。

新時期的知識份子在經歷了歷次運動，特別是「文革」的劫難以後，雖然還心有餘悸，有宛若驚弓之鳥的感覺，但總體上說，大部分人的心靈已逐步得到調整。猶如走過了漫漫的嚴冬，儘管他們還常常有乍暖還寒的感覺，但他們的思想在逐漸甦醒，思維在逐漸活躍，那一顆顆被壓抑的心也恢復了對國家前途、個人命運的信心，意識到國家的經濟已經到了崩潰的邊緣，科學技術的總體水準已經遠遠落後於國際先進水準，於是他們在不同的崗位上為國家、為人民發奮學習，努力工作。作為人文知識份子的藝術家們、思想家們更是為國家走出危難而奔走呼號、吶喊助威。徐遲的報告文學《哥德巴赫猜想》不僅是知識份子獻身科學的真實寫照，而且還激勵了無數的知識份子包括青年學子為振興中華而「只爭朝夕」。隨著時間的推移，中央對過去冤假錯案的糾正和改革開放政策的不斷深入，許多知識份子特別是人文知識份子對過去和未來做了深入的思考。

第一章　在思想解放的歲月裡

一、真理標準問題討論

　　到 1976 年，中國的社會在政治、經濟、乃至科學技術等領域全面地走向了崩潰的邊緣。粉碎「四人幫」以後，舉國上下雖然都想振奮精神，發奮圖強，但整個思想觀念依然被禁錮著，極左思潮積重難返。在此背景下，解放思想、更新觀念，成了社會發展必須解決的前提性的根本問題。鄧小平新時期復出以後，首先要解決的就是解放思想問題。只有解放思想，才能談得上解放生產力、發展經濟、發展科學技術，才能談得上提高人民的生活水準，也才能談得上提高人的素質。但在當時的時代背景下，要想解放思想，其阻力是可想而知的。鄧小平、胡耀邦等領導人正是從支持真理標準討論開始，一步一步地推進了舉國上下的思想解放運動。而知識份子在其中無疑起到了積極的作用。這當然也不排除知識份子中一部分人長期受過極左思想的毒害，在其中起阻撓作用，但對於大部分知識份子來說，他們與改革派的領導層在思想解放運動方面總體上是合拍的，而另一部分知識份子思想則更為超前。有一些更為激進的知識份子在思想上與改革派的領導層還發生了激烈的衝突，不符合領導層後來所提出的、實際上也是限制他們的「四項基本原則」。在一定的範圍內可以說，是中央給了這些知識份子言論的自由。但這些激進的知識份子認為，從更高的層面上講，政府是人民的政

府，包括知識份子在內的人民，有權利發表自己的言論。因此，在
思想解放運動中，知識份子與改革派的領導層雖然大的方向上是一
致的，但仍然有一些知識份子與中央有一定的分歧和摩擦。

　　毛澤東晚年錯誤地發動了「文化大革命」，把個人崇拜推向極
致，給國家和人民帶來了深重的災難。「文革」後期毛澤東本人雖
有所醒悟，希望安定團結、恢復生產、發展經濟，但對於涉及「文
革」帶來的後遺症的處理和「文革」評價等問題十分敏感。因此，
他既同意周恩來推薦鄧小平出來主持工作，又堅決反對鄧小平清理
「文革」遺留問題的所謂「翻案」態度。鑒於「四人幫」與鄧小平
等人的激烈鬥爭，毛澤東晚年不得不匆忙地安排他的後事，從國務
院副總理中的順從、溫和派人士裡，挑選出他培養多年並從湖南提
拔到中央的華國鋒出來主持工作。不久，毛澤東的心臟便停止了跳
動，他反覆更迭的接班人的安排也倉促地劃上了句號。

　　1976 年對於中國來說是多事之年，天災人禍層出不窮。1 月 8
日，周恩來逝世。7 月 6 日，朱德逝世，7 月 28 日，唐山發生了特
大地震。9 月 9 日毛澤東逝世。這些災禍給中國社會帶來了打擊，
也帶來了轉機。從 1 月開始，特別是清明節前後的悼念活動中，社
會各界表達了對「四人幫」和極左思潮的抗議。到葉劍英、華國鋒、
汪東興等人實施逮捕「四人幫」，中國社會發生了方向性的轉折。

　　不過事情還遠遠沒有這麼簡單。當時所面臨的癱瘓局面，變革
起來困難重重。雖然粉碎了「四人幫」，排除了這場你死我活的鬥
爭的另一種可能性的出現，但華國鋒等人為了維持毛澤東「文化大
革命」時期的思想和政策，為了作為合法繼承人而鞏固自己的地
位，出於對毛澤東的崇拜與感激，也出於幾十年來長期培養起來的
思維定勢，提出了「兩個凡是」的口號。1976 年 11 月 30 日，當
時的中央政治局委員、北京市委書記吳德在一次公開講話中，率先
提出「兩個凡是」。後來，1977 年 2 月 7 日《人民日報》、《紅旗》

雜誌、《解放軍報》兩報一刊社論《學好文件抓住綱》中明確提出了「兩個凡是」，即：「凡是毛主席做出的決策，我們都堅決維護，凡是毛主席的指示，我們都始終不渝地遵循。」華國鋒在 1977 年 3 月 10 日的工作會議上，又強調了這一點，並根據這個原則認為：「批鄧、反擊右傾翻案風」是「偉大領袖毛主席決定的，批是必要的。」這種基調，對於許多人多年來想解放思想，突破舊有束縛，促進全國的社會、經濟發展無疑是一大阻力。

當然同時，華國鋒又採取了一些緩和過去矛盾的做法。這些做法為當時突破「兩個凡是」提供了重要契機。正是在這次工作會議上，華國鋒明確提出：「在適當的時機讓鄧小平同志出來工作。」儘管他當時依然在重複「確有極少數反革命分子製造了天安門廣場上的反革命事件」的說法，但他進一步明確表態說：「群眾在清明節到天安門，表示自己對周總理的悼念之情，是合乎情理的。」這些話在當時確實是難能可貴的。讓鄧小平出來工作，與毛澤東去世前定下的「保留黨籍，以觀後效」並不衝突，把「少數反革命分子」與「群眾」區別開來，也符合毛澤東的辯證法。其實在當時的背景下，邁開解放思想的每一步都是難能可貴的，當然也不能據此為不能適應新時代發展步伐的華國鋒辯護。

這時，無論是在「文革」受到衝擊的領導層，還是知識界，都感到粉碎「四人幫」就是要否定「文革」，要為天安門事件平反，這就涉及到毛澤東晚年的一些言論要被否定，而「兩個凡是」就成了絆腳石。於是，反對「兩個凡是」，要求解放思想的呼聲越來越強烈。1977 年 5 月，鄧小平剛一出來活動，不久，就提出要準確地、完整地理解毛澤東思想，並指出毛澤東「也犯過錯誤」。[1]接著又碰到了一批毛澤東同意打倒的老幹部需要平反等問題。1977 年 7

---

[1]　《鄧小平文選》（1975-1982），人民出版社 1983 年版，第 35 頁。

月 21 日,鄧小平在十屆三中全會上認為「四人幫」「引用毛澤東同志的某些片言隻語來騙人,嚇唬人。」[2]於是提出「實事求是」[3]這一毛澤東當年提倡的工作作風來排除極左分子干擾思想解放的行為。實事求是就是用實踐檢驗真理的意思,意在推翻「兩個凡是」,實行撥亂反正。鄧小平還說:「毛澤東同志畫了圈,不等於說裡面沒有是非問題了。」[4]包括 1976 年的天安門事件,包括批鄧,都是毛澤東畫了圈的,依然有是非問題。此後,鄧小平又多次重申了「實事求是」。

在 1977 年 9 月中共中央黨校復校後,全國一百四十七名省級幹部、四百九十六名司局級幹部、一百六十四名宣傳工作幹部,計八百零七名幹部參加了第一期學員班,為全國的討論真理標準、解放思想、改革開放培養了第一批幹部。在「真理標準討論」中扮演重要角色的《光明日報》總編輯楊西光就是 1978 年 4 月從第一期高幹讀書班畢業的。在 1977 年 9 月至 1978 年 4 月,黨校討論了《關於研究第九次、第十次、第十一次路線鬥爭的若干問題》的文件,文件中提出了「以實踐為檢驗真理、辨別路線是非的標準」的問題。這實際上正是當時鄧小平一再強調「實事求是」、反對教條主義思想的一種體現。學習毛澤東《實踐論》的活動、胡福明的《實踐是檢驗真理的標準》一文正是在這個背景下出現的。

1977 年 12 月 25 日出刊的中共中央黨校內部刊物《理論動態》第 31 期發表了邵華澤題為《文風和認識路線》的文章,其中第三個方面專談實踐是檢驗工作的好壞、水準高低的標準,並且在一開頭就引用了毛澤東的「真理的標準只能是社會的實踐」的話,並且聯繫實踐做了具體的闡釋。該文公開發表在 1978 年 1 月 9 日的《人

2　《鄧小平文選》(1975-1982),人民出版社 1983 年版,第 40 頁。

3　《鄧小平文選》(1975-1982),人民出版社 1983 年版,第 43 頁。

4　《鄧小平文選》(1975-1982),人民出版社 1983 年版,第 63 頁。

民日報》上。1978 年 3 月 26 日《人民日報》又發表了張成（即張德成）的短文《標準只有一個》，明確提出實踐是檢驗真理的標準。當時，有些人明確寫文章反對這種提法。《人民日報》還收到了二十幾封反對的信，認為應該是以馬克思主義為檢驗真理的標準。後來報社請邢賁思答覆，邢寫了《哲學與宗教》一文，發表在 1978 年 4 月 8 日的《人民日報》上，反對把毛澤東的言論當作神學的教條，反對搞信仰主義、愚昧主義，反對偶像崇拜。

　　1977 年 6 月至 8 月間，南京大學哲學系胡福明寫了《實踐是檢驗真理的標準》一文，寄送《光明日報》後，又修改了多次，1978 年 4 月經由中央黨校剛畢業出去就任《光明日報》總編輯的楊西光的重視，並請寫了同題文章的孫長江及中央黨校部分教員參與修改，送由胡耀邦審閱，擬在《光明日報》頭版以「本報特約評論員」文章發表，目的在於「讓人覺得這篇文章來頭很大，特別引人注目」。[5] 在人們過去的印象裡，歷來的特約評論員文章，特別是《人民日報》的特約評論員文章，都是中央高層授意寫的，或親自寫的。毛澤東就寫過類似的文章。《光明日報》據說以前還沒有刊登過自己的「特約評論員」文章。文章題目中的「唯一」兩字，胡福明說是楊西光加的，吳江後來追述，說是吳江他們修改時定的。[6] 而「科學無禁區」的說法則來自周揚[7]，並向胡耀邦送審了兩次，最後由胡耀邦修改定稿。先發表在中央黨校內刊《理論動態》1978 年 5 月 10 日第 60 期，擬署名為「光明日報社供稿，作者胡福明，本刊做了修改」，後來又刪去了「作者胡福明」字樣，但保留「光明日報社供（胡福明）稿，本刊做了修改」的字樣。5 月 11 日，《光明

5　胡福明：《真理標準大討論》，轉引沈寶祥：《真理標準問題討論始末》，中國青年出版社 1997 年版，第 71 頁。

6　見《傳記文學》，1995 年第 5 期。

7　見《真理標準問題討論始末》，第 73-74 頁。

日報》正式發表在頭版，那天正好是華國鋒訪問朝鮮回國。這當然不是巧合，而是為了避免阻力，並引起重視。它對當時理論上的撥亂反正和衝破禁區，無疑起著重要作用。

關於作者問題，孫長江事後對他們幾位的作用重視不夠表示不滿。孫長江提出，該題目的文章是吳江根據胡耀邦在中央學校提出真理標準問題討論，並向馬文瑞彙報，指定孫長江寫了《實踐是檢驗真理的唯一標準》，後來吳江在王強華把《光明日報》社胡福明的稿子送來時，將兩文「捏在一起，吸收孫文的好意見」，「文章實際上已重寫，整個過程胡福明都沒有參加」[8]。這個補敘過程的意圖十分明顯，淡化胡福明的作用，強調他自己和其它人的貢獻。雖然有些符合事實，但從根本上說，反映了知識份子中的致命弱點──爭功邀賞。假如這篇文章犯了彌天大罪，頂罪的人他們肯定會首推胡福明。倒是胡福明對此相對比較通脫。在大型電視文獻紀錄片《鄧小平》第6集中，胡福明說：「據我知道，為這篇文章做出貢獻的有一批同志，這也是集體創作。」

當然，胡福明寫作《實》文時，以及《光明日報》編輯王強華擬發該文時，本來只是擬發一篇理論文章而已，雖然文章本身具有現實意義，但他們並沒有有意去做政治投機，更沒有料到它會產生如此廣大而深遠的影響。現在把《實》文作為一個政治性事件進行研究，自然超出了胡、王的初衷。聯繫鄧小平、胡耀邦在此前後的有關言論和思想，鄧小平提出實事求是，胡耀邦提出真理標準問題，都是這篇文章被重點修改和編發的背景，而在修改操作過程中，更是得到了胡耀邦等人的直接支持。根據操作者的意圖（包括政治意圖）對文章做的修改（當然也包括技術上、語言邏輯上的修改），目的是通過這篇文章引起震動，推進思想解放運動，並且以

---

[8]　同上，第87頁。

此作為《光明日報》改版、改革的突破口。如果把《實》文的發表和修改定位在局面還不太明朗時，鄧小平、胡耀邦等第二代領導人策略的政治操作過程中的一個環節，修改人的貢獻在於把文章本身整理好。那麼，某些人就未必會這樣無聊地爭來爭去了。當時《理論動態》署《光明日報》供稿，供的就是胡福明的稿。文章一經發表，胡福明是要冒很大風險的。當然修改過程中大家的智慧也是不可抹殺的。例如沈寶祥曾提議引用華國鋒關於毛澤東「總是要讓他的著作經過一段時間的實踐的考驗以後再來編定他的選集」的話，以便堵堵非議這篇文章的人的嘴。

　　《實》文5月11日在《光明日報》發表後，許多報刊陸續轉載，其中離不開與鄧、胡思想相投的人，也包括從中央黨校先後畢業的那批人。討論展開時，中央黨校的第一期學員，在中央各部門（包括宣傳部門）和各省市起著推動作用。而第二期學員則直接參加了討論的過程。看來胡耀邦抓黨校，在培養新時期撥亂反正的幹部方面，起到了重要作用。

　　《實》文發表、操作過程都是在胡耀邦支持、參與下進行的。1978年6月2日，在全軍政治工作會議上，鄧小平針對「兩個凡是」，又進一步闡述了「實事求是」、「一切從實際出發」、是否正確「還需要今後的實踐來檢驗」[9]，肯定了實踐標準的觀點。7月21日，鄧小平又專門找當時的中央宣傳部長張平化談話，要他支持討論，不要對真理標準討論下禁令、設禁區了。江澤民1990年6月12日回顧真理標準討論問題時說，這場討論是「在中央和鄧小平同志的直接支持與指導下」進行的。

　　在真理標準問題上，鄧小平、胡耀邦的觀點是一致的。鄧、胡過去長期合作，在許多方面是默契的。1978年7月22日鄧小平專

9　《鄧小平文選》（1975～1983），第109頁。

門打電話讓胡耀邦去談《實》文，並表揚了中央黨校的《理論動態》班子。鄧向胡透露政治局分工，鄧小平、葉劍英協助華國鋒掌管全面。胡耀邦說「這下可以大膽些了」。[10]從此他們就大膽地幹了。緊接著，胡耀邦在中央組織部長任上，狠抓了平反冤假錯案問題。而這正需要推翻「兩個凡是」，正需要真理標準的討論開路。胡耀邦後來經鄧小平提名接任中共中央主席、中共中央總書記，與他策劃、支援真理標準討論和平反冤假錯案的工作成績是分不開的。

真理標準問題的討論，主要體現鄧小平反對一切從本本出發、思想僵化和迷信盛行，反對用已經去世的毛澤東的言論作為約束鄧小平和一批志同道合的領導人的行動。整個過程反映了這本身主要不是一種學術行為，而是一種政治行為。這種行為是任何一個或一群純粹的知識份子沒有能力做到的。它必須通過領導層的策劃和推動，才能對整個社會的變革起到積極的作用，從而導致了思想的大解放，因而也就可以順利地進行一系列的撥亂反正工作。知識份子是這一活動的直接受益者。

真理標準的討論作為一種政治行為，對於衝破「兩個凡是」的樊籬，糾正 1949 年以來的一系列的錯誤，對於解放思想，提倡實事求是，起著重要作用，有著重大的現實意義。即使後來的事實證明在治本方面是有不足的，但在治表方面，當時確實起到了重要作用。所以這場大規模、深入的討論，對於知識份子來說，不只是大氣候的轉變，而且還使得長期受迫害的知識份子得到了平反，能夠挺起腰杆、重新堂堂正正地做人。同時，國家建設對人才也迫切需要。

真理標準的討論當然不是憑空而至的。它是在華國鋒支持反右、反極右，充分肯定「文革」，提倡「兩個凡是」，導致正常的工

10　沈寶祥：《真理標準問題討論始末》，第 127 頁。

作無法展開的背景下引發的。在 1977 年 5 月 4 日,《人民日報》編了一整版《天安門革命詩抄》,後被扣壓,又改成「內部發行」的書。這本身就突破了欽定的天安門事件問題。但事實上由於涉及天安門事件,依然受到了汪東興的阻撓。在組織上,1977 年 12 月初,原中央組織部長郭玉峰就由於一批老幹部的責罵在葉劍英、鄧小平、陳雲等人的干預下下了臺。胡耀邦繼任後,便著手解決大案要案的平反問題。這就需要真理標準討論在思想上、輿論上作先導,而平反本身又為改革開放提供了組織基礎。

在為「右派」平反問題上,特別是對於那些被毛澤東親自點了名的人,有人就是不肯改正,有些單位甚至要留樣板,留尾巴,防止「右派分子」「翹尾巴」。而提倡「實事求是」、「實踐是檢驗真理的唯一標準」,則是解決這一問題的有效手段。這樣可以突破毛澤東的話「一句頂萬句」的「個人崇拜和迷信的束縛」,突破華國鋒「照過去方針辦」的戒律,肯定毛澤東等人也有說錯了的。甚至在五〇年代中央領導層作為一個領導集體,包括鄧小平等人在內,在反右問題上都是有錯誤的,當然毛澤東的錯誤是主要的。因此,為右派平反是需要胸懷的。胡耀邦在經歷了「文革」的磨難後,對這個問題做了深刻反省,所以後來在平反右派時,對團中央的陳模等人的錯劃右派,以前團中央總書記的身份承擔領導責任,並在平反會議上說:「我向陳模同志道歉,也向其它同志道歉!」從 1978 年開始的右派改正(有的割了幾次尾巴,到死後才算徹底平反,如胡風等人),公職人員五十五萬餘人中絕大多數是知識份子,包括後來擔任國務院總理的朱鎔基,都曾被劃為右派,另外還有不少知識份子不在公職之列,如傅雷等人。在平反過程中,夏衍、楚圖南等一批官員率先平反,其它人繼之。

這批右派知識份子大部分都是學有專長,年富力強,國家建設十分需要的人才。到 1978 年 4 月 5 日,中共中央批准統戰部、公

安部《關於全部摘掉右派帽子的請示報告》，宣佈為右派分子摘帽。當然，儘管中共中央指出對他們及親屬、子女在政治上、生活上、工作上不得歧視，但在實際操作中，依然有一批基層幹部在執行過程中把他們入另冊，視為「摘帽右派」而加以歧視。直到 1978 年 12 月下旬，中共十一屆三中全會召開，把真理標準討論的成果逐步推開，才基本解決了老「右派」的平等工作權利和生活待遇問題。

　　「文革」中遭殃的教育界的知識份子，大都受「文革」期間「四人幫」所搞的「兩個估計」的影響。早在 1971 年 8 月 13 日，經毛澤東圈閱，中共中央 44 號文件曾經批轉了《全國教育工作會議紀要》，該紀要是經姚文元修改、張春橋定稿的。其中提出了對「文革」前的教育工作的「兩個估計」，即認為「『文化大革命』之前的 17 年，教育戰線基本上是資產階級專了無產階級的政，是『黑線專政』。在教育戰線工作的知識份子，大多數人的世界觀基本上是資產階級的，是資產階級知識份子。」這就使得教師們抬不起頭來，每逢學習就檢討、批判自己。粉碎「四人幫」以後，鄧小平一重新出來工作，就提出抓科技教育，這一方面是國家發展的關鍵所在，也是振奮人心的關鍵所在。1977 年 9 月 19 日，鄧小平與教育部有關人士談話中說：「『兩個估計』是不符合實際的，怎麼能把幾百萬上千萬知識份子一棍子打死呢？」「毛澤東同志劃了圈，不等於說裡面就沒有是非問題了。」1977 年 3 月 19 日，中共中央批轉教育部黨組《關於建議撤銷兩個文件的報告》。一是 1971 年的《全國教育工作會議紀要》，一是 1974 年河南馬振扶事件的《演示文稿》。許多知識份子把《紀要》視為教育界知識份子的緊箍咒，認為對它的否定解放了幾百萬、上千萬知識份子。

　　討論真理標準問題從輿論上促成了思想解放和改革開放，而平反冤假錯案則從組織上解決了鄧小平所需要的緊缺幹部和知識份子。兩者相輔相成，宣告了毛澤東時代的結束，鄧小平時代的開始。

以實踐為檢驗真理的標準的命題是正確的,但以實踐為檢驗真理的「唯一」標準,從學理上講顯然是不恰當的。當時這樣提倡是政治形勢的需要,是要破除對毛澤東個人的崇拜,破除一切從本本出發,從教條出發。但到底是不是一定要提倡經驗主義至上,是不是一切知識都要我們來重新檢驗?要不要把一切問題都拿來檢驗?這是需要從學理上予以辨析的。許多單位的領導蔑視知識份子、蔑視客觀規律,盲目地去幹,結果事實證明是錯誤的,給國家和人民帶來了不可估量的損失,還美其名曰「交學費」。一切都經過實踐,輕視人的理性作用,我們已經遭受了太大的損失。同時「事實」和「真理」也是不能劃等號的。這是我們在今後的發展中尤其需要釐清。對於不同時代的實踐,也不能用同一個標準來衡量。例如對於毛澤東不同時期的評價,便不能用同一條標準。雖然他領導新民主主義革命取得了勝利,但不代表他後來的一切言論都能成為真理。同樣,真理標準問題討論曾經有著偉大的現實意義,但不代表它肯定是絕對真理。即使是鄧小平充分肯定了的,我們也同樣需要對它進行檢驗,不一定句句是真理。

在真理標準討論的早期,就有一批學者發表了不同的見解,探討命題本身的科學性問題。但沉浸在真理標準討論的政治價值中的人們對此並未予以重視。直到二十年後的今天,依然是輿論一邊倒,不去深入思考命題本身的問題。沈寶祥 1997 年在中國青年出版社出版的《真理標準問題討論始末》一書在附錄中列出了有關的座談會、討論會目錄和「補課的社論、評論篇目」,其中都是些評論員文章和特約評論員文章,而隻字不提對真理標準命題討論的不同意見。這本身就不符合真理標準討論的原則。沈寶祥雖然是個職業教授,但其角色還是從政治角度出發寫評論員文章,而不是一名純粹的學者。從學理角度深入地探討真理標準的積極意義和命題的邏輯上的不足,對於命題的科學化和未來的社會現實無疑是非常重要的。

　　從邏輯上講，客觀事物及其規律才是檢驗真理的標準，而社會實踐只是檢驗真理的方式和途徑。在《學術月刊》1980 年第 9 期上，王保舵、史振軍的《真理的標準是客觀事物及其規律》一文，認為「社會實踐是檢驗真理的唯一可靠的根本途徑」。這就明確提出實踐是檢驗真理的途徑，而不是標準。他們還認為「實踐是一個活動過程，是一個反覆實踐不斷深化的無限過程。」「實踐作為真理標準之所以可能產生種種混亂，這是由實踐的不確定性及其所帶的主觀性一面所決定的。」實踐本身也有操作方式的對錯問題，人們的實踐過程也是需要檢驗的。人類通過實踐認識世界，隨著社會的發展越來越準確、正確。所謂的知識，只是人類運用感知的座標對對象認識的結果。知識作為真理只是相對真理。牛頓力學在當時為人類的進步作出了傑出的貢獻，而愛因斯坦的相對論則修正了牛頓力學，把人類科學知識的準確性大大地推進了一步。把實踐看成是檢驗真理的方式，一樣可以破除本本主義的錯誤，一樣可以糾正個人崇拜的危害。這類文章的目的只是從理論上把邏輯理清，並沒有抹殺實踐活動的價值。1981 年，張昌文曾提出實踐的結果是檢驗真理的標準，實際上也是認為實踐是檢驗真理的方式。[11]同時，實踐的方式也有助於人們透過現象看本質，將主觀認識與事物的本質規律聯繫起來。隨著人們認識能力的提高，實踐的方式和能力的進步，人們可以更進一步地逼近真理。實踐本身是一個無限發展的過程，反映了人們對真理的把握也是無限發展的。

　　作為檢驗真理的方式，實踐不是絕對的。齊振海曾認為「實踐不能對現有的一切理論、觀點，都做出正確的判斷」。實踐的準確程度受歷史條件限制，如波義耳氣體定律等，在某一個歷史時期是相對真理，隨著科學的不斷進步，更為準確的判斷就會取代原有的

---

[11]　張昌文：《實踐的結果與真理標準》，《貴州社會科學》1981 年第 2 期。

判斷。[12]而且實踐對真理的檢驗方式也不是唯一的。它通常與邏輯證明是相輔相成的。一座樓房有危險，有的是可以通過肉眼看見的，有的則要通過科學的理論進行邏輯驗證，而不能等到樓倒了，死了人才算是實踐檢驗。特別是現代科技知識更是如此。1981 年，周遠在《邏輯論證在認識中的地位和作用》一文中就曾指出，真理通過直接實踐和邏輯推論兩方面獲得檢驗。「邏輯方法是一種人類識別新認識的方法，是以實踐為基礎，與實踐既有聯繫又有區別的一種檢驗真理的方法。邏輯與實踐在檢驗真理的過程中雖然是協調活動的，但不是絕對平衡的，在不同的情況下，它們兩者在檢驗真理過程中的地位和作用都有所不同。」[13]

　　到 1989 年，胡俊卿的《論實踐核對總和邏輯證明的統一》一文認為檢驗真理的標準應該是實踐核對總和邏輯證明的統一。[14]由於當時的氛圍等局限，該文並不反對堅持實踐是檢驗真理的唯一標準，而是把「實踐檢驗視為特殊的邏輯證明」。

　　把邏輯證明與實踐看成是相輔相成的，並認為「實踐檢驗不可能完全證實真理」無疑是正確的，也恰恰可以見出兩者都是檢驗的方式，而不是標準。就邏輯證明而論，它是檢驗真理的論證方式，更加有利於人們透過現象看本質。因為實踐的過程容易被假像所蒙蔽，同時，實踐如果只是停留在感性直覺判斷，而不能進一步通過推理獲得更為深刻的知識，人類將無法進步。我們如果僅僅滿足於對現實的是非評判，人類就不可能有今天高深的科技。如果人們的感覺經驗事實上是不正確的，而人們又過分地相信感覺經驗，那麼感覺經驗就會把人們導向謬誤。因此，實踐檢驗真理如果不與邏輯證明相結合，只能是一種經驗主義的檢驗方式，只能得到簡單的、

---

[12] 《論實踐標準的相對性和絕對性》，《哲學研究》，1978 年第 7 期。
[13] 《貴州社會科學》，1981 年第 2 期。
[14] 《哲學研究》，1989 年第 6 期。

淺顯的知識。這在人類童年時代是可以的，如果在二十世紀末還堅持這種態度就顯得非常幼稚。如果僅僅堅持以實踐為檢驗真理的唯一途徑和方式，則是從本本主義、教條主義的極端走向了經驗主義的另一極端。忽視了人類的理性在檢驗真理過程中的重要意義。因此，只有實踐核對總和邏輯證明兩種論證方式相結合，才能談得上檢驗真理問題。真理本身就是理性的東西，是人們對客觀事物及其規律的正確認識。

1998 年，在紀念真理標準討論二十周年時，人們高度評價了那場討論對思想解放運動的偉大意義，對新時期破除現代迷信所產生的深刻影響，這無疑是正確的，但另一方面，人們卻很少注意到在討論的當時就有人對把實踐作為真理檢驗標準的提法所提出的不同意見，很少有人注意到這個命題的不足之處，這是一件憾事。

二、反思「文革」

反思「文革」在社會科學界，特別是史學界和文學界，顯得尤為具體、系統、深入。通過對「文革」的反思，許多知識份子表現出了對社會的高度責任感和歷史使命感。他們既沒有因為飽經苦難而偏激，也沒有因為祖國的經濟崩潰、思想滯後而感到沮喪。他們當中的絕大多數人都是本著對國家、對人民負責的態度，為了讓「文革」的歷史悲劇不再重演，為了祖國的明天更加美好，才對「文革」的社會、歷史原因進行總結的。對此，如果諱疾忌醫，採取以怨報德的態度，甚至認為他們別有用心，對於絕大多數知識份子來說，是不公正的。

反思「文革」是整個思想界和學術界的事情，更廣義地說是全社會的事情。而史學界對「文革」的反思在「文革」結束後從學理

上起到了先鋒作用。在「文革」以前和「文革」中，史學界有的人受陰謀家利用、或者本人就是陰謀家，大搞影射史學，對「文革」的產生起了推波助瀾的作用。「文革」的導火線之一，是批判吳晗的《海瑞罷官》。「文革」後期又有所謂的「批孔」、「批儒」，硬說儒法鬥爭貫穿於中國封建社會的始終。那些陰謀家們常常歪曲史料、捏造史實，以假亂真，把史學當成政治陰謀的工具。其中露骨的就有批當代大儒、為江青上臺而美化呂後和武則天等惡劣行徑。少數知識份子則成了陰謀家們的御用工具，從而失去了自身人格的獨立性，如戚本禹等人，當然也包括後來北京、上海的梁效、池恒等幾大寫作班子。這種做法混淆了歷史史實，也藝瀆了科學的尊嚴，有悖於中國古代秉筆直書的史家傳統。正因如此，「文革」結束後撥亂反正時，史學界展開了對「影射史學」的批判。

吳廷嘉在《歷史研究的社會價值與學術價值》一文中，批評了影射史學曲意解說歷史的現象。他認為有些從事史學研究的人「為了少數人的私利，讓史學研究屈從於權力的需要和指揮，按實用主義的原則去任意塗抹和編造歷史。在這種情況下，史學研究毫無科學性可言，它的社會價值不但得不到實現，反而會起副作用和反作用。在十年動亂中，我們就經歷了這樣的浩劫和悲劇。」[15]八〇年代中期關於史學功能的討論，就是要糾正這種偏頗，批評「文革」期間把史學作為政治婢女的做法，要求從科學性的角度來重視史學的價值，重視古人「察古而知今」的史學價值觀，繼承司馬遷的「究天人之際，通古今之變」的傳統。

新時期的歷史研究，與意識形態的其它領域一樣，先是糾正「文革」的錯誤，接著又糾正十七年的錯誤。這就比「文革」剛結束時那種要回到六〇年代初期，以翦伯贊的史學觀清算戚本禹「文革」

---

15 《光明日報》，1985 年 12 月 25 日。

的史學觀要進步得多了。在揭批「四人幫」的早期,許多人仍然沿用「文革」期間理論鬥爭的思想模式,把史學作為鬥爭的工具。隨著問題討論的不斷深入,人們發現,「文革」中的極左史學觀在「文革」前就有了端倪,封建意識就是其中的核心內容。「文革」期間似乎誰都在反封建,而整個「文革」本身,乃是以封建的實質反對封建的形式。於是在討論過程中學者們開始有了多元的觀點,逐步地走出偶像崇拜的時代,重新討論歷史發展的動力等問題。當然,其中依然有不少人是從本本出發、從教條出發的。特別是在新時期初期,幾乎每個人都認為自己是馬克思主義的,是從馬克思主義出發的,甚至截然相反的觀點都能從馬克思的著作中找到理論根據,也都慣於到馬克思那裡找例證對論敵進行辯駁。這種現象明顯地表現在歷史前進的動力問題的討論上。

余霖、安延明在《歷史是整個人類創造的——「奴隸創造歷史論」質疑》[16]一文中,認為奴隸創造歷史觀把英雄和奴隸對立起來的做法是錯誤的,並特別地強調了知識份子作為先進生產力的作用,乃至傑出人物和領袖的作用。而英雄創造歷史的錯誤在於把英雄視為脫離群眾、與群眾對立的英雄。這樣做當然抓住了思維方式問題的關鍵,對於過去一貫鄙視知識份子、要求知識份子接受勞動改造的做法有針砭意義。而張學祿則提出了截然不同的觀點。他在《質疑的質疑——與余霖、安延明同志商榷》[17]一文中認為,問題的關鍵在於對「奴隸」一詞怎麼理解。他說,《國際歌》有「起來,饑寒交迫的奴隸……要創造人類的世界,全靠我們自己」。他特別指出:「我們在實踐中的主要教訓是誇大了個人的作用,並以領袖人物的威望不恰當地引導群眾運動,實際上並沒有真正地發揮群眾

---

[16] 載《文匯報》,1980 年 4 月 25 日。
[17] 載《文匯報》,1980 年 6 月 27 日。

的歷史首創精神，甚至一度相當嚴重地脫離了群眾。」這篇文章對於消除由個人崇拜而帶來的消極影響有一定的積極意義。據說劉少奇臨死前也曾說過「好在歷史是人民創造的」話。這句話當然是針對毛澤東的個人獨裁而言的，但同時也應該包括對他自己某些行為的反省。劉少奇自己也曾經參與了對毛澤東的造神活動。這兩篇文章在當時從不同的角度都具有一定的現實意義，前者偏重於說理，後者著眼於實踐，但都不能擺脫當時的時尚，把馬克思的話當成絕對真理來做論據，結果是把馬克思當作證明自己的工具。其實馬克思也不是先知，他哪裡知道中國在二十世紀六、七〇年代會出現「文革」？哪裡會知道他的社會主義主張非但沒有在發達國家率先實現，倒在落後國家易於實施，而且在相當程度上與封建意識結合在一起？他又哪裡知道有的社會主義國家不但有獨裁，而且還有世襲？因此，馬克思的理論精粹要同中國的具體實踐結合起來，是我們對待人類文化遺產的正確態度。

相比之下，黎澍觀點的思路要更為開闊。他在《論歷史的創造及其它》[18]和《再論歷史的創造及其它》[19]兩文中，認為「人民群眾是歷史的創造者」的提法來自蘇聯。它給人們一種錯覺，仿佛人民群眾可以自己主宰和掌握自己的命運。同時，這個提法在邏輯上也是錯誤的，它把物質條件的創造者和歷史的創造者混為一談。「創造物質條件無非是歷史的一個內容。」『人民群眾是歷史的創造者』以及類似的命題還有一個隱含著的錯誤，就是把無所不包的歷史看做是有一個獨一無二的力量創造的。」在歷史的發展中，事件的發生都有偶然性，必然性也是通過偶然性起作用的。黎澍的觀點關鍵就在於能拋開教條，拓開思路。

18　《歷史研究》，1984 年第 2 期。
19　《光明日報》，1986 年 7 月 30 日。

在當時的討論中，史學家們還具體討論了歷史發展的原動力問題，許多人以生產力和生產關係的矛盾運動或物質經濟利益乃至人民群眾等作為社會發展的原動力。它們的意義在於否定了以階級鬥爭為人類歷史發展的根本動力的看法，強調了民眾的作用，並通過強調生產力間接地強調了知識份子的作用。這對於破除個人迷信和個人崇拜當然是有益的。

新時期初期的史學界在反思「文革」方面取得了相當的成績。這一點不妨以黎澍為例進行評估。黎澍在逝世前總結自己的理論建樹時，曾說自己「在思想上反對封建主義，在理論上批判教條主義。」這也代表了當時史學界的主要成就。黎澍本人也算得上反對封建主義殘餘的一個啟蒙者。所以有的研究者把他看作「新時期史學界思想解放潮流的旗幟。」[20]黎澍認為，戚本禹標榜「為革命而研究歷史」，江青等人標榜「為鞏固無產階級專政研究歷史」、歷史「為現實政治鬥爭服務」等，都是源於「鬥爭與啟蒙的框架」，要重新擺正「革命性與科學性的關係」[21]他要求人們走出救亡與鬥爭史學的框架，重視史學的啟蒙意義。他強調，當時特別要注意兩大危害：「第一是教條主義；第二是個人崇拜。這就是通向『文化大革命』的道路。」[22]這是史學界反思「文革」的代表性意見。

比起史學界的反思來，文學界對「文革」的反思有其獨到和敏感之處。八〇年代的傷痕文學和反思文學主要描寫了十年動亂給許多人造成的心靈上的創傷，並反思了許多無人性、非人道做法的內在原因。由於當時文化生活尚未多元化，文學作品是當時大眾的主要精神食糧和娛樂項目，具有普遍的影響力。所謂「傷痕文學」主

---

[20] 王學典：《20 世紀後半期中國史學主潮》，山東大學出版社 1996 年版，第 406 頁。

[21] 《再思集》，中國社會科學出版社 1985 年版，第 125 頁。

[22] 《論歷史的創造及其它》，湖南人民出版社 1988 年版。

要是指以劉心武的《班主任》為先導,由盧新華發表在 1978 年 8 月 11 日《文匯報》上的短篇小說《傷痕》而得名的新時期第一個文學思潮。其中主要包括一批暴露社會陰暗面、特別是「文革」帶來的遺害的文學作品。它們真實地反映了當時人民在水深火熱之中的情形,反映了人民鬱結已久的憤懣。因此,許多作品一出來,人們就爭相傳閱,激起了強烈的共鳴。在這些作品中,由封建專制、個人迷信帶來的危害被淋漓盡致地揭示了出來。

但是由於當時文藝界左傾思想的殘餘尚未得到清除,「傷痕文學」引起了激烈的爭論。1979 年 4 月 15 日,《廣州日報》上發表了黃安思的題為《向前看呵,文藝》的文章,主張要一切向前看,「政治先行,文藝後進」。文章沿襲「文革」的看法,把文藝看成是政治的附庸,要求文學配合政治工作。後來他又在《南方日報》和《廣州日報》上連續發表了五篇文章(其中有兩篇署名「謝芝蘭」),這些文章雖然對「傷痕文學」有一些肯定,但總體上持否定態度,認為應該「提出向前看的口號,提倡向前看的文藝。」他把當時揭露、控訴「文革」帶來的災難的作品都視為「向後看的文藝創作」,由此引起討論。在討論中,大部分人認為這種「傷痕文學」是具有現實意義的。黃培亮說:「我們的文藝作品揭露批判林彪、『四人幫』,目的就是為實現四個現代化掃除障礙,開闢道路。」[23]雷達、劉錫誠也說「這樣豐富、悲壯的社會生活,要想不反映不表現,決不可能」;「人民長期受到精神壓抑,失去了暢所欲言的自由,心頭鬱結著無數感觸和要求,要想不傾瀉不迸發也決不可能。」[24]何西來、田中木在《革命變革時期的文學》一文中,對「傷痕文學」的價值做了具體的肯定,認為這些作品是「由千家萬戶的血淚凝成

---

[23] 《也談文藝向前看及其它》,《廣州日報》,1979 年 5 月 15 日。
[24] 《三年來小說創作發展的輪廓》,《文藝報》,1979 年第 10 期。

的藝術之花」，是「揭露『四人幫』的暴政以及在這種暴政下，人們的相互關係和人們的精神生活所出現的各種觸目驚心的不正常精神狀態，提出尖銳迫切的現實問題，顯示因受戕害而造成的不同形態的社會痼疾和內傷，大聲疾呼，引起療救的注意」[25]。

在此基礎上又有所謂的「歌德」與「缺德」之爭。李劍在《河北文學》1979 年 6 月號發表的《「歌德」與「缺德」》一文，反映了當時相當一部分人還停留在「文革」的左傾思潮的陰影之中，愚昧、盲目自大。「現代的中國人並無失學失業之憂，也無無衣無食之慮，日不怕盜賊執杖行兇，夜不怕黑布蒙面大漢的輕輕叩門。河水渙渙，蓮荷盈盈，綠水新池，豔陽高照。當今世界如此美好的社會主義為何不歌其德？而那種昧著良心，不看事實，把洋人的擦腳布當做領帶掛在脖子上，大叫大嚷我們不如修正主義、資本主義的人雖沒有『歌德』之嫌，但卻有『缺德』之行。」他主張要「讓人民從作品中看到綠於金色軟於絲的萬千細柳，聞到塞外原野的悠悠牧歌和戰士打靶歸來的陣陣歡笑。」這完全是一副「文革」的腔調，而且夜郎自大，「不知有漢，無論魏晉」。完全不知道世界已經發展到了哪一步。他甚至認為暴露陰暗是一種陰暗心態，是一種「缺德」的行徑，「只應到歷史的垃圾堆上的修正主義的腐屍中充當蟲蛆。」這種看法今天看起來滑稽可笑，但在當時打起人來卻是很厲害的，也從反面反映了掃除「文革」餘毒的迫切性，當時就受到了許多人的嚴正批評。周嶽認為，這種粉飾太平的做法，是「不顧國家艱難，無視群眾疾苦。」其實質是「散佈極左思潮，反對解放思想、反對『雙百』方針。」[26]蕭滂的《「缺德」與「歌德」》一文也駁斥說：「由於林彪、『四人幫』的倒行逆施，由於我們方針政策上的缺點、

25　《文藝報》1978 年第 2 期。
26　《擋不住春天的腳步》，《人民日報》，1979 年 7 月 31 日。

錯誤，今天，在中國還有一千萬待業人口，還有一億農民吃不飽飯，問題成堆，困難成堆，麻煩成堆……所有這些，是盡人皆知的。」「對於林彪、『四人幫』的假社會主義，封建主義，法西斯專政，現代迷信，對於他們流毒影響下至今十分嚴重的官僚主義，思想懶惰，無所作為，生活特殊化，鬧派性等等，難道不需要『暴露』，不需要揭發批判嗎？」[27]作者情緒激昂，確實抓住了問題的要害。當然文中也有一些違背藝術規律的提法，如把文學看成是「揭發批判」的工具等。其實文學是通過感性的方式激發人的深省。于晴則強調文學應該直面現實，對於社會現實不能「背過臉去，用空話和假話來粉飾生活」，硬性規定「只能歌頌，不能暴露，這是不懂藝術規律的想當然的說法。」[28]

「歌德」的要求，其實並不新鮮，古希臘柏拉圖就曾提出過類似想法，要求文藝為政治服務。在中國，這種把文藝看成政治的簡單工具的極左思想，從延安整風時期就有了，王實味就是那時的犧牲品。1953 年，有的作家寫英雄人物的缺點便遭到了批判。1957年反右、1962 年反對「寫中間人物」，及至「文革」間「高、大、全」的要求等，都反映了極左思潮的延續性。新時期「傷痕文學」遭到批評，原因乃在於有些人長期以來在腦子裡形成了自己的文學規範，因而埋怨這些作品不符合他們的「歌德」規範，暴露的陰暗面太多，調子低沉，不利於鼓舞人民的鬥志。而新時期能有許多人出來批駁這種觀點，正反映了社會的進步。這是人們在過去「十七年」和「文革」期間所不敢想像的。它同時也反映了文藝界的知識份子在世界觀和價值觀念上是有著很大差異的。而激烈的交鋒過程，又反映出了社會進步之艱難。

---

[27] 《雨花》，1979 年 8 月號。
[28] 《如此「歌德」》，《文藝報》，1979 年 9 月號。

　　接著「傷痕文學」興起的，同樣是社會價值超過藝術價值、認識價值超過審美價值的還有反思文學。反思文學在時間上和深度上都比「傷痕文學」進了一步。雖然反思文學的主流思潮與傷痕文學一樣持續的時間較短，但廣義的反思文學卻貫穿在整個新時期之中。如後期出現的馮驥才的《一百個人的十年》等。在「傷痕文學」衝破阻力的基礎上，反思文學對「文革」和「文革」前的「十七年」做了深刻的反思，探究了「文革」期間種種悲劇的社會歷史根源，把視角一直觸到五〇年代。如茹志鵑的《剪輯錯了的故事》和劉真的《黑旗》等作品對大躍進的錯誤做了具體的回顧和深入的思考，而不再像「傷痕文學」那樣主要揭示十年動亂在人們心靈上所造成的創傷和陰影。這在政治上無疑與 1978 年以後一系列的平反、特別是對反右鬥爭擴大化的平反有關。而在思想上，反思文學則更加注重警醒作用，尋求積極達觀的解脫途徑。如諶容的《減去十歲》、張弦的《記憶》等。《記憶》寫「四清」運動時，農村電影放映員方麗茹不小心顛倒地放映了有毛澤東像的紀錄片幾秒鐘，結果由宣傳部長秦慕平負責處理，將她開除團籍、公職，戴上反革命的帽子，送農村監督勞動。到「文革」時，秦慕平自己也因用印著毛澤東像的報紙包球鞋而被打成了現行反革命。秦慕平在平反、官復原職後，便排除阻力和干擾，堅決地為方麗茹平反。從中看出秦慕平通過親身的體驗對個人崇拜有了深刻的思考，進而從靈魂深處受到震撼。秦慕平在為方麗茹平反時說：「是的，她只不過在幾秒鐘之內，顛倒了影片；而我們，十多年來，顛倒了一個人！人！」作品在啟發著人們從根本上走出迷信時代，乃至可以警示後人，不能重蹈覆轍。如果說方麗茹的事件在「文革」和「文革」前隨處可見的話，那麼，秦慕平的經歷及其新時期的心態正是周揚的經歷和心態的寫照。當然現實中也有許多類似周揚的人和一些即使自己「文革」中有類似經歷，卻不肯為別人平反的人，或者即使周揚本人也有他性

格的兩面性。胡風和丁玲兩人平反的阻力據說在某種程度上來自周揚。不管怎麼說，《記憶》這部作品是具有普遍的社會性意義的。

與反思文學配套的是，在理論上，劉再復提出了人物性格的二重組合問題。二重組合問題本來是由人物模式的探討和思考而提出來的，但它同時是對「文革」的所謂「高大全」的類型化的典型性格的反思與反撥。即所謂階級共性與人物個性的統一。因此，劉再復性格的二重組合問題，從形態上依然是文學界對「文革」反思的結果。

其實性格的二重組合問題，由劉再復在八〇年代中期提出，當然是有相當的積極意義的。但從學理上講，劉再復並不是它的發明者。當時有些人以此對劉再復大肆吹捧，其實是由無知造成的。這同時也反映了當時學術界浮誇和淺薄的風氣。我們且不說近代西方學者早已有相關的思想，僅就國內來說，本世紀二〇年代張聞天就在安特萊夫的《狗的跳舞》的譯者序言[29]中指出，《狗的跳舞》中的亨利，正是在二重人格的陰影裡深深地受著煎熬。他一方面要扮演一個「社會的」、用「至善原則」裝飾起來的道貌岸然的銀行家的角色，另一方面卻又受人性的本能衝動支配，不擇手段地搞陰謀。「所謂二重人格，從近代心理學看，一是社會的，一是非社會的。社會的人格是虛偽的，快樂的，保守秩序的，普通一律的，機械的；非社會的人格是反抗的，突進的，兇暴的，悲哀的，各人不一的（用法國柏格森的話）。」張聞天認為安特萊夫的這種二重性格受到近代心理學和生命哲學的影響。

《性格組合論》一書自 1986 年出版，到 1987 年 3 月第 5 次印刷就印了 31 萬 9 千冊。它一方面反映了人們對新的文學理論著作的渴求，另一方面又因書中對現實的人與藝術的人的關係做了簡單

---

[29] 安特萊夫：《狗的跳舞》，張聞天譯，上海商務印書館 1923 年版。

的置換，從而涉及到人們普遍關注的人生問題，於是引起轟動。全
書乍一看來充滿了新奇的術語，但仔細一推敲，就會發現它邏輯混
亂，內容雜糅，學術價值不高。不過，在當時的背景下，作者從「文
學是人學」的前提出發，從文學角度解釋了李澤厚的主體性問題，
並且對新時期的文學告別單一化的時代做出了總結，從理論上關注
著文學界正在發生的深刻變革。諸如對路遙《人生》中的高加林、
張賢亮《綠化樹》中的章永璘的性格剖析，以及對性格多重性的宣
導，客觀上順應了時代的發展，對否定「文革」時期的文學觀有著
積極的意義，其現實的價值超過了它的學術價值。這是該書轟動一
時的重要原因之一。另一個重要原因則是尚未走出單一文化生活時
代的青年渴求認識自我的心態，當然其中也不排除一部分人存在著
盲目的追星心理。

三、新時期文藝作品的先鋒意義

「春江水暖鴨先知」，在解放思想的過程中，在真理標準問題
討論前夕，文藝作品就已開始突破「文革」的束縛，先聲奪人，「紅
杏出牆」了。一些詩歌、音樂和繪畫等藝術從教條主義的禁錮中得
以解放和發展，有些作品為知識份子的不幸鳴冤叫屈，為知識份子
的勤懇工作大唱讚歌。這使得文學藝術的總體觀念，從內容到形式
都有了全新的開拓，與真理標準問題的討論相輔相成，共同開創新
的歷史時代。

文學作品的基本功能是給人帶來審美的愉悅，但它同時具有啟
迪心智等多重功能。相對來說，新時期的文藝作品藝術性很高的不
是很多，許多作品更多地能給人以社會和人生的啟示，當時的讀者
在閱讀時，更多的閱讀期待也在於作品的啟示性。加之文藝作品固
有的感性感染力，使得文藝作品在當時有著特殊的意義，這就是思

想解放運動中的開路先鋒的作用。粉碎「四人幫」以後到八〇年代中期這段時間，許多優秀的文藝作品確實起到了重要作用。同時，藝術自身在逐步擺脫「文革」期間違背藝術規律、恢復藝術本性、借鑑西方優秀作品技巧的過程中，經歷了與極左思想鬥爭的艱難的歷程。恢復藝術的本來面目本身就是思想解放運動的有機組成部分。

（一）

　　從 1977 年開始，老作家徐遲繼續用報告文學來反映社會生活，特別歌頌了知識份子嘔心瀝血，為國家和人民獻身科學事業的事蹟。這首先從感性角度為知識份子平了反，以消除長期以來由於極左思潮的影響，和因輿論的誤導所造成的知識份子在人們心目中的不良印象，為提高知識份子的政治地位、調動知識份子的積極性做了輿論上的準備，也為報告文學灌注了新的活力，贏得了良好的聲譽，並為新時期報告文學的崛起，提供了輝煌的開端。

　　《地質之光》是徐遲寫於 1977 年 8 月、發表於《人民文學》1977 年第 10 期的一篇報告文學。這是徐遲「文革」結束後寫的第一篇報告文學。文中講述了在國際地質學界享有盛譽的中國地質力學的創始人李四光的感人事蹟。李四光早年投身於孫中山先生的民主革命，辛亥革命失敗後，他發憤鑽研科學技術，歷盡千辛萬苦，在野外勘測多年，餐風飲露，夜以繼日，終於成為一名著名的科學家。內戰時他曾斷然拒絕蔣介石的宴請，於 1948 年到英國去繼續他的研究，他的學術成就對歐美派的傳統地質學形成了有力的衝擊。1949 年 10 月 2 日，他在英國聽到中華人民共和國成立，就衝破國民黨當局的阻擋，以最快的速度承認這個由結束內戰建立起來的、充滿希望的新的共和國，並在 1950 年回到了祖國。在歸國的輪船上，李四光還撰寫了題為《受了歪曲的亞洲大陸》的地質學論文。經深圳到北京的第二天，周恩來總理就前去看望他，並問寒問

暖，悉心關懷。周恩來虛心聽取了他的意見和看法，任命他為地質部部長。在這個崗位上，他為中國的石油事業做出了不可磨滅的貢獻。徐遲在報告文學中選取了幾個動人的片斷，著重於細節的描寫，字裡行間中充滿著詩意和激情。這對於鼓舞知識份子在新時期為現代化事業獻身，確實起到了積極的作用。文中雖然只寫了李四光，但他同時也代表了一批五〇年代從歐美衝破重重阻力，回到祖國從事新中國建設的知識份子。他們的功績都是不可磨滅的。這是五〇年代以來第一次如此謳歌被視為「臭老九」的知識份子，在當時是需要勇氣的。

在新時期報告文學中具有最廣泛的影響另一篇反映知識份子的報告文學，是寫於 1977 年 9 月，發表於《人民文學》1978 年第 1 期的《哥德巴赫猜想》，許多年輕一代是由這篇報告文學而開始知道徐遲的。新時期成長起來的知識份子二十年後依然還能清晰地記得《哥德巴赫猜想》對於讀者的巨大感染力。它在全國上下引起的那種強烈的振動是報告文學史上罕見的。其藝術的精湛也是新時期作品中少有的。《哥德巴赫猜想》具體描繪了數學家陳景潤對科學的癡迷。尤其是在 1956 年他有幸被調到中科院數學所後，夜以繼日地拼搏，取得了一系列的成果，並在 1966 年證出了「哥德巴赫猜想」命題中的（1+2）。其間他積勞成疾，還受到了無知的嘲諷、惡毒的誹謗和肆意的污蔑。「文革」時，他又被看成是所謂資產階級科研路線「安鑽迷」的典型，並受到了批判，遭到了打擊和迫害。後來，好不容易可以回到他那不足 6 平方米的小房間，卻常常有人來查戶口，弄得他心驚肉跳，還把他房間的電燈絞下來，開關拉線也被剪斷了。在這種情況下，他依然用報紙糊密視窗，用煤油燈繼續工作。當然，後來他也受到了一些好心人善意的保護。文中把「文革」期間糟蹋科學、糟蹋人才的狀況寫得淋漓盡致，讀來讓人心痛不已。作品通過數學家陳景潤「文革」前後的艱難生活，謳歌了知

識份子為科學事業勇於獻身、默默奉獻的精神，並且描寫了歷經批判打擊、如驚弓之鳥的知識份子惶恐、孤僻的心態，顯得真實感人。青年一代被他的頑強毅力、敬業精神和世界級的成就所吸引、所鼓舞。這在中央提倡「尊重知識、尊重人才」的當時，對於尊重知識份子確實起到了推動作用。它既是一篇聲討「文革」對知識份子摧殘的檄文，也是知識份子勤勤懇懇為國家默默奉獻的頌歌。緊接著，徐遲還寫出了歌頌植物學家蔡希陶的報告文學《生命之樹常綠》和歌頌物理學家周培源的報告文學《在湍流的渦漩中》等，掀開了報告文學關注知識份子及其命運的熱潮。這不僅對落實知識份子政策起到了積極的作用，而且對新時期報告文學的繁榮昌盛產生了重要的影響。

（二）

新時期的詩歌、小說和戲劇從反映的內容和藝術觀念上，都敏銳地捕捉到了時代的脈搏，它們對人們的心靈所產生的強烈衝擊，對思想解放運動起到了理論宣導和政令所不可取代的作用。

新時期「朦朧詩」的湧現，標誌著中國詩歌正式告別了大白話和吹牛皮的時代。「朦朧詩」以其象徵等藝術技巧，拓展了詩歌的表現能力。實際上，早在「文革」期間就有一批青年開始嘗試「朦朧詩」了。它們最初以手抄本形式在朋友間流傳。其作者主要是些插隊落戶的「知識青年」。被稱為新潮詩歌第一人的食指（郭路生），在 1968 年底到山西插隊時寫的《四點零八分的北京》，在寫告別北京車站的瞬間心理狀態，用了一系列的錯覺象徵心理上的失衡和傾斜。後來，舒婷在 1975 年寫了《珠貝——大海的眼淚》，北島 1976 年 4 月寫了《回答》。這些作品通過不尋常的意象組合，使得語言具有更為深刻和豐富的表現力。把青年一代的困惑、苦悶、迷茫、壓抑、失望、反抗情緒等心態淋漓盡致地表現了出來。到 1979 年

和 1980 年，隨著總體形勢的寬鬆，朦朧詩如雨後春筍般地不斷湧現。如芒克、楊煉、顧城、王小妮、梁小斌等人，就寫了許多這方面的詩歌，改變了過去平鋪直敘、平易淺露的表達方式，對傳統和極左思潮影響下創作的新詩進行了挑戰，並深情地呼喚著人性的復歸。它們的出現，對於看慣了「大躍進」的吹牛「民歌」、「文革」頌歌、「批林批孔」兒歌和講大道理的口號歌、語錄歌的讀者來說，確實是一個強烈的刺激。

「朦朧詩」的出現，當時就遭到了一部分人的激烈批評。1980年第 8 期的《詩刊》發表了章明的《令人氣悶的「朦朧」》一文。該文稱這些詩讀了以後，「似懂非懂，半懂不懂，甚至完全不懂」，並把它們稱為「朦朧詩」。「朦朧詩」的名稱即由此而來。最初含有揶揄意，後來也就約定俗成了。從此以後，批評反對「朦朧詩」的人一直綿綿不絕。反對者認為這些詩歌脫離人民、脫離生活、思想空虛、內容貧乏。有人甚至還認為「朦朧詩」「是思想解放潮流中的一個倒轉的漩渦，是新生嬰兒身上一個可惡的膿泡」[30]，「是張天師的符咒」。這些反對者的成分較複雜，有些是沉湎於「文革」的人，依然用「文革」詩歌的尺度來衡量新時期的詩歌。有些則是在五、六〇年代「大躍進」風氣下成長起來的、「文革」的受害者，雖然要否定「文革」，卻要回到「十七年」。因此，幾十年來僵化的思維方式使得他們否定青年一代的「朦朧詩」的探索。他們不是積極地適應新時代的新氣象，而是沉湎於過去，要強拉年輕人回到他們的五、六〇年代，開歷史倒車。

當然，也有一批學者堅定地支持新人和「朦朧詩」的成長、發展。謝冕《在新的崛起面前》[31]一文，盛讚寫「朦朧詩」的青年是

---

[30] 田良：《由朦朧體詩想到的》，《人文雜誌》，1981 年第 6 期。
[31] 載《光明日報》，1980 年 5 月 7 日。

「一批新詩人在崛起」。接著，孫紹振、徐敬亞等人也撰文支持。
隨著思想解放運動的深入，文壇形勢的發展，「朦朧詩」終於獲得
了自己的地位。

　　平心而論，中國八〇年代的詩歌雖然有了面貌一新的探索，但
總體成就並不突出。不過，「朦朧詩」無疑是這後半個世紀中國詩
歌的頂峰。以「朦朧詩」為代表的新潮詩歌突破了舊有的僵化模式，
拓展了人們的感受視野，強化了人的感覺，創造性地表現出人的理
性所不能達的感性境界。這是它們的貢獻。這些嘗試對整個社會突
破舊有僵化的思維模式都是有益的。當然，肯定「朦朧詩」嘗試的
方向，不是肯定這種嘗試寫出的一切作品，無論成功的，抑或失
敗的。因此，我們雖然鼓勵嘗試，但具體作品的價值評判則可以
討論。

　　在小說方面，「傷痕文學」便是在七〇年代末就發端的突破極
左路線影響的文學作品。「文革」結束後第一個崛起的作家劉心武
在他的短篇小說《班主任》[32]中，通過對宋寶琦、謝惠敏這兩個不
同的中學生的生動描寫，率先抨擊了「文革」荼毒給青少年帶來的
傷害。後來發表在 1978 年 8 月 11 日《文匯報》上的短篇小說《傷
痕》，通過插隊青年王曉華對受迫害的母親的敵視，反映了極左思
想給青年帶來的痛苦和災難。緊接著，一批控訴「文革」對人性的
扭曲、表現正常人的情感的作品如雨後春筍蓬勃興起。如張抗抗《愛
的權利》、趙振開《公開的情書》、禮平《晚霞消失的時候》等，改
變了「文革」中樣板戲中正面人物沒有愛情，沒有一對完整夫妻的
不正常狀態。接著，抨擊社會弊端如王靖的電影文學劇本《在社會
檔案裡》等隨之出現，而深刻反思文革的作品也繼之而起。其中，
一批右派平反的作家，因他們坎坷的遭遇，由劫後餘生引發了深刻

---

[32] 載《人民文學》，1977 年第 10 期。

的反思，揭露了五〇年代以來極左路線帶來的苦難及其深刻的文化原因。

從 1981 年開始，當社會改革剛剛起步的時候，改革文學也因作家特有的敏感而應運產生和發展。如蔣子龍的《開拓者》、《赤橙黃綠青藍紫》、《鍋碗瓢盆交響曲》，高曉聲的《陳奐生上城》等，反映城市和農村的各個方面的改革動態，揭示出改革所面臨的重重阻力。客觀上推動了改革的進程。同時，對於改革進程中出現的一系列的新問題，以及世態人情的變遷，也做出了令人深思的反省。

在新時期，話劇出現了一個空前活躍的時期。1978 年初，幾乎與真理標準討論醞釀同時，宗福先在 1976 年「四五」運動尚未平反時，就衝破重重阻力，創作了四幕話劇《於無聲處》，為在天安門事件中遭通緝和迫害的人鳴冤，揭示了政治鬥爭的尖銳性和複雜性。該劇的公演對天安門事件平反起到了積極的推動作用。1978 年 11 月召開的中共中央工作會議上，陳雲就提到該劇演出受到歡迎，要求為天安門事件平反。這個話劇可以說與同時期其它文藝作品一起與真理標準討論對思想解放的推動有異曲同工之妙。其它如高凱征的《「炮兵司令」的兒子》、沙葉新的《假如我是真的》等，都能直面現實，揭露現實弊端，引起了強烈的反響，受到了廣泛的歡迎。

與此同時，隨著改革開放的逐步深入，西方的文學思潮也日漸影響中國文藝界，給當代文學突破極左思潮的影響帶來了新的刺激。1979 年第 2 期《人民文學》發表的茹志鵑的短篇小說《剪輯錯了的故事》，便是運用了西方意識流的手法寫出的。在文藝界和廣大讀者中引起了強烈的反響，並對此進行了爭鳴。此後，王蒙也發表了一系列的用意識流表現手法創作的小說。1980 年，戴厚英的《人啊！人》，更是從總體結構上運用了意識流手法，並在後記中明確說明：「我認為這樣更接近人的真實的心理狀態。」由於該

書歌頌了當時犯著禁忌的人性和人道主義，引起了廣泛的注意。同時拍攝的《小花》、《苦惱人的笑》等電影也多少受到意識流小說的影響。當然，在新時期的早期，所謂「意識流」作品只是在表現手法和相關藝術技巧上對過去流行的現實主義做了突破，但它的影響和對文藝界的振動卻超出了文藝的表現手法，並且涉及到思維方式和價值取向等領域。

　　總之，新時期的文學的興起和發展，是解放思想的產物，它同時也推動了解放思想運動的進一步深化。雖然由於歷史的原因，這些作家們在知識結構、文化素養等方面還不能盡如人意，在表現手法上也常顯得稚嫩，但他們是中國文學發展歷程中不可或缺的一環。

（三）

　　藝術作品在新時期思想解放運動中的先鋒作用同樣表現在音樂、美術等領域。在 1978 年前後，一批與傷痕文學有類似特點的音樂和繪畫作品也不斷湧現，這些作品大都汲取了國外作品的表現手法，克服了近三十年大陸作品呆板、單調的表現手法，這使得這些作品顯得自然、清新。這些作品對人們的思想解放、觀念更新、情感的激發、精神狀態的改變等方面，起到了其它藝術類型無法取代的作用。儘管中國藝術最終還是逐步走進了國際大環境中，但是在藝術的發展歷程中，新時期的道路又是坎坷不平、幾經挫折的。而這個歷程本身正是思想解放的一種反映，並且推動了整個意識形態的發展變化。

　　音樂方面，在 1976 年底、1977 年初大量湧現的是歌頌毛澤東、歌頌華國鋒的歌曲。但與此同時，就已經有一批藝術家和學者通過回顧馬克思、恩格斯、列寧的教導和毛澤東「古為今用，洋為中用」的方針，通過批判「四人幫」對音樂教育事業的干擾和相關的陰謀，

使西方古典音樂和中國古典音樂重新獲得傳播。例如在當時的《人民音樂》雙月刊 1977 年第 6 期上，發表了趙渢的文章《音樂教育必須堅持「古為今用，洋為中用」的方針》，批判「四人幫」「以樣板戲為主要教材」、干擾和破壞音樂教育事業，要求為中外優秀音樂在大陸開禁。不久，貝多芬等一批被馬克思等人稱頌過的西方著名音樂家的作品率先重播，交響樂團在北京還專場演奏了貝多芬的作品。而民間藝術家阿炳的《二泉映月》等也逐步恢復演出。報刊上陸續發表文章評價貝多芬、舒伯特等人及其藝術成就。1979 年，蕭深的《從「抓一個外國死人」到打一批中國活人——「四人幫」在「德彪西事件」中玩弄的一個陰謀》一文[33]揭露了姚文元 1963 年借批判「德彪西」迫害上海音樂界著名人士賀綠汀等人的陰謀，為西方著名音樂家和老一輩音樂家恢復名譽。到 1980 年，《人民音樂》第 2 期又進一步介紹了二十世紀的新維納學派作曲家勛伯格、貝爾格、威伯恩等人。與此同時，從 1978 年開始，日本指揮家小澤征爾、法國指揮家博多、讓‧皮里松等人相繼多次來華演出並率團來訪。1979 年底，又有著名小提琴家梅紐因來華演出，新西蘭毛利歌舞團訪華演出。這一方面受到對外交流的拓展等方面的影響，同時又進一步推動了中外文化交流，改變了「文革」期間對西方音樂一律採取敵意態度的局面。

　　新時期音樂界交鋒最激烈的是抒情歌曲和港臺流行歌曲在大陸的流行問題。時隔 20 年再回過頭去看這個問題，自然已是不成問題的問題，但在當時，爭論卻是非常激烈的。在 1979 年第 4 期的《人民音樂》上，楊琦《關於抒情歌曲問題》，為抒情歌曲說話，並尤其肯定愛情歌曲。「時代需要新的抒情歌曲，人民需要新的抒情歌曲。」「我們應該徹底解放思想，去掉餘悸，大膽地創作包括

---

[33] 《人民音樂》，1979 年第 3 期。

愛情題材在內的抒情歌曲。」1979 年拍攝的電影《小花》中的《妹妹找哥淚花流》等歌曲，便具有了濃烈的抒情氣息，改變了過去那種以戰鬥性的進行曲為主的狀態。在《人民音樂》1979 年第 6 期中，署名廣源的《禁區為什麼還未能突破？》批判「四人幫」把抒情歌曲、愛情歌曲和舞曲冠上「黃色音樂」、「靡靡之音」、「小資產階級情調」、「低級趣味」等罪名。接著《人民音樂》1979 年第 9 期刊登讀者來信，呼籲《不要隨意添改歌詞》，反對以「文革」間的所謂「革命」的尺度改動歌詞，例如把歌劇《紅珊瑚》中的歌詞「一束紅花照碧海」改為「一盞紅燈照碧海」。把愛情歌曲《手挽手》改成關於實現四個現代化的內容。把印尼民歌《哎喲，媽媽》中「年青人就是這樣相愛」改為「年青人就是這樣沒出息」等。

　　隨著流行音樂的興起和風靡，從 1979 年後期開始到 1980 年，許多報刊發表了大量的文章強烈批評流行歌曲，包括這些歌曲中為增強藝術感染力所使用的大量的滑音和裝飾音等唱法。《人民音樂》1980 年第 3 期刊登了嚴偉的文章，批評李谷一用港臺流行歌曲的路子，把歌曲唱得毫無生氣，認為「李谷一同志應該發揚自己明亮、優美、清新、健康、朝氣蓬勃的聲音特點」，並特別批評了李谷一唱的那首表現王昭君思念故鄉的《鄉戀》。後來的一些文章中，甚至把《鄉戀》說成是黃色歌曲，靡靡之音。李谷一本人也由於唱了《鄉戀》，受到了當時文化部、中國音協和中央樂團的某些領導的批評、責難，甚至警告。雖然這類歌曲為廣大觀眾所喜愛，但在當時卻面臨阻力和壓力。即使是一些內容「純潔」、只是在技法上借鑑現代西方和港臺的作品，如《送上我心頭的思念》、《心上的人啊，快給我力量》、《邊疆的泉水清又純》、《大海啊，故鄉》、《媽媽留給我一首歌》等，也受到了不同程度的指責。我們可以想像，假如九〇年代的「妹妹你坐船頭……讓你親個夠」在當時演出，肯定被視為靡靡之音，而且詞曲作者和歌唱者會受到嚴厲的處罰。人民音樂

出版社 1982 年出版的《怎樣鑑別黃色歌曲》一書，收集了 1980
年前後的一些報刊文章，基本上用的是「文革」尺度，認為流行歌
曲，「嗲聲嗲氣」，「蕩化處理」，是資本主義的、頹廢的東西等等。
其實在經歷了艱難曲折的歷程後，過去責難流行歌曲的一批中、老
年人，九〇年代大都認同和接受了流行歌曲，有的甚至還為流行歌
曲做出了積極的貢獻。這個過程本身就反映了思想解放的進程。

　　流行歌曲問題的討論，畢竟使人們公開了自己的思想狀態，而
且有些持批評態度的人也主張要勸說、教育，不能像「文革」那樣，
把人一棍子打死。這本身也是歷史進程的一種反映。在《人民音樂》
1980 年第 3 期上，刊登了孫慎、李凌、吳祖強、樓乾貴、施光南
等人在 1980 年 2 月 21 日座談會上的發言。這些著名的音樂工作者
有的曾經受到衝擊，有的在新時期為音樂事業的發展做出了突出的
貢獻，有的則是揚雅抑俗，未必對流行音樂有什麼惡意，而且後來
觀點也有些變化。但在當時，他們則一致批評了流行歌曲。孫慎批
評有的歌唱家用油腔滑調的表演去唱印度歌曲《拉茲之歌》，批評
國外流行歌曲的傳入和國內作曲家、歌唱家對其情調、風格的模
仿。但孫慎認為可以自由討論。樓乾貴認為資本主義社會的流行歌
曲引入，就像是解放前「亂七八糟的舞場歌曲和電影插曲」，就像
是周璇、白光、李香蘭、麥唐娜、狄安娜、杜萍那一套，是用「纏
綿的腔調」表現「不健康的趣味」。施光南則批評流行歌曲的「那
種萎靡頹廢的情調」，「矯揉造作、嬌聲嗲氣」。「某些青年人在公共
場所唱一些不健康的外來『流行歌曲』，邊扭邊唱，旁若無人，敗
壞了社會風氣。」李凌也批評香港流行歌曲是「夜總會式的音樂」，
與解放前的上海差不多，並點名批評了《鄉戀》。但他也強調幫助，
不能為一首不理想的歌曲把人家一棍子打死。吳祖強則批評流行歌
曲類似解放前上海等地的靡靡之音，會腐蝕社會，要好好引導。另
外，陸維在《人民音樂》第 7 期上撰文認定《薔薇處處開》是黃色

歌曲，歌頌資產階級性愛，「對我國青年的身心的發展會產生消極的影響」。

　　署名任民的《藝術是要人民批准的》[34]，從效果的角度認為人民歡迎和喜愛是關鍵。該文對那些凌駕在人民之上的人提出批評，認為抒情歌曲、流行歌曲的風格沒有什麼值得擔憂的。對於獲得了人民的歡迎和喜愛的作品，應該給予充分的信任。該文認為「當前受到群眾歡迎的抒情歌曲，不但解放了思想，也解放了感情。」「直抒哀愁痛苦這些人之常情」，是應該的。而「惜別眷戀的纏綿之情」也是正常感情的流露。《鄉戀》、《媽媽再看看我吧！》正因表達了真實的感情，才受到了歡迎。任民還宣導風格的多元化，不同風格可以互補。「時代和人民要求於我們的，是思想再解放一點，步子再邁大一點。」

　　任民的這種觀點受到了趙復泉的批評。趙復泉認為「不脛而走，爭相傳唱」的港臺歌曲等，不能代表人民喜歡。「幾十萬張選票」和「千餘封給李谷一同志的信」不能代表十幾億人民。流行歌曲中的「一唱三歎」、「裝飾音」和跳躍、氣聲、假聲等不合情理的變換和誇大共鳴以及滑、顫、搖等手法的濫用等等，都是不可取的。如《太陽島上》風格便談不上明朗，不能給人以美感。最後他還突出強調群眾要與領導相互一致。這種說法，在今天自然不值得一駁，但在當時卻是振振有詞的，並且代表了相當一部分人的觀點。在這前後發表的觀點大致不脫這兩種觀點的範圍。

　　平心而論，港臺流行歌曲中有些確實是格調低下的。如《太太是人家的好》、《老婆越多越快活》等，純粹是宣揚玩弄女性的下流歌曲，但是這些歌曲根本就沒有傳到大陸來，更談不上為人民所喜聞樂見、「有幾十萬張選票」了。即使是《何日君再來》這樣的作

---

[34]　載《人民音樂》，1980 年第 6 期。

品雖然許多人唱的時候只是片面地從某種類似的情感中獲得朦朧的共鳴，但說它格調不高也是可以理解的。《天涯歌女》、《孤島天堂》在風格上雖然與當時的一些商業歌曲相類似，但也是積極的。如果我們根據流行歌曲中的形式與「文革」時的習慣不相符合，或是愛情歌曲中有纏綿情調，就把抒情歌曲和流行歌曲完全排斥在外，是非常錯誤的。二○年後的事實證明，七○年代末、八○年代初對流行歌曲採取寬容的態度、積極的態度是正確的。那種強烈的反對從總體上講是在阻擋歷史的潮流，像是《子夜》中的馮老太爺受不了城裡穿旗袍的女士潔白的腿的刺激一樣。我們完全有理由相信，在當初堅持極左思想、激烈反對流行歌曲的人中，相當大的一部分人現在已經成了流行歌曲的忠實聽眾，甚至還踏著流行歌曲在跳舞鍛煉身體呢！

（四）

在美術界，這種藝術風格、表現方法及表現內容的變化及其所經歷的挫折反映了畫家們思想解放的歷程。

早在 1976 年底 1977 年初，同其它藝術形式一樣，美術基本上還是沿用「文革」的方式。從理論到創作，都還是「階級鬥爭年年講」、歌頌社會主義。所不同的是「反擊右傾翻案風」改成了揭批「四人幫」，一批批回應控訴「四人幫」的漫畫不斷湧現，歌頌毛澤東變成了既歌頌毛澤東，也歌頌華國鋒。諸如《華主席和我們心連心》、《你辦事我放心》、《太原人民無限熱愛華主席》、《熱情歌頌英明領袖華主席》之類的油畫、宣傳畫充斥市場，開始對華國鋒的個人崇拜，以作品簡單地充當政治的工具。在對外交流方面，1976年底主要是戶縣農民畫在英國、比利時展出。不過同時中國漢唐壁畫也在美國波士頓美術博物館展出。

　　《美術》從 1977 年底的第 6 期開始探討繼承、借鑑、創造等
問題。1978 年該刊又批判「四人幫」提出的文藝黑線專政論。並
從 1978 年第 1 期開始刊登了李苦禪、吳作人、潘天壽的中國畫；
第 3 期刊登了來華展出的法國的庫爾貝、米勒、勒帕熱等人的油
畫；第 4 期刊登了日本東山魁夷等人的風景畫和中國古代宋、元、
明時期的范寬、何澄、呂紀等人的中國畫。1979 年第 4 期《美術》
又刊登了一組來華展出的瑞典油畫、水彩畫及觀感文章，1979 年
第 5 期《美術》開始設專欄介紹中國古代畫家閻立本、揚州畫派，
外國美術如羅丹的作品。與此同時，中央美術學院的《世界美術》
創刊，介紹西方繪畫及理論。該刊 1979 年第 1 期上的發刊詞說：「文
化發展的歷史經驗表明，一個有自信心的民族，不應把自己孤立於
世界之外。」從第 1 期開始，《世界美術》就在介紹西方近現代的
繪畫及理論，包括梵古、東山魁夷和法國現代畫家馬蒂斯的畫和畫
論。在《藝術世界》1979 年第 1 期上，朱朴的評介文章《畢卡索
與立方主義》儘管末尾要加上「與我們宣導的社會主義現實主義的
繪畫藝術，是格格不入的」這樣的話，但畢竟已經開禁了。這些情
況都說明在繪畫中的「古為今用、洋為中用」與交響樂一樣，許多
外行人不懂，想插手干預也插不上，總體氣氛和環境開始寬鬆。陸
續出現的日本、羅馬尼亞、法國、芬蘭、美國、英國的現代繪畫、
招貼畫、廣告畫等展覽在北京等地此起彼伏，讓被禁錮了多年的中
國美術界、特別是年輕人大開了眼界，強烈地衝擊了在極左思潮影
響下形成起來的美術觀念。一些外國學者和畫家也經常來華講學，
雖然由於他們過低地估計了青年一代的美術天賦，大都只講一些常
識性的內容，不過，這畢竟有益於中國美術界對世界的瞭解，進
一步促進對外交流。1979 年上半年韓美林在北京舉行動物畫展，
給美術界吹來了一縷清風，表明政治宣傳畫之外的美術作品已經
興起。

　　在這種藝術復甦的環境下，隨著思想解放運動思潮的興起，年輕一代的畫家在藝術觀念和創作思路上，發生了明顯的變化。與「傷痕文學」的內容相近的美術作品開始出現，改變了「文革」期間只有年畫、連環畫、宣傳畫的單調格局。諸如程叢林的《一九六八年×月×日雪》、邵增虎的《農機專家之死》、王川的《再見吧！小路》、張紅年的《那時我們正年輕》、王亥的《春》等，讓人們從中感受「文革」的悲劇性事件和「知識青年」的農村生活。作品中透露著真摯的情感和感染力，雖然在藝術技巧上尚未有太大的突破，但對景象的表現上，卻是花了功夫的。而四川畫家羅中立的成名作《父親》則有限度地用超寫實主義手法使得作品在表現方法上具有新意。作者以當時標準像的規格來畫一名普通的農民，從中寄寓著對現代文明社會中農民生活的深切同情，其細膩的構思給人留下了強烈的印象。這幅畫雖然沒有獲獎後一些評論者無邊的吹捧描述得那麼傑出，但它確實是新時期畫壇上的上乘之作。陳丹青的《西藏組畫》吸收了北歐畫派的技巧，質樸地描繪了西藏人的尋常生活，讓觀眾為畫面中所表現的人道主義情感所深深打動。1979 年 3 月，中國美協在北京召開常務理事會的擴大會議，開始對「藝術是階級鬥爭的工具」等說法提出責疑。美術界陸續興起的一些討論，對美術界掙脫極左思想的桎梏無疑是有幫助的。從 1979 年底開始，《美術》雜誌討論了畫家的「自我意識」問題。「自我意識」反映了當時相當一部分畫家特別是青年畫家的內心想法和嘗試，同時也反映了當時的整個社會思潮。要不要表現自我，怎樣表現自我，當然是需要討論的。這種討論後來因「清污」等運動而中斷了，但討論本身卻無疑是思想解放運動的積極因素。老畫家吳冠中在 1980 年第10 期《美術》中發表了《關於抽象美》，結合蘇州園林、張旭草書等，把抽象美作為形式美的核心，強調它在具象與抽象統一中的意義，即似與不似之間的統一。由此引起了熱烈的討論，對美術界手

法的創新起了推動作用。與思想界對傳統文化的討論相似，美術界在七〇年代末、八〇年代初對中國畫的繼承與創新問題展開了討論。這對於吸收世界繪畫的精華、革新傳統的中國畫，以及保留中國畫的優秀傳統，起到了重要的作用。

在 1979 年，兩場激烈的討論對美術界產生了強烈的震動。這主要是由極左思想所造成的無知引起的，而這些無知者卻偏偏又要對美術進行干預。西方現代主義美術外行人看不懂，因而無知者並不多加干涉，而裸體模特兒和連環畫《楓》，卻引起了爭論。

在 1979 年新落成的首都機場裡，袁運生設計的大型壁畫《潑水節──生命的讚歌》中因畫了幾個裸體人物而遭到指責，被認為有傷風化，有礙觀瞻，要求去掉，可見當時思想之僵化。類似於五百多年前的中世紀教皇命令兩個畫家為米開朗基羅的《最後的審判》中地獄裡掙扎翻騰的人體「穿上」褲子。後來因鄧小平、李先念、谷牧等黨和國家領導人及輕工業部、文化部負責人到機場參觀時對它做了肯定和讚揚才算平息了風波。1980 年第 1 期的《藝術世界》刊登了阿達的一幅名為《啊呀！他們在看黃色的東西》的漫畫。畫中畫一個人對青年人欣賞維納斯雕塑並作素描很敏感，以示諷刺。《美術》從 1980 年第 4 期開始設立了《正確對待美術問題》的專欄開展討論。在討論中，吳冠中明確提出「造型藝術離不開人體美的研究」。邵大箴則提出要多做工作，讓大家充分認識，並認為人體美要做具體分析。程至也發表了類似的看法，認為人體美術表現了美好的情操。這一期的《美術》中還專門刊登了一大批希臘裸體雕塑和近現代的裸體藝術畫，明確表示了該刊的態度。此後的 1980 年第 6 期、第 12 期《美術》上繼續開設「正確對待人體美術問題」的專欄討論。

另一場討論是由連環畫《楓》引起的。《楓》改編自鄭義的同名小說，因 32 幅作品中有兩幅沒有對林彪、江青這些人物作變形

醜化，即「四人幫」接見紅衛兵（第 1 幅）和林彪畫像（第 14 幅），
於是被指責為這是「為『四人幫』招魂吶喊，歌功頌德」。《美術》
1979 年第 8 期、第 9 期均對此專門刊文討論。有人提出評價連環
畫要看作品全貌。「讓人們看他們（指林彪、「四人幫」）似乎在生
活中的那種自然形態，這種藝術處理雖尚不完全成功，卻是可取
的。」[35]栗憲庭在同期文章《現代迷信的沉痛教訓──談連環畫〈楓〉
對典型環境的刻劃》中說：「為了揭露『四人幫』挑起武鬥，開始
血與火的慘痛悲劇。在這裡，作者沒有把在當時具體歷史場合中的
林彪、『四人幫』當作概念符號去做表面的醜化，而是力圖尊重歷
史的真實，側重刻劃他們道貌岸然、對群眾具有欺騙性的那一面。」
光靠幾篇文章來糾正極左思想影響下一批人的思維方式當然是遠
遠不夠的，而且這些辯護文章在某種程度上說也還需要跳出框子。
但是，正是這種超越和突破的不斷推進，思想解放的總體進程得到
了推動。

　　類似的思想解放狀況還表現在電影等其它領域。1979 年，隨
著中美文化交流和中美建交，美國卓別林的喜劇電影傳入中國，受
到了廣大中國觀眾的喜愛。《藝術世界》從 1980 年開始還專門設立
了「國外影壇」專欄，介紹西方的電影。所有這些藝術的進步活動
和成就，都表現了藝術家們在新時期對思想解放的推動，對中國人
民的觀念更新、樂觀進取等起到了積極的作用，從精神上改善了中
國人在世界的生存環境。

　　在新時期的文學作品中，有許多是反映知識份子的生活和精神
狀態的。這些作品主要站在八○年代的角度，對知識份子的處境和
個性做了深刻的表現，同時也反映了新時期的作家們對知識份子人

---

[35] 何溶：《將人生有價值的東西毀滅給人看──讀連環畫〈楓〉和想到的一些
　　問題》，《美術》1979 年第 9 期。

生態度的思考及其價值尺度。在這類作品中，許多作家對於知識份子的處境和悲劇性的人生寄寓了深切的同情，對於持有執著的敬業精神和愛國情懷的知識份子給予了充分的肯定與歌頌，對於一些知識份子軟弱的性格表示了不滿的情緒，而對於那些自甘墮落、文人相輕甚或相傷的卑鄙行徑，做了入木三分的剖析。因此，這些作品既反映了知識份子階層的人生百態，也是知識份子群體自身的一面鏡子。它們對於促進社會對知識份子的瞭解、對於知識份子進行自我反省、以及後世瞭解新時期知識份子的心靈發展歷程有重要的意義。

第二章　知識份子歷史地位的重新確立

一、「知識份子是工人階級的一部分」

　　知識份子被當作一個問題來解決，是五〇年代以後的事。從那時起，政府對知識份子一直採取「團結、教育、改造」的政策。而在實際操作過程中，則更多採取的是「改造」政策。在一系列的運動中，他們從總體上不斷地受到排斥和打擊，被搞得灰溜溜的，視為「臭老九」。這種狀況到「文革」發展到了極致，一大批知識份子遭到了殘酷的迫害（實際上，從反右擴大化就開始了），許多人含冤自殺。這不僅嚴重地摧殘了知識份子，也使國家的利益受到了極大的損害。

　　正是在這個背景下，鄧小平在「文革」結束後，看到了問題的嚴重性。要想讓國家繁榮富強，非得為知識份子正名不可，要充分信任知識份子，調動起他們的積極性。「知識份子是工人階級的一部分」的命題便被正式地提了出來。因為根據中國共產黨的有關章程，工人階級是領導階級，現在把知識份子看成是工人階級的一部分，在政治上就為他們平了反，讓他們翻了身。在當時的背景下，這個命題無疑已經把知識份子的地位一下子提到了空前的高度。對於長期受壓制的知識份子來說，這也無疑是一件大快人心的事。同時也要看到，隨著改革進程的不斷深入，這種「一部分」的說法當然是不夠的。知識份子不僅僅是技術工人，他們在社會發展中，在

文明的歷史進程中，還有著獨特的地位和作用。「知識份子是工人
階級的一部分」作為為知識份子平反的一個務實的口號，確實解決
了許多具體的現實的問題。它對於衝破教條主義的束縛、解救知識
份子於危難之中是切實有效的。但從學理上講，從中國走向國際大
家庭、與世界接軌的角度講，把知識份子僅僅看成工人階級的一部
分又是不夠的、不恰當的。嚴格說來，在某種程度上，只有作為工
人階級一部分的知識份子，等於沒有知識份子。因此，我們對「知
識份子是工人階級的一部分」的提法的歷史意義給予充分的肯定，
同時應該指出這是遠遠不夠的。這同時涉及到了知識份子的社會歷
史使命問題。

（一）

五十年代的知識份子大致分為兩類，一類是接受過歐美教育，
或是解放前在國內大學教書、在國統區文化事業部門工作的知識份
子，其中相當一部分人在抗戰勝利後曾同情和支援過中國共產黨，
不過根據階級鬥爭學說，他們被視為是資產階級或小資產階級知識
份子。另一類是從解放區出來或是經過解放區的教育，或是在國統
區從事地下黨工作、參加過進步學生運動的知識份子，雖然按照成
分來說他們大多數出身於地主、資本家的家庭，但經過了革命的熔
爐，已經變成了紅色革命家，被視為是無產階級的知識份子。從五
〇年代開始，這批無產階級的知識份子因基本上都是中國共產黨黨
員，擔任各級領導工作，是不在「知識份子問題」的問題範圍之內
的。通常所說的知識份子問題，知識份子與工人、農民的矛盾，主
要是指前一類知識份子，解放以後一直要求他們改造自己的世界
觀，就是要求他們改變受西方民主影響下形成的世界觀，而接受
史達林模式和史達林模式脫胎而來的五〇年代的中國無產階級世
界觀。

　　把知識份子看成是工人階級的一部分，在某種程度上是繼承了五、六〇年代的做法。1950 年 8 月在修改過去頒佈的《關於土地鬥爭中一些問題的決定》時，根據知識份子從事腦力勞動，受雇用靠工資收入生活，不佔有生產資料，不進行剝削等，把他們中的大多數看成是工人階級的一部分。但在精神上，依然是把他們看成是「資產階級思想」的知識份子。1956 年 1 月，周恩來在全國知識份子工作會議上做了《關於知識份子問題的報告》，強調在社會主義建設中，「除了必須依靠工人階級和廣大農民的積極勞動以外，還必須依靠知識份子的積極勞動。」[1]知識份子在解放初的 6 年中「已經發生了根本的變化」[2]，其中絕大部分「已經成為國家工作人員，已經為社會主義服務，已經是工人階級的一部分。」[3]這是中共中央第一次提出了「知識份子是工人階級的一部分」的命題。其中的「已經」也暗含著，本來不是工人階級的一部分，發生了根本變化後才是工人階級的一部分。這就不僅僅是從《關於土地鬥爭中一些問題的決定》的 1950 年修改稿中的經濟收入判斷的，而且還包括思想意識了。1956 年，中共中央政治局通過了《中央關於知識份子問題的指示》，接著又制定了十二年（1956～1967 年）科學發展遠景規劃，要趕英超美，就不可能不保護和重用知識份子。毛澤東在 1956 年 4 月 28 日還提出了「雙百」方針，希望知識份子充分發揮自己的聰明才智。但由於左傾政策的誤導，反右鬥爭的後果，以及相當一部分「打江山坐江山」的貧雇農出身的幹部對知識份子的偏見，把知識份子看成資產階級的觀點仍然占主要地位。到 1962 年 3 月 2 日，周恩來再次提出對知識份子的估計問題。在 1962 年廣州召開的科學大會上，陳毅受周恩來的囑託，在大會上把知識份子稱為勞動人民的知識份子。

---

[1]　《周恩來選集》下卷，人民出版社 1984 年版，第 160 頁。
[2]　《周恩來選集》下卷，人民出版社 1984 年版，第 163 頁。
[3]　《周恩來選集》下卷，人民出版社 1984 年版，第 162 頁。

這當然是從經濟地位上講的，在意識形態上，改造知識份子的
問題，一直是二十世紀五、六〇年代中國共產黨和政府的核心任
務。改造的原則是確實的，分歧只在於「度」，是否改造得過火了。
因為社會主義建設也同樣需要知識份子的貢獻，需要調動知識份子
的積極性。兩彈試製、衛星上天、科技革命，都離不開知識份子。
國不可一日無知識份子。既要使用他們的智慧，又要改造他們的世
界觀，這是當時的一大重要問題。所謂「團結、教育、改造」的原
則，「文革」以前一直是領導層對待知識份子的策略。有些領導人
強調重視知識份子，如毛澤東、周恩來等人，主要是為著放寬尺度，
調整氣候。例如 1956 年提出要向科學進軍，於是提出「雙百」方
針。但是，「雙百」方針的實施帶來了知識份子給執政黨和當時的
方針、政策提意見的後果，對假、大、空，大躍進等措施的不滿，
沒有限定在作為技術知識份子的範圍內，而是對現實提出批評，結
果不能見容於當時的領導層。

新時期的知識份子政策主要出於鄧小平對知識份子問題的思
考。早在 1977 年 5 月 24 日，鄧小平就在與兩位中央領導的談話中
明確提到「尊重知識，尊重人才。」當時主要是要解決現代化、尤
其是科技現代化的問題。他要求「要重視知識，重視從事腦力勞動
的人，要承認這些人是勞動者。」[4]雖然是把知識份子當成勞力看
待的，但是能談到尊重，就帶有對他們人格尊重的意味了。比起「文
革」被視為排在「地、富、反、壞、右、叛徒、特務、走資派」八
類階級敵人後面的「臭老九」來，這時的知識份子的境遇有了根本
的轉變。這當然還沒有包括對人的思想的尊重。在 1977 年 8 月 8
日的《關於科學和教育工作的幾點意見》中，鄧小平談到知識份子
要繼續改造時說：「不僅是知識份子的思想要繼續改造，工人農民

<hr>

[4]　《鄧小平文選（1975-1982）》，人民出版社 1983 年版，第 38 頁。

和共產黨員的思想也要繼續改造。這是毛澤東同志早就說過了的。」[5]這實際上就改變了過去「改造知識份子」的「改造」的意義。做到不把知識份子看成階級異己分子如資產階級了——當然這時依然是從技術工人的角度去談的。把知識份子看成與工人、農民在地位上是平等的，而沒有涉及到他們思想的先鋒性。這在當時已經是把他們的政治地位提高到非常了不起的地步了，也確實讓許多知識份子受寵若驚。鄧小平還強調對知識份子要在精神上給予鼓勵、在物質上也要改善他們的待遇。甚至提出：「領導科研或教學的人，要內行」[6]，這在當時雖然不能完全做到——直到九〇年代末也未必都能做到，卻是非常了不起的。無論從對科技教育事業本身著眼，還是就知識份子的地位而言，都有了明顯的進步的導向。

鄧小平 1978 年 3 月 18 日《在全國科學大會開幕式上的講話》中，繼承周恩來的提法，再一次提出了「知識份子是工人階級的一部分」的命題。雖然在具體的提法上還顯得粗糙，邏輯上還值得推敲，但在當時卻是非常難能可貴的，而且客觀上在解決知識份子長期以來在政治上受壓迫的厄運。鄧小平認為當時「四人幫」把「腦力勞動與體力勞動的分工歪曲成為階級對立，正是為了打擊迫害知識份子。」[7]他首先肯定解放後工人階級自己培養起來的知識份子，作為「腦力勞動者」，是可靠的，已經不同於資產階級知識份子。而對於舊社會過來的知識份子，鄧小平則沿用毛澤東的提法，有一個依附在哪張「皮」上的問題。這一方面忽略了知識份子的獨立階層的地位，另一方面也還是沿用階級鬥爭的觀點。不過，鄧小平的目的在於把知識份子從灰頭灰腦的受迫害地位中解放出來，調動他

5　《鄧小平文選（1975-1982）》，人民出版社 1983 年版，第 46 頁。

6　《鄧小平文選（1975-1982）》，人民出版社 1983 年版，第 50 頁。

7　《鄧小平文選（1975-1982）》，人民出版社 1983 年版，第 86 頁。

們的積極性,為把落後的中國建設成現代發達國家而努力。因此,知識份子雖然有個立場問題,「但總的說來,他們的絕大多數已經是工人階級和勞動人民自己的知識份子,因此也可以說,已經是工人階級自己的一部分。他們與體力勞動者的區別,只是社會分工的不同。」[8]後來,他又多次重申和強調這一點。這對新時期的知識份子翻身起到了重要作用。從廣義上說,這是在撥亂反正過程中再一次為知識份子階層平反。這個過程本身反映了領導層對知識份子看法的曲折性和為知識份子正名的艱巨性。

(二)

解放以後的歷次錯誤運動,都把知識份子作為排擠、打擊、迫害的對象。毛澤東甚至說,明朝有兩個皇帝,都是不識字的,結果國家治理得很好,可以說這在某種程度上滋長了「知識越多越反動」的論調。到「文革」初期,要求知識份子到工廠和農村去進行體力勞動,名曰「再教育」。後來又波及到了在中學讀書、甚至剛上初中的學生,讓他們上山下鄉,接受貧下中農再教育。當時的《人民日報》、《紅旗》雜誌評論員文章都提出老一輩知識份子過去接受的是資產階級教育,所以現在要接受無產階級再一次教育,而年輕的一代知識份子則在修正主義路線的毒害下,受資產階級知識份子的教育,所以現在要接受工農兵的再教育。這是建立在當時的「兩個基本估計」的基礎上的,即知識份子的世界觀基本上是資產階級的,十七年的教育基本上是黑線統治。甚至後來常常出現這種情況,在學校刻苦用功、「為革命學習」的學生上了大學成了知識份子後,要到工廠接受從小調皮搗蛋、初中畢業甚至沒畢業進了工廠當工人的同學的再教育。無形之中培養了工農「大老粗」的優越感

8　《鄧小平文選(1975-1982)》,人民出版社 1983 年版,第 86 頁。

和知識份子的自卑感。這不僅使知識份子的隊伍和科技文化事業受到了無法估計的損失，而且產生了積重難返的消極影響。[9]

　　把知識份子看成是工人階級的一部分，在當時的操作過程中阻力重重。有許多人不服氣，不理解。有的人即使口頭上接受了，心裡也不能接受。有些擔任領導職務的人甚至說出「沒有知識份子，照樣搞生產，搞建設」這樣一些愚昧無知的話，一心要對知識份子採取「利用、限制、改造」的舊政策。把知識份子看成是工人階級的一部分的提法，被說成是「把知識份子抬得太高了」。在為知識份子平反的過程中，即使平反了，也要有意為難，留下小尾巴，當作小辮子。有些冤假錯案就是具體部門的當權者自己一手製造或參與制造的，雖然上峰不追究他們過去的責任，但讓知識份子抬頭，他們就是頂著不辦。其中的一些工農幹部，長期以來把知識份子當作威脅自己權利的異己力量加以防範或批判。要得益或獲得恩賜，知識份子就得要「老實」。這種狀況不僅存在於領導層中，在社會風氣不正常的年代，許多民眾都養成了一種不利於社會文明發展的風氣，即認為知識份子應該低人一等。或則即使嘴上不說，腦海裡的這種觀念依然根深蒂固。把他們與心目中的「壞人」——地、富、反、壞、右、叛徒、特務、走資派這八類人排在一起。知識份子的待遇稍有提高，不問他們的強腦力勞動是否辛苦，心中就憤憤不平。在思想上，相當一部分官與民都把知識份子看成是「階級敵人」陣營裡的人，起碼是異己的人。因此，把知識份子的思想框到一個固定的範圍內，對他們的思考進行統籌規劃，是有關部門與知識份子衝突的根本原因，也是知識份子不能被列為「工人階級」的重要因素。對於一個公民，政府可以通過法律來約束。而要對他們的思想進行管理、改造和教育，實在是專制的表現。甚至 1987 年還有

---

[9]　參見李進興：《「再教育」質疑》，《理論與實踐》，1980 年第 9 期。

人提出要用現代科學的方法，如系統方法、目標管理方法、社會心理方法乃至數量統計方法等四種方法對知識份子進行管理。[10]這實在是一種人格的污辱。也許作者並非有意污辱知識份子，但從心靈深處依然是把知識份子作為管教的對象，完全忘記了知識份子是社會的良心，是通過獨立之精神、自由之思想來推動社會的發展的。對知識份子的管理如同管理一個現代化的養雞場一樣，這也是一種專制思想的體現。只有在這種背景下，順我者昌、逆我者亡的專制思想才能順利實施。不知道作者為什麼不為貪官污吏設計一套管理方法？

在這種背景下，針對左傾思想把知識份子作為資產階級的觀點而提出「知識份子是工人階級的一部分」，目的在於把知識份子提到自食其力、作為領導階級和先進分子的一部分的地位上，意義是重大的，而且也起到了應有的效果。但是，知識份子成為工人階級的一部分，雖然只是為知識份子脫帽，卻遇到了重重阻力，比老幹部復出，比毛澤東欽定的領導幹部的平反，都要困難得多。倒不是因為知識份子成了工人階級的一部分就損害了誰的利益，而是五○年代以來知識份子歷來被視為低人一等，這種觀念在一部分人的腦海裡已經根深蒂固。這種狀況對國家走向文明、富強是極端不利的。

領導層曾經花了莫大的氣力糾正社會上包括許多領導幹部對知識份子的種種偏見。早在 1979 年 1 月 4 日，《人民日報》發表特約評論員文章《完整地準確地理解黨的知識份子政策》。其中有些言辭有助於我們從側面瞭解到當時面臨的困難。文中批評對知識份子的一些不正確的看法：「有的說，把知識份子說成是工人階級的知識份子，是不是估計太高了？」我們今天也許感到可笑，但在當

10　見徐金龍：《知識份子管理工作的方法論芻議》，《江西社會科學》，1987 年第 3 期。

時是切切實實地反映了相當一部分人的心態。試問，一個把知識份子壓得很低，天天忙著改造知識份子的社會到底是逐步走向文明和光明，還是逐步走向愚昧和黑暗呢？這篇評論員文章肯定了知識份子中的絕大多數「滿腔熱情地從事科技、經濟、教育、文化、文藝、衛生工作以及其它工作，做出了很大的成績，發揮了重要的作用」，「粉碎『四人幫』以後，他們迸發出極大的革命熱情，衷心擁護黨中央的正確領導，為實現四個現代化更加奮發努力地工作。這樣的知識份子，難道不是工人階級自己的，而是資產階級的知識份子嗎？」文章把那些對知識份子的偏見歸納為「首先是由於林彪、『四人幫』的流毒沒有肅清。」因為他們認為「知識越多越反動」，知識份子是「資產階級反動權威」。其次「還由於小生產習慣勢力的影響」。文章認為，要改變這種局面，必須複查過去的案件，糾正錯劃右派案件，充分信任、放手使用各種專門人才；不要求全責備；要有民主作風，貫徹雙百方針等，具有一定的說服力。但由於文章寫於粉碎「四人幫」初期，「文革」的餘毒還沒有肅清，在思想上還受某些條條框框的束縛，因此力度依然不夠。此後全國各大報刊都紛紛發表文章，以期端正對知識份子的認識，解決他們的工作、科研和勞動報酬等問題，也確實起到了一定的效果。直到1983 年，才因種種原因，而使問題出現了反覆。但儘管如此，1984、1985、1986 年，知識份子問題依然在不斷地被研究，並得到了深化。

在這些文章中，1979 年 2 月 7 日發表在《文匯報》上的署名紀實的文章《沒有知識份子就沒有現代化》，對問題的思考較為全面。文中把知識份子看成是「科技革命的骨幹」、「社會改革的參謀」、「思想解放的先驅」等，這實際上就已經不僅僅把知識份子看成是工人階級的一部分，而且還是社會的啟蒙者了。而要解放知識份子，知識份子自己首先要做努力，要徹底地反封建。「為什麼他

們也這麼仇恨知識份子呢？因為他們要搞最黑暗的封建法西斯專政，要人民愚昧無知，最害怕科學知識的革命力量。」

（三）

把知識份子看成是工人階級的一部分，對於當時提高知識份子地位確實是一個非常務實的提法，不僅有利於糾正長期以來對於知識份子的偏見，和歧視知識份子、迫害知識份子的行徑，而且有利於調整相當一部分人長期形成的不服氣的心理，消除「知識份子現在又抖起來了」、「翹尾巴了」等錯誤看法。但是，從長遠看，從學理上分析，把知識份子看成是工人階級的一部分的提法是不嚴密，不夠科學的。它在某種程度上說依然是在沿用過去的階級鬥爭觀點，只是把知識份子重新劃定成分，拉到自己的陣營裡來了。工人階級、農民階級是與資產階級、地主階級相對舉而存在的。既然在新時期這種階級界限已經發生了變化，那麼這種階級隊伍的分類也不甚妥當了。當今的「資產階級」，都是國家鼓勵發家致富的先富起來的那一部分人，當然不是知識份子這個群體。其次，把知識份子看成是工人階級的一部分只是把他們看成是技術勞動者、腦力勞動者，還沒有涉及到人格和思想等層面。

把知識份子看成是工人階級的一部分，認為他們也是自食其力的勞動者，本身就意味著取消知識份子階層，依然用階級鬥爭的態度來對待他們。雖然這與稱他們為「資產階級知識份子」、具有「兩面性」，有了相當的差別，但目的是要取消他們獨立的人格、自由的精神。周恩來在 1962 年提出的為知識份子「脫帽加冕」，脫資產階級的帽，加工人階級的冕，在當時已經算是了不起的了，已經「皇恩浩蕩」了，把知識份子從敵人的陣營裡拉到自己的陣營裡來了。這在當時的環境下和氣氛中有著積極的意義，但知識份子自己依然無權選擇和辯解，任人「推」、「拉」。無怪乎有些知識

份子在「文革」期間受盡凌辱時，要後悔自己解放前夕的去留選擇了。

　　到八〇年代末、九〇年代初，相當一部分學者主張，知識份子要爭取自己獨立的生存地盤，知識份子就是知識份子，既不是工人，也不是農民，更不是資本家，他們是文化的精英，文明的代表者，進步思想和真理的追求者與傳播者，人類文明發展的積極推動者。知識份子是一個獨立的階層，而且還是社會的精英，他們有權「冷靜地思考問題」，「做出具有獨立意識的創造性的論斷」，「在自己的專業範圍內為發展已有的成就而做出新的貢獻」。[11]這就強調了知識份子人格的獨立性。過去把階級看成是皮，而知識份子沒有獨立的地位，只是毛。這正是「文革」整知識份子的依據。說知識份子已經依附在資產階級的皮上了，以這種「莫須有」的罪名對知識份子進行扣帽子、打棍子。

　　通常用知識份子的腦力勞動與工人的體力勞動相比擬，主要是從物質方面講的，只是從社會生產的過程中，從技能角度看待知識份子的。這種勞心者，其實同時還是啟蒙者，精神財富的創造者。諸如孔子、亞裡斯多德、愛因斯坦等人對人類的貢獻，就不是通過腦力勞動可以計量的。改變人類命運的思想如果簡單地用腦力這種勞動力來衡量，本身就是在以愚昧褻瀆文明。腦力的創造性活動不只是一種產品生產的勞動，更重要的還影響著整個社會的發展。如果僅僅由技術來劃分知識份子與非知識份子，那麼，隨著社會的發展，隨著勞動生產的技術化、高科技化，知識份子與非知識份子將來就沒法區分了。當然在遙遠的未來可能會有這種合一的情況發生，但今後相當長的時期內，知識份子的獨立存在價值是應該肯定的。五〇年代直至「文革」的悲劇在於，許多人不僅不承認知識份

---

[11]　唐弢：《關於知識份子的特點》，《杭州大學學報》，1991 年第 1 期。

子是人類的精英，而且不承認知識份子是勞動者。他們愚蠢地認為只有體力勞動才是勞動，腦力勞動是無形的，看不見的，於是腦力勞動者就是「不勞而獲」、「四體不勤、五穀不分」的剝削者。這種論調，很容易為中國當時廣大的不識之無的勞動者所接受，這正是過去的中國愚昧和落後的寫照。因此，要想讓他們改變對知識份子的錯誤認識，首先就得讓他們承認知識份子是勞動者。他們也同樣在為社會創造財富，而且是創造更多的財富，然後才能談得上進一步地認識知識份子的地位與作用。而要達到這一點，各級領導者和廣大民眾，或者說全民族的文化素質的普遍提高是基礎。否則沒有交流的共同邏輯與話語，自然無法溝通，無法理喻。

總之，「知識份子是工人階級一部分」的命題，是特定時期的產物，它從財富擁有的角度（解放前與工人一樣，是一種雇傭關係）和世界觀（知識份子在解放後不管多麼「無產」，還是被看成資產階級的）的角度來界定知識份子不是剝削者，不是資產階級。這在當時對於轉變幾十年來對知識份子的偏見，起到了積極的作用。隨著社會的發展，這個命題已經不能適應時代的需要。我們應該充分肯定這個命題在八〇年代的意義，同時又要超越這個命題，為知識份子的獨立性進行辯護。

二、知識份子獨立人格的重建

從五〇年代到七〇年代，由於極左的政治因素的影響，中國的知識份子一直被劃入另冊，缺乏獨立的社會地位。除了在戰爭年代加入中國共產黨、在解放區和國統區工作的知識份子被稱為革命的知識份子外，一般都被稱為「反動的知識份子」，「保守的知識份子」或「中間的知識份子」。社會上或者把知識份子劃分為「無產階級的知識份子」、「資產階級、小資產階級的知識份子」，或者劃分為

「先進的知識份子」、「落後的知識份子」。這種分類方法，都是從政治的角度來界定他們的性質的。所謂「唯物主義」、「唯心主義」的劃分，看起來是從學術觀點出發的，實際上依然是政治的立場。而且人們常常依據這種分類方法，對被稱為政治敵人的知識份子不斷地進行鬥爭，或者把他們列入改造、監督的對象。乃至長期為共產主義事業做出貢獻、甚至最後為之獻身的知識份子，如陳獨秀、瞿秋白等人，也被看成是資產階級的。有些五〇年代以後培養起來的知識份子，儘管是在毛澤東思想的陽光雨露照耀滋養下成長起來的，但因父輩出身於地主、資產階級，根不紅、苗不正，也成了資產階級的知識份子。隨著歷次運動對知識份子的不斷摧殘，有些過去以革命知識份子身份整人的人，也時常朝不保夕地淪落到被整的境地，與當年被自己整的人進入同一行列。這在「文革」中是屢見不鮮的，成為中國當代「運動」史上一道可憐、可悲又滑稽的風景。

　　八〇年代中期以後，隨著思想解放的不斷深入，隨著市場經濟的發展，以及知識份子生存環境的危機，對於知識份子獨立人格的思考便開始提到了日程上。

（一）

　　在中國不斷向現代化邁進的歷程中，知識份子的地位和作用日益凸顯。到八〇年代後期，人們漸漸感到，落實知識份子的政策問題儘管還需要做相當的努力，但知識份子不能消極地等待落實政策，消極地被置於工具的地位。要想改變自身的處境，要想能動地推動社會的進步，知識份子必須確立獨立的人格。這種獨立的人格不是故意地要站在現行政治的對立面，而是對於錯誤的，他們批判；對於正確的，他們推動。獨立人格以獨立思考為表徵，而不是以「作對」為目的。

在一篇題為《知識份子與「官學一體」的傳統模式》[12]的文章中，作者認為現代的知識份子應當不同於古代的「文人」、「書生」。「它除了要有知識，還應該代表社會的良心，有一種崇高責任感，有一種崇高責任感和使命感，富於理性的批判精神。」文中對新儒學提出的確立知識份子群體批判的自我意識表示贊同，但認為通過復興儒學、認同傳統的辦法來確立，是行不通的。作者認為，中國傳統通過致仕的途徑來發揮自己的作用，實現自己的抱負，是一種「官學一體」的模式。即使在諸侯紛爭的戰國，知識份子雖然沒有選擇職業的自由，還有選擇依附哪張政治的皮的自由，到了漢代，則連對政治的選擇自由也沒有了。作者認為這種「官學一體」的模式，「使得知識份子只能依附於政治，他們個體既無主體獨立的人格，群體又不能形成相對獨立的社會力量。」即使是有「以天下為己任」的傳統；有「三軍可奪帥也，匹夫不可奪志」的堅定；有「富貴不能淫，貧賤不能移，威武不能屈」的大丈夫精神；有「為天地立心，為生民立命，為萬世開太平」的襟懷；有「天下興亡，匹夫有責」的崇高使命感，卻依然是在「官學一體」、忠君的模式下進行的。作者認為這種模式「非但沒能使中國知識份子樹立起群體批判的自我意識，有時反倒成了那些愚忠愚孝的迂腐官僚的精神支柱。」他們沒有獨立的政治地位，也沒有獨立的經濟地位，沒有「自由選擇」的權力。

這種說法，當然有一定的道理。但仔細一想，依然有偏激之處。第一，學依附於官，容易助長封建專制體制，不但無助於國家和人民，也把知識份子自己置於被奴役的境地，當然是不可取的。但「學」不能只是置於官的對立面批判現實，對現實的批判本身也是需要檢驗的，它與身體力行是不矛盾的。只會紙上談兵，空頭批判，有時

---

[12] 《團結報》，1988年3月29日、4月2日。

是解決不了實際問題的。因為旁觀是一回事，做又是另一回事。知識份子只有「知行合一」，才能更加深切地瞭解社會，為社會做出貢獻。「學」應該具有獨立性，不能依附於官，但學與官又有相聯繫的一面。學以致用，直接參與社會體制的轉化，更有利於推動社會的發展。從這一點看，儒家的積極入世精神依然有著現實的意義。但唉聲歎氣，滿腹牢騷，談五經、死章句，則是知識份子的致命弱點，容易讓知識份子形成書呆子習氣。

同時，知識份子在「君臣大義」下立業，乃是時代的局限，我們一定要東漢的太學生反對封建專制制度，拿現代資產階級的進步思想去要求他們，甚至以二十世紀八〇年代的思想去評判他們，顯然是荒唐的。對於傳統，我們只能繼承其積極的、有價值的內涵，讓它們在新時代的背景下發揮作用。繼承現實中有價值的，而不是全盤繼承。繼承什麼、如何繼承，是我們當代人的責任。一定要假定傳統中的劣根性的一面被繼承下來了，我們繼承傳統只能繼承其消極的一面，然後對傳統加以批判，是愚蠢的。好像老祖宗要為他們的言行負有千秋萬代的責任似的。超越傳統是我們的責任，繼承傳統同樣是我們自己的責任。作者所說的「那種輕視甚至否認學者的獨立價值，把學者當作自己推行政策、總結政績的花瓶，實際不願傾聽學者的意見，特別是反面的、批判性意見的做法，反映了官僚在政治上的優越感，這是『官學一體』傳統在新時代的反映。」這話本身沒有錯誤，但老祖宗提出的思想，主要是為了解決他們的現實問題。至於對我們是否有利，我們能否把它們作為工具採用，是我們的事。因此，如果用錯了，應該批判我們自己用錯了，而不應批判傳統。

（二）

　　李東平在《我對知識份子問題的三個悖論》[13]一文中，談到要
「讓學術真正擺脫政治圍欄」，這是當時的許多知識份子的共識。
把學術當作政治的傳聲筒，讓學術為政治服務，是從五〇年代到「文
革」的慣用手段。從政治的角度，毛澤東遂了願，一些阿諛奉承的
文人得了逞。看起來他們各得其所，成功了。但中國學術史上的這
段屈辱歷史，有人拿「焚書坑儒」和「文字獄」來比擬，為千秋萬
代所詬病。這一點毛澤東失敗了，這段歷史是抹不掉、揮不去的。
因此，新時期為學術界提供寬鬆的氣氛，為知識份子保留尊嚴，無
論對學術、對知識份子、對全社會和領導層自己，都是必要的。「文
革」剛剛過去，前車有鑒，領導層不能不考慮這個問題。雖然知識
份子在新時期依然經歷了一些運動，意識形態領域依然有些領導還
在繼續著毛澤東時代的思維模式，但平心而論，比起「文革」來，
新時期的撥亂反正和知識份子政策的一系列調整，確實讓知識份子
獲得較為寬鬆的環境。而且大勢所趨，是不可阻擋的。

　　知識份子獨立人格的造就，需要自由寬鬆的環境。「然而這種
政治上的寬容僅僅是相對的，因為其參照系的諸多標準均來自從建
國後到「文革」前那段令人不寒而慄的特定歷史時期。今天，連最
膽小的人也可以公開抨擊在那種非理性、狂暴中的知識份子所遭受
的種種苦難，並詛咒這一切永遠不要再來的時候，人們心裡明白，
由這種參照系所給出的政治寬容度只是一種起碼的最低限度，僅限
於此，是遠遠不夠的。」[14]這種縱向的比較，讓人感到與「文革」
相比，已經有了很大的進步，但是帶來這種進步的動因恰恰來自橫

---

[13]　載《北京社會科學》，1989 年第 2 期。
[14]　《我對知識份子問題的三個悖論》，《北京社會科學》，1989 年第 2 期。

向。世界的科技形勢和經濟大潮，讓人們感到不改革沒有出路，不走出專制的壓制知識份子、迫害知識份子的狀況，就要亡國滅種。如果執政者依然從專制的思想出發，認為已經給了人民、給了知識份子以很大的民主，以這種態度來要求人們趕超世界先進水準，豈不如同把短跑運動員拴在手中讓他去拿世界冠軍？這些持專制、極左思想的人難道真的不知道這樣做是絕對談不上趕超世界先進水準的嗎？未必！能趕超當然更好，但趕超如果破壞了專制官僚秩序，則寧願不要世界先進水準。反對這個化、反對那個化，就是不反對專制。要在僵化的體制下求進步、求發展。雖然是帶著鐐銬跳舞，能跳得出色更好，不能跳得出色，有長進就行，不能離開鐐銬這個原則。

對於知識份子的創造創新精神的無形束縛比來自政治上的壓力更為可怕。以政治的偏見去貶抑學術研究，壓制創新，雖然比過去有了進步，但要趕超世界先進水準，則依然是天方夜譚。李東平則在前引文章中說：「為什麼在我們龐大的知識份子群落中，幾十年來竟沒有出現一個能夠為世界學術界所公認的巨人？」「為什麼一種生機勃勃的科學方法一到我們手裡就失去了原有的活力，變得僵死而教條？政治上『剪不斷，理還亂』的客觀現實，使許多學術活動染上了濃郁的火藥味，由政治偏見滋生的多種非知識因素往往梗阻了學術研究理應達到的深度。一直到今天，中國的知識份子還必須花費極大的精力衝破那些由政治圍欄包圍的『理論禁區』以『重新發現』那些因久被蒙蔽而變得令人陌生的常識性真理。」[15]持這種態度的人當然還不少，到九〇年代，雖然中國社會有了一定的進步，持這種態度的依然大有人在。而李東平提出了這一點，就不僅僅是一個認識問題，而且還是一個勇氣問題。

---

[15]　《我對知識份子問題的三個悖論》，《北京社會科學》，1989 年第 2 期。

在尋求學術自由的同時，知識份子自身的獨立人格是非常重要的。知識份子應該以自身的行處來體現獨立人格。知識份子自身也要找找原因的。從五〇年代到「文革」，知識份子中阿諛奉承者有之，助紂為虐者有之。「當西方知識份子們幾乎無一例外地出自純粹的科學動機去探索自然和社會的奧秘以期造福人類時，中國知識份子們多是在用學術向政治的靠近來尋求保護和進身之路。」[16]這個問題，恐怕不能要老祖宗負責，不能要孔老二負責。就像是學生在學校裡自己不努力，自己沒有在班級裡做橫向比較，卻回到家裡責怪家長的文化水準低、沒有好的遺傳基因、甚至沒有對他實施胎教，顯然是荒唐的。

那麼，是不是知識份子把自己置於政治的對立面就體現了獨立人格呢？置於對立面本身不是目的，不是一置於對立面就萬事大吉了。即使是處於敵對狀態，也不能用「文革」中的那種「凡是敵人反對的，我們就要擁護，凡是敵人擁護的，我們就要反對」的思想模式。而是要採用「入乎其內，出乎其外」的策略。凡是有利於社會的文明進步的，積極投身其間，以自己的方式積極推動之；凡是阻礙社會發展、乃至把歷史拉向倒退的，則堅決地予以批判，以生命捍衛真理和正義。這一切當然是奠定在以獨立人格思考的基礎上的。

（三）

許紀霖則將知識份子的獨立人格問題放在啟蒙與救亡的意義上去討論。在《新啟蒙》的第一期上，許紀霖發表了《知識份子獨立人格論》，宣導現代意義上的獨立人格。這在當時具有一定的代表性，一大批知識份子都曾有類似的看法。

---

16 李東平：《我對知識份子問題的三個悖論》，《北京社會科學》，1989 年第 2 期。

許紀霖認為，人類歷史上曾有三次大革命，第一次是從猿到人的轉變，第二次是從原始社會向文明社會轉變，第三次則是從傳統的農業文明向現代的工業文明轉變。現代的所謂獨立人格問題是在第三次革命中以「人的覺醒」為標誌的。這就不同於中國封建時代知識份子的那種傳統意義上的操守和氣節。傳統意義上的操守和氣節依然要依附於神權、皇權或族權。諸如司馬遷秉筆直書，王安石抗命變革，海瑞罵皇帝，雖然體現了「富貴不能淫，貧賤不能移，威武不能屈」的浩然正氣，但與現代意義上的獨立人格有著本質的區別。許紀霖從中國古代的知識份子中找出儒生、隱士、和狂人三種類型逐一加以檢視。他認為，中國古代的儒生們是把儒學當作一種信仰來對待的，他們所尊奉的「道」不是個人理性選擇的結果，而是自己作為儒生必須自覺接受的群體之道，如海瑞雖與世俗權威抗爭，內心卻拜倒在孔聖人這個精神權威腳下。從誦讀四書五經的第一天起，文人們就成了拋棄自我，「沒有個人思維能力的中國式的宗教信徒」。即使如此，儒家最終也並未形成一支獨立於「政統」之外的「道統」力量，而是要參與政治，「走輔佐國君、為王者師的仕途」。這批知識份子從經濟、職業、身份上都不具備獨立的條件。而那些信奉老莊哲學的隱士雖然從自然中尋求心靈的自由，孤傲特立，但對現實卻採取隨遇而安、明哲保身的消極人生態度，「全無社會責任感和實踐批判精神」。這種精神人格與實踐人格的二元對立，「證明了這恰恰是一種虛幻的駝鳥式的『獨立人格』。」至於狂人，如阮籍、李贄等，在行為上我行我素，狂放不羈，「常常以自己的人格去直接抗議那虛偽的假道學」，但在他們憤激的背後，「所眷戀的依然是那種古老的理想」，「狂人們始初往往是堅定的儒家理想主義者，由於對理想過於執著、認真，因而比一般人更難以容忍人心的虛偽、教義的異化和世道的腐敗。他們在絕望和悲哀之中，只有通過無理性反抗來發洩內心抑鬱不平之氣」。「狂人們表面

上天馬行空，獨立不羈，實際上這種無理性的反抗所意味的正是主體的思想貧乏和真正的內心自由。」通過對這三種類型的知識份子的審視，許紀霖認為，他們的獨立人格「只能在某一層面（或是道德的實踐層面，或是內心的精神層面）上實現主體的意志自由，所匱乏的正是現代獨立人格從本體意識到思維方法、行為模式那種徹底的、完整的個人自由」。「在古代中國那樣一個政治、經濟、文化大一統、整體性的宗法家族倫理特別發達的社會文化氛圍中，哪怕是最為『特立獨行』的知識份子，充其量也只能以一種充滿中國色彩的『獨立人格』出現在歷史舞臺上了。」這與「以個人主義文化為其思想背景」的現代獨立人格是根本不同的。

　　許紀霖還說：「傳統『獨立人格』儘管不能等同於現代獨立人格，但在一定的歷史條件下，卻有可能實現向後者的轉型。」為此他探討了過渡時期近代知識份子的獨立人格。他認為以魯迅為代表的近代知識份子「接受過西學的洗禮，具有充分的現代意識與個體的理性選擇能力，可以說在人格獨立的內涵上基本是西方的。另一方面，在他們的表現形式上又分明繼承著古代『特立獨行』之士的遺風，具有鮮明的民族特色。」如魯迅在人格底蘊上受到西方的自然科學理性精神和尼采的非理性主義影響，「但其外在風格特徵卻又常常使人想起古代的狂人，與阮籍、李贄等人有著難以割捨的血緣聯繫」。這是西方自由精神和中國古代「特立獨行」的演變。「這仍是中西文化融合的歷史產物。」這當然不是對近代獨立人格的頌揚。在許紀霖的眼裡，現代獨立人格應該是西化的。他認為近代的獨立人格存在於救亡的歷史背景下，「民族解放的迫切感壓倒了個性解放的要求」，是一種「群體至上的觀念，在那樣一個時代固然具有歷史的合理性、必然性，卻內在地潛伏著對人格獨立自我否定的可能趨勢」。在此背景下，獨立人格不是個體的自我需求，而是民族整體的外在義務，是「某種工具」。為民族整體利益而放棄個

人的獨立自由，心甘情願地去做犧牲。這樣，即使像魯迅那樣的人也有一度迷惘失落的時候。因此，要想使獨立人格現代化，必須伸張人性，重視個體的自由權利，告別封建傳統，擺脫近代西化的不徹底性。

對於西方現代知識份子的獨立人格的特徵，許紀霖從三個層面對它進行了界定，並以愛因斯坦和薩特作為現代獨立人格的楷模。這三個層面是：「在本體意識上，以自我的需要為本位。」「在思維方法上，堅持科學的個人理性。」「在行為模式上，則富於社會的批判精神。」從中突現了個體的要求，包括功利性欲求和非功利性的求知欲望，重視個人的獨立思考，而對社會的批判精神也以個人的精神獨立為基礎。

許紀霖認為現代知識份子的獨立人格應當從兩個層面上理解：一是在政治層面上，「懷有嚴肅的社會使命感，關懷全民族和全人類的共同命運，成為『公共良心』。」一是在學術層面上，要「保持自己的獨立，他才能最終體現出人格的尊嚴」，成為「文化精英」。在闡述古近代中國知識份子時，許紀霖曾經更強調個性，而批評他們對社會的認同性的一面。在闡釋現代獨立人格時，許紀霖則強調知識份子一方面「與其它社會成員一樣，必須帶著本社會階層特殊的要求去參與，在社會共同體中進行利益的競爭」。另一方面，「能夠相對擺脫自身利益的功利束縛，以一種全社會、全民族、全人類的宏觀視野觀照問題」。

從五〇年代開始，直到「文革」，中國大陸對人性和自我一直是持否定態度的，對人的尊嚴、人的需求、人的自由和解放缺乏基本的尊重。在這個基礎上宣導人性、人道主義，宣導個性是應該的，同時強調社會使命感和公共良心也是可以理解的。因為在正常情況下兩者都是必要的，認為中國封建時代的知識份子的獨立人格和社會責任感具有封建時代的烙印也是可以理解的。問題是，我們在提

倡「獨立人格」時，一方面不能對中國封建時代知識份子的獨立人格全盤否定，而是應該抽象地繼承其積極性的一面，揚棄其消極性的一面。那種卑視封建時代知識份子的人格，試圖引進西方「獨立人格」的做法，是忽視傳統、又不切合實際的。為了反對封建意識形態的消極落後的一面，有時候「矯枉過正」是可以理解的，但弘揚民族傳統中優秀知識份子獨立不遷的人格是必要的。用現代意識苛求古人的愚忠等，是不現實的。另一方面，我們在提倡獨立人格時更要對伸張個性和「公共良心」從學理上予以澄清。

三、知識份子在現代化歷程中的使命

鄧小平新時期一復出就著手抓科技、教育問題，這確實是出於戰略的考慮。從安定團結的角度考慮，首先也需要解決知識份子問題。這不僅是因為長期以來知識份子問題一直沒有解決好，而且還因為知識份子在社會中不可低估的作用。解放後知識份子屢遭劫難，精神上倍受打擊，在某種程度上也可以看出知識份子的重要性。假如知識份子與幾億農民一樣，只是埋頭於手下的勞作，當然不至於在精神上有如此的遭遇。但另一方面，中國的社會假如只有工人、農民，沒有知識份子，那麼，在現代世界中，恐怕只能充當全球的勞動力市場。在新時期，破除現代迷信，廓清「兩個凡是」的迷霧，乃至徹底否定「文革」，知識份子確實是支重要的力量。因此，知識份子這張牌，是新時期非重視不可的。

思想解放運動中固然少不了知識份子，但知識份子的思想畢竟是有限度的，超過了一定的限度，違背了鄧小平提出的「四項基本原則」，當然也是不容許的。在調動了知識份子的積極性之後，鄧小平的主要目的是通過知識份子實施現代化的戰略方針。這是從華國鋒就開始著手實施的。華國鋒也感到，在階級鬥爭的前提下，他

本人的觀念、識見和氣魄都還不夠。在他的領導下，是不可能實施科學意義上的現代化建設，更談不上與國際接軌了。因此，新時期的現代化問題，主要是以鄧小平為首的第二代領導人實施的。

（一）

現代化是時代的迫切要求。「文革」結束後，隨著國門的打開，我們看到了自己與西方世界在物質上和經濟上的驚人差距。有些人悲觀失望，認為我們幾百年也趕不上發達國家，也有些人對西方採取酸葡萄心理，認為西方也有許多弊端，而我們在許多方面還有著傳統的美德。更有一些人則是閉著眼睛說瞎話，無視我們與發達國家的水準差距，不肯改變「文革」期間的思維模式。當然，大部分中國人還能以樂觀的態度看待中國的落後現狀，主張積極地去追趕發達國家。在這種背景下，如何調動知識份子的積極性，實施現代化的戰略，是關係到國家生死存亡的大事。

在新時期，全球的現代科技已經得到了高速的發展，全球的經濟也獲得了高速的發展，諸如微電子、自動化、生物工程、資訊技術等，使現代社會進入了科技高速發展的時代。現代科技對世界的政治、經濟、軍事、教育、心理、道德等觀念產生了廣泛的影響。這對於中國來說，既是挑戰，又是機遇。說它是挑戰，是因為中國長期處於科技、文化落後，經濟凋敝的階段，而世界經濟的發展已由勞動密集型產業向知識密集型轉化。我們顯然已成了時代的落伍者。相比之下，我們人口眾多（過去以此為自豪，現在則成了沉重的負擔）、資源匱乏（過去只談資源總數，不看人均資源佔有量）、環境惡劣等等，所有這些，均不利於在世界舞臺上與發達國家進行競爭。「文革」期間搞愚民政策，宣傳世界上還有四分之三的人民生活在「水深火熱」之中，特別是帝國主義、資本主義國家的勞動人民、臺灣人民等，還需要我們去「拯救」。到新時期國門打開以

後，真相才大白於中國人。鄧小平對此則頭腦冷靜，果斷實施改革開放，並一改過去的浮誇、冒進作風，提出到下世紀中葉，爭取接近中等發達國家的水準。換句話說，要花七十年以上的時間去追趕中等國家，而不是意氣用事，去與超級大國經濟較勁。這一點，1958年大躍進已有了慘痛的教訓。那時盲目自大，一旦可望而不可及，便去臭罵那些發達國家。這種愚昧無知的做法當然挽救不了國家和人民，相反只能把國家和人民進一步推向災難的深淵。但是，現代科技的高速發展同時也給中國提供了機遇：面對現代科技飛速地更新換代，任何一個發達國家都需要不斷地更新科技。在此背景下，中國有可能跳過其它國家的過渡階段和嘗試階段，在擁有大批現代知識份子精英的前提下，迎頭趕上。

正是在這種背景下，早年就曾留法的鄧小平出國考察。他一改毛澤東足不出戶的毛病，睜開眼睛看世界。通過一系列的考察，他看到了中國與世界的差距。「現在我們一定要承認我們的科學技術水準與世界先進水準相比，還差很長的一截。」[17]鄧小平此前還說：「靠空講不能實現現代化，必須有知識，有人才。沒有知識沒有人才，怎麼上得去？」[18]因此，鄧小平主張要「尊重知識，尊重人才」，要恢復高考制度，恢復職稱評審制度，以調動知識份子的積極性。這是知識份子的幸事，讓他們的拳拳報國之心得到滿足，也讓他們英雄有用武之地。當然這也更是國家和人民的幸事。為此，中共中央專門制定了與實現現代化相適應的知識份子政策。不過，這些方針政策制定起來當然容易，但真正做到這一點，卻是非常不容易的事。

早在 1956 年，中共中央曾經向全國發出了「向科學進軍」的口號，並且組織多方面的專家制定了中國第一個科技發展的長遠規

---

[17] 《鄧小平文選》（1975──1982）人民出版社 1983 年版，第 58 頁。
[18] 《鄧小平文選》（1975──1982）人民出版社 1983 年版，第 37 頁。

劃，這就是《1956 年～1967 年全國科學技術發展遠景規劃》，根據當時的世界科技進程，提出重點發展航太技術、原子能技術、電腦技術、半導體、自動化、無線電等六大尖端技術，對我國五〇年代的科學產生了積極的影響。後來「兩彈一星」的成功發展，均與此時對科學的重視有關。但時隔不久，由於極左思潮的影響和大躍進的浮誇作風，提出要在十五年到二十年時間內「趕英超美」的計畫，結果由於計畫的不切實際，使科技和整個國家蒙受了重大損失。更為重要的是，反右鬥爭擴大化打擊了一大批知識份子，使科技隊伍和知識份子的積極性遭到了沉重的打擊。到 1961 年，中共中央又批准了《關於自然科學研究機構當前工作的十四條意見》，糾正了極左的錯誤，明確提出科研單位的根本任務在於「出成果，出人才」，使得科研工作又正常運轉了一段時間。不久，「文革」興起，從根本上沉重地打擊了知識份子，科技事業和教育事業遭到了毀滅性的破壞，國民經濟也瀕臨崩潰。直到 1978 年，有人還試圖延續毛澤東時代的錯誤做法，這使得中國在戰爭結束後的二十多年時間裡失去了追趕西方科技革命的機會。

改革開放後，從召開科學大會開始，到 1987 年頒佈《高技術研究發展計畫綱要》，確定生物、航太、資訊、能源、鐳射、自動化、新材料等七種高科技為今後重點開發領域。與過去相比，這時確實已經取得了可喜的成就。但與此同時，我們也要看到，如果橫向比較，我們的科技和經濟與美國、日本和西歐國家等發達國家相比，要落後幾十年。因為現代化是把一個落後的國家變成一個發達的國家，而知識份子是科技、教育的生力軍。因此，要想擺脫落後面貌，當然就需要知識份子長期不懈的努力，需要新一代知識份子的成長，但同時更需要體制的變革，需要全民族提高認識，重視科技，重視知識份子。這是科技和教育發展的重要保障。

（二）

現代化的關鍵在於調動知識份子的積極性，要糾正對知識份子長期以來所形成的偏見，讓他們在政治上、經濟上獲得翻身，並使人才得到合理的使用，做好人才的配備和流動工作。這些方面，新時期無疑比過去有了長足的進步。但問題依然不少，有些地方還出現了反覆。在總體上還不能適應時代的科技和教育發展的需要，如造成人才不必要的浪費等。

調動知識份子的積極性，一個艱巨的任務就是糾正長期以來對知識份子形成的偏見。雖然中央已三令五申要改變過去對知識份子的政策，但運動一來，依然是在「修理」知識份子。新時期的「精簡機構」工作搞了多次，結果是越簡越多。反腐敗也是常年進行的，但其結果是違法人員及其違法程度還是隨著時間的推移而逐年增加。當然經濟的發展本身也難免地會使這種現象有所發展。而每次治理知識份子的措施，卻能執行得非常見效，甚至大喜過望。諸如阻撓知識份子的業餘科技活動，甚至將其視為不務正業、不正之風而加以壓制和打擊。有些高校教務處的工作人員超員三、四倍，在精簡機構時還提出要精簡教師，讓他們人均每週課時不低於十二課時，完全無視高校教師是科研、教學雙肩挑的現實，把知識份子當愚民管理，等等。這些主要反映了職能部門的領導對知識份子的地位和作用認識不足，經常抱敵意的態度。對於他們所提出的具有遠見的觀點，有關領導看不出，就予以忽視，甚至卑視。對於他們所重視的專業技術職務的評聘和科技貢獻的評價，常常依照世俗的觀點，搞任人唯親。這樣做固然中了一部分領導的意，使那些有個性、有能力的知識份子再也不敢翹尾巴了，但他們獻身科技和教育的積極性卻受到了嚴重的挫傷，更為嚴重的是，整個崇尚科學、崇尚貢獻、公平競爭的風氣被敗壞了，這無疑不利於現代化的戰略實施。

　　要調動知識份子的積極性，應該首先充分地肯定腦力勞動的價值，改善知識份子的待遇。早在 1975 年 9 月，鄧小平聽取《關於科學院工作彙報提綱》草稿意見時，就肯定了「科學技術也是生產力」的觀點，並且提出「科研必須走在國民經濟的前面。」1978 年 3 月，在全國科學大會開幕式中講話時，鄧小平再次提出「科研必須走在國民經濟的前面」並且又一次強調「科學技術是生產力」。到 1988 年 9 月，鄧小平又提出「科學技術是第一生產力」[19]，對科技和科技人員在社會發展中的作用給予了相當的重視，也確實調動了知識份子的積極性。可惜各單位在具體操作過程中對知識價值的真正認可，還遠遠不夠，更不用說是對不能直接見效的基礎理論的研究。腦體倒掛的現象在中國的發生，是有著深刻的社會基礎的，其中重要的原因就是官本位思想在作怪。知識份子如果靠不上級別，就沒有理由享受比其它體力勞動者更多更好的待遇。中國傳統的價值觀主要只有官與民兩個層面。加上幾十年極左思潮的影響，在「讀書做官」的觀念廢除之後，古代老百姓敬重讀書人的那種意識已經在「反右」、「文革」等一系列運動中受到了嚴重的衝擊。中央號召「讓一部分人先富起來」，結果無論是從事腦力勞動的知識份子還是從事體力勞動的工人、農民都沒有先富起來，而是那些在商業、金融活動中的人甚至投機者先富了起來。這種局面也許是改革開放不可避免的，但它客觀上導致了人們價值觀一度失衡，新的讀書無用論一度興起。知識份子群體中也開始躁動，許多人不安心於本職工作，紛紛下海，結果，發財者有之，失足者有之。要想光靠知識份子「安貧樂道」，固守貧困來發展科技自然是不行的。而相當一部分知識份子受傳統觀念的影響，羞於言利，不善於保護自己的正當利益，甚至有些酸腐氣息較重的知識份子消極地想靠官

---

[19] 《鄧小平文選》第 3 卷，人民出版社 1993 年版，第 274 頁。

方來為自己安排名利，否則就只會發牢騷。這樣既影響了自身的工作情緒和創造欲，也不利於整個社會的發展。所以八〇年代中期，一度出現了科教事業滯徊的狀態。

　　當然，中國知識份子儘管長期處於艱難困苦的境遇，蒙受了大量的冤屈，依然為祖國的科技教育和文化事業做出了不可磨滅的貢獻，這正是中國知識份子的可貴品質所在。但是國家乃至全社會不能永遠像「文革」那樣，把知識份子放在被改造的地位，對他們進行奴役。政府和全社會不僅要從制度上廢止「團結、教育、改造」的方針政策，而且要從每個人的靈魂深處排除這種意識，真正樹立起「尊重知識、尊重人才」的觀念。同時要對他們落實大家一直掛在口頭上的「按勞分配」原則，以示平等。鄧小平在談到知識份子的待遇時曾說：「解決這個問題，單靠政治不行，還要靠物質。講按勞分配，他們沒有按勞所得，待遇不合理。」[20]因此，調整好知識份子的待遇，是調動知識份子積極性的一個重要前提，因而也是現代化的重要前提。這不僅是新時期的嚴峻任務，而且也是在 90 年代乃至 21 世紀初的重要任務。

　　調動知識份子的積極性，在新時期必須要做到使人才合理地流動，做到「人盡其才」。這是新時期有助於科技和教育發展的必要措施。「文革」結束後，全國總體上處於人才嚴重短缺的狀況。但即使如此，人才的積壓和浪費現象依然相當嚴重。許多知識份子在本單位不能人盡其用，卻又因單位的某些領導需要學歷比例而不予放行，有的地方甚至出現過類似於研究力學的讓他幹體力活這樣驢唇不對馬嘴的專業對口狀況。1983 年 7 月 13 日，《國務院關於科技人員合理流動的若干規定》下達後，有的單位領導及時調整了策略，既讓那些用非所學，用非所長的人才愉快地離開本單位，又想

20　《鄧小平論統一戰線》，中央文獻出版社 1991 年版，第 159 頁。

方設法吸引一批自己急需的人才來到本單位。但從全國的總體情況看，人才流動的規定執行起來依然阻力重重。這種影響人才流動的原因是多方面的，有的是因為某些領導採取惡劣的工作作風管理知識份子，既不想改變自己的態度，又不准任何一個人調出。有的單位領導出於面子上的考慮，覺得儘管某人暫時不能派上用場（有些是永遠派不上用場），但如果真走了，自己臉上不好看。人要調進，非常開心；人要調出，則滿臉憤怒。有的則是怕引起連鎖反應，雖然想走的人未必需要，但如果一開口子，其它本單位需要的人才都走了怎麼辦？有的則出於個人義氣，某些某位領導個人與知識份子相處不睦，有意與他們過不去。既不重用他們，也不讓他們出去開心。還有的則只是人事部門辦事人員故意刁難，單位領導雖已原則同意，但人事部門具體經辦人為政腐敗，得不到預想的好處，有意設置障礙，甚至故意把事情弄黃，等等。諸如此類影響人才流動的做法，關鍵在於各級領導觀念的轉變和相關機制的完善。這就不是中共中央和國務院的一紙文件改變得了的。繼 1983 年國務院做出規定後，1986 年國務院又把《國務院關於促進科技人員合理流動的通知》作為 73 號文件下發，再一次明確地提出人才合理流動的目的和意義。部分開明的領導確實也按章辦事了，但大部分領導則置之不理。直到九〇年代，人才流動依然困難重重。直接受害者是那些學非所用、不能發揮自己所長的知識份子。但全國性的這種局面，最終損害的是國家和人民的利益，影響著國家的發展進度。

　　從科技、教育自身的規律看，中國過去長期將人才固定在同一個單位。同一個單位的同一批人，相處過久，思想容易僵化，這就需要通過流動，形成新的知識結構狀態和思維組合方式，使人們的創造力從不同角度被煥發起來，閃出新的火花。特別是對於過去專業分得過細、高校師資近親繁殖和同專業人才積壓的狀況，只有通過人才流動，才能有利於問題的解決，從而使知識份子不斷拓寬眼

界、活躍思想。而那些由於工作分配失誤而造成專業不對口的知識份子，也不至於終身抱憾了。因此，人才的合理流動，有利於科教本身的進步，有利於人盡其用，也有利於全國人才綜合實力的形成。從根本上可以改善落後的用人觀念，杜絕那種壓制、打擊、迫害人才的現象的發生。

（三）

我國從五〇年代開始，就一直把知識份子看成是具有較高文化水準，從事腦力勞動的人，是腦力勞動者。這當然也就和工人、農民一樣。作為白領工人，也同樣是靠出賣勞動力的謀生者。但是，這只是知識份子涵義的一部分，只是強調了他們「勞動者」的一面，而沒有突出他們「思想者」的一面。這不僅沒有了西方知識份子概念中關心國家和社稷的心態，沒有了作為「社會的良心」和維護人類的基本價值等特徵，而且也不能涵蓋「五四」知識份子和朱自清、聞一多等人晚年的心態，更不要說繼承中國古代的「士志於道」、「先天下之憂而憂，後天下之樂而樂」的傳統了。同時，現代意義上的文明國家及其發展，更加需要知識份子的維持與推動。在現代科技發展中，科學技術不但是推動生產力發展的重要因素，而且對全球的政治、經濟、文化藝術、軍事乃至社會生活等各個領域都會產生重要的影響，特別是對人們既有的生存和發展的觀念、價值取向等，形成強烈的衝擊。因此，知識份子對整個人類未來的發展方向、人類文明的進程等方面都有著舉足輕重的影響。

當然，我們強調知識份子「思想者」的一面，並不是說就是讓知識份子坐而論道，甚至遊手好閒，整天發牢騷，而是承認他們與全社會的其它成員一樣，首先是勞動者，然後才是思想者。而在精神文明建設中，思想的本身就是勞動。在這個基礎上，現代化就要求知識份子不僅具有「勞動者」埋頭苦幹的精神，而且具有「思想

者」抬頭看路的識見；不僅為國家和人民創造燦爛的物質文明，而且還要為人民創造輝煌的精神文明，要兩個文明一起建設。這就包括提高全民族的文化素質，推動社會的民主與建設等方面的努力與貢獻了。這本身就是科學，本身就包含在教育的範圍內。因而精神文明建設乃至繼承傳統的「弘道」、「先天下之憂而憂，後天下之樂而樂」等，都是知識份子自身現代化的重要內涵。

　　在新時期，撥亂反正、「尊重人才」的根本任務不是把知識份子只當作勞動力，甚至當作奴役的對象，而應該對他們的人格給予充分的尊重，讓他們有思想的權利、創造的自由。「百花齊放，百家爭鳴」的方針正是體現了對知識份子應有的尊重。它雖然提倡了多年，可惜在落實和實施時，常常遇到困難。1957 年 3 月，毛澤東在全國宣傳工作會議期間閱讀材料時，在材料上加了許多批註。他認為馬列主義「何必怕爭鳴？」反問經典著作「不許懷疑嗎？」黨的政策「為什麼不允（許）爭論呢？」[21]，但時隔不久，反右鬥爭擴大化和「文革」期間，很多人都非常蔑視知識份子，排斥和打擊知識份子，使他們遭受到種種的凌辱和摧殘。「文革」以後，雖然中共中央在 1982 年 1 月 30 日宣佈了「政治上一視同仁，工作上放手使用，生活上關心照顧」的知識份子政策。但是，由於長期極左思想的影響，由於我們國家長期以來處於貧窮、落後、直到目前還沒有完全擺脫愚昧的境況，相當一部分民眾對於知識份子那種不甘於愚昧、貧窮、落後的思想和觀念，缺乏足夠的理解，一些幹部心靈深處都時時想著要對知識份子進行教育和幫助，讓他們與工農大眾的樸素思想相一致。在這種背景下，落實知識份子政策的道路必然充滿艱難和險阻。

---

[21]　轉引趙德昌：《知識份子問題研究》，山西人民出版社 1989 年版，第 174 頁。

現代化戰略本身應該包括用科學的思想武裝人。從總體上講，多年的知識積累和思維訓練，使得知識份子比沒有受到過系統教育的人富於遠見卓識。而這正是發展中的中國所需要的。因為知識份子不僅僅是以腦力從事勞動的勞動者，還是先進生產力的代表，是人類不斷走向文明和進步的先鋒隊。而思想和創造的權力不但要受到法律的保護，更重要的是要從思想意識上，在整個社會氛圍中給予充分的重視。這既是知識份子的需要，更是中國社會發展的需要。五○年代批馬寅初的人口論，對於崇尚多子多孫的傳統觀念的中國人來說，當時可謂群情激憤。後來的事實證明，馬寅初的思想是英明的，正確的，具有先鋒意義的。如果一定要把它視為異端，要讓他與希望多子多孫的農民想的一樣，否則就是「反動的」，實在是愚昧的。五○年代還有許多類似的情形。當知識份子提倡廉政建設，提倡民主與法制的時候，工人「老大哥」中相當一部分人認為這是迂腐之見，拿著國家的工資還不安分守己。直到九○年代一部分企業因領導管理無方，貪贓徇私而把工廠搞倒閉了的時候，這些工人們才開始罵爹罵娘。他們只見現象，不見本質。只顧眼前利益，沒有深謀遠慮。知識份子的理性與遠見，正反映了人類的文明在不斷向前發展。把他們的思想納入民主與法制相統一的軌道是可以的，但如果以此視知識份子為異端，認為不與工人、農民一樣思考就是不老實，因而就必須對他們進行改造，從而剝奪他們獨立思考的權力。這在某種程度上說依然是愚民思想的體現。八○年代有些人動輒把知識份子的不同觀點看成是「階級鬥爭的新動向」，看成是資產階級思想的體現，並加以批判和制止，既不利於知識份子的自由思考和對真理的思考，也不利於知識份子積極性的調動。從根本上說，不利於知識份子擔當推動現代化進程的歷史使命。

第三章　新時期的文化思潮

一、《苦戀》批判

　　白樺和彭寧合寫的電影文學劇本《苦戀》，最初發表於《十月》1979 年第 3 期。在發表的當時並沒有引起太大的反響。對《苦戀》的批評是從《苦戀》被改編拍成電影《太陽和人》之後。鄧小平在 1981 年 3 月 27 日同解放軍總政治部負責人談話時，談到「對電影文學劇本《苦戀》要批判，這是有關四項基本原則的問題。當然，批判的時候要擺事實、講道理，防止片面性。」從此開始，《解放軍報》陸續發表批評文章。同年 7 月 17 日鄧小平同中共中央宣傳部門負責人王任重、朱穆之、周揚、曾濤、胡績偉談話時又進一步說：「無論作者的動機如何，看過之後，只能使人得出這樣的印象：共產黨不好，社會主義制度不好。這樣醜化社會主義制度，作者的黨性到哪裡去了呢？」鄧小平是在 1981 年春天一部分人對社會主義制度和共產黨的領導提出懷疑的背景下看《太陽和人》，是從意識形態的政治傾向性角度批判《苦戀》的。

　　1981 年 4 月 18 日，《解放軍報》第 3 版率先發表了三篇軍隊讀者的來信。信中主要批評《苦戀》有三個方面的錯誤：一是「把『四人幫』和祖國混同起來，醜化了社會主義祖國的形象。」二是採用蒙太奇的手法把「文革」時追殺知識份子與解放前夕國民黨大兵抓壯丁相提並論，「混淆了新舊中國、兩種社會制度的根本區別，

無視新中國社會主義制度的優越性。」三是「混淆了毛主席晚年的
某些失誤與『四人幫』反革命罪行的本質區別。」

　　1981 年 4 月 20 日,《解放軍報》頭版發表特約評論員文章《四
項基本原則不容違反——評電影文學劇本〈苦戀〉》,批評《苦戀》
作者「著力渲染的是祖國如何不愛」知識份子,知識份子一輩子對
祖國只是「單相思」,把黨和群眾與領袖的關係說成是「造神、信
神、群眾被神愚弄」的關係,抽象地談愛國問題。「它描繪的舊社
會還有一些情誼和溫暖,而社會主義的新中國卻處處是苦痛和悲
劇」。「作品中一再用天上的人字雁群和人是『天地間最高尚的形象』
的主題歌,來反襯地上的人的悲慘命運,指責我們的黨踐踏了人的
尊嚴,抹殺了人的價值,製造了祖國大地上的人的悲劇。」文章的
最後結論是:「電影文學劇本《苦戀》的出現不是孤立的現象,它
反映了存在於極少數人中的無政府主義、極端個人主義、資產階級
自由化以至否定四項基本原則的錯誤思潮。」鄧小平 1981 年 7 月
17 日對這些文章的評價是「首先要肯定應該批評。缺點是,評論
文章說理不夠完滿,有些方法和提法考慮得不夠周到。」

　　和鄧小平一樣看過電影《太陽和人》而沒有看過劇本《苦戀》
的姚雪垠,在 1981 年 8 月 7 日中共中央宣傳部召集的思想理論戰
線座談會上發言[1]認為,白樺並不是思想反動,動機不純,而是受
當時錯誤思潮的影響。而白樺自己五七年被錯劃為「右派」,此後
經歷了歷次政治運動,尤其十年內亂,身歷、目睹了知識份子所遭
受的迫害與摧殘,於是「充滿了感慨和怨憤情緒,對迫害藝術家的
現象深惡痛絕,促使他要通過一部電影對這種社會現象進行揭露和
鞭撻。」他認為:「知識份子有這種感情並不奇怪」,「但作家不應
該停留在這種感情上,更不應該讓這種怨憤感情支配自己的創作全

---

[1]　見《宣傳動態選編》(1981),中共中央黨校出版社 1982 年版,第 263-271 頁。

過程」，這是在「發洩個人的怨憤情緒」。姚雪垠在發言中還連帶批評了「傷痕文學」。

　　從鄧小平 1981 年 7 月 17 日的指示「關於對《苦戀》的批評，《解放軍報》現在可以不必再批了，《文藝報》要寫出品質高的好文章，對《苦戀》進行批評。你們寫好了，在《文藝報》上發表，並且由《人民日報》轉載」中，可見當時領導層對《苦戀》批評的安排是非常周密的。根據這一安排，《文藝報》1981 年第 19 期發表了由唐因、唐達成執筆的文章《論〈苦戀〉的錯誤傾向》。文章在思想傾向上重複了鄧小平和其它批判、批評者的看法，即「作者在描寫中，把『四人幫』和祖國相混同，從而把『四人幫』暴政下受難的祖國，當成了控訴的對象，使人不能不得出這樣的印象；共產黨不好，社會主義制度不好」。「將革命領袖喻為佛像，意在諷喻由於『神』的統治，才發生了十年內亂。」文章還批評了作品在藝術上的缺陷，即「圖解概念」和細節的不真實性，「硬讓一個年逾古稀的歷史學家變成一個超級的偷竊能手」，「綠娘本為船娘，在國外奇遇凌晨光之後，立刻搖身一變，談吐儒雅，也成了知識份子。凌晨光與娟娟相識時，她不過是個幼女，卻居然對凌大唱愛情之歌」，十年內亂中，凌晨光「正遭批鬥，而一家人卻能分食有英文『生日快樂』字樣的大蛋糕；娟娟從海外來訪，正值『四人幫』肆虐之際，卻無人控制監視，竟能叩門而入……」這些都是藝術上的失真之處。

　　白樺，原名陳佑華，1930 年生，河南信陽人，1946 年在中學讀書時開始發表處女詩作，他當時主要根據自己的半耕半讀、同苦難的織工一起生活的經歷進行創作。1947 年初參加愛國學生運動，並結社出版不定期刊物《人民》，同年秋天加入中國人民解放軍中原野戰軍，參加了一系列的戰役。建國初期開始創作反映邊疆軍民生活的小說、詩歌、電影，先後在昆明軍區和解放軍總政治部

任創作員。1958 年初被錯劃為右派，二十多年後得到改正並恢復黨籍，旋即進行創作，在文學上開始尋求新的突破。1979 年，白樺在第四次文代會上的發言題目，就叫《沒有突破就沒有文學》。

《苦戀》受到批評後，經過有關方面所做的一系列的工作，和白樺本人的一段時間的思考，白樺於 1981 年 11 月 25 日寫下了《關於〈苦戀〉的通信——致〈解放軍報〉編輯部》，發表在 1981 年 12 月 23 日的《解放軍報》上。白樺在信中首先檢討了自己對於《解放軍報》等報刊的批評文章曾經有過「抵觸情緒」，並就有關領導和大家所指出的錯誤之處進行了批評。「首先沒有嚴格劃分『四人幫』和社會主義祖國、黨、人民的界線。因而愈是渲染這種愛戀，愈是歌頌讚美知識份子這種不健康的孤獨感，其結果是『愛』都變成了對社會主義祖國的怨。只能使人得出這樣的印象：共產黨不好，社會主義制度不好。」「沉溺於一些知識份子在十年動亂的悲慘故事之中，因而忽略了黨和人民的強大力量，誇大了『四人幫』的罪惡力量。」「以偶像崇拜的隱喻，錯誤地把十年動亂的根源歸結為對毛澤東同志的個人崇拜，……產生的效果只是嘲諷和對毛澤東同志的簡單否定。這顯然是傷害了廣大群眾對革命領袖的深厚情感。……同時，把個人崇拜歸過於群眾的愚昧也是不應該的。」「對十年動亂和十年動亂遺留下來的後遺症缺乏正確的觀察、判斷，時時浮起一種迷茫和孤傲情緒。在《苦戀》中把某些精神狀態不夠堅強的知識份子當做典型來描寫，讚美而無批判，正是我自己這種情緒的流露。」「……另一方面我又對毛澤東同志晚年的錯誤，以及包括我自己在內的盲目崇拜而感到迷亂。《苦戀》中把革命領袖喻為神像，當作封建迷信的象徵，也正是我自己內心迷亂以及情感淡薄的表現。」在接受批評的基礎上根據自己的理解做了檢討。

《苦戀》發表於 1979 年，而批判是在 1981 年。這是因為中共中央認為在 1981 年春，社會上出現了一些醜化社會主義制度、醜

化共產黨的領導的文藝作品。還有一些人在公開場合，甚至在大學的講臺上公開地攻擊共產黨的領導。而根據《苦戀》劇本拍攝的電影《太陽與人》恰恰就在這時完成。鄧小平也在這時批判了中共中央宣傳部門對思想戰線領導的渙散軟弱狀態，強調要堅持四項基本原則，並且點名批判了《苦戀》，把它看成是資產階級自由化思潮的一種表現。到了 1981 年 8 月 3 日，中共中央主席胡耀邦又專門講了批評《苦戀》問題的重要性。「第一，《苦戀》不是一個孤立的問題，類似《苦戀》或者超過《苦戀》的要脫離社會主義的軌道、脫離黨的領導、搞自由化的錯誤言論和作品，還有一些。對於這些錯誤傾向，必須進行嚴肅的批評而不能任其氾濫。第二，國內外有些人大肆歪曲批評《苦戀》真相，散佈了大量煽動性、挑撥性的言論。我們現在好好收一個場，也好好開一個場，否則以後我們的批評就阻力重重。……這一次批評《苦戀》，剛剛一登文章批評《苦戀》，香港有的不懷好意的報紙就引用辛棄疾的詞：『更能消幾番風雨，匆匆春又歸去』，作為大標題。我們四月才開始批評的嘛，恰恰是春天，他們的意思是說我們的國家還能經受幾番風雨，剛剛搞了百花齊放，說春天到了，可這個春天又歸去了。然後就散佈大量的東西，一直延續到六、七月份。散佈了這麼多挑撥性的東西，我們不把它澄清一下，那麼我們的思想工作怎麼個做法？我們如果不在這個問題上講清楚，我們今後怎麼搞批評和自我批評呢？」同時「對白樺同志，還是要從團結的願望出發，不要一棍子打死，白樺同志還是寫了好作品的嘛，」「要批評，幫白樺同志和一些別的同志洗個澡，我覺得，對他們是有好處的。」[2]到 1981 年 12 月 27 日下午，胡耀邦在會見出席全國故事片電影創作會議的代表時，宣佈為批評《苦戀》劃上句號：「比如白樺同志的《苦戀》就需要批評。

---

[2]　《三中全會以來重要文件選編》（下），人民出版社 1982 年版，第 897-898 頁。

他認識了錯誤，做了自我批評，這很好。《苦戀》的問題就完滿地結束了。」這次批評（開始稱為「批判」）與建國以來的歷次批判均不相同，儘管在思想上進行批評，但不再搞運動，更沒有人格上的侮辱和肉體上的摧殘。這有力地說明了八〇年代和前三十年相比，確實有了根本性的轉變。

張光年在他的日記中記下了當時文學界的領導對這個問題的爭論。在小注中，他後來這樣評價《苦戀》及其評論：「作品有嚴重錯誤。但報刊批評上綱過高，小平同志要求寫出說服力的批評文章，在《文藝報》發表，《人民日報》轉載。」這些領導的分歧主要是在「有嚴重錯誤」和「批評上綱過高」，他們也正是在這兩種觀點間進行爭論的。起初，1981 年 2 月 23 日文藝界人士談的主要是劇本的修改問題，也就是說在肯定的前提下加以修改。周揚、夏衍、陳荒煤、張光年、賀敬之、劉白羽、林默涵、周巍峙等在周揚家碰頭開會。劉白羽和林默涵「咄咄逼人」，對此大加撻伐，使夏衍氣憤不已！在 3 月 2 日的日記中，張光年說：「黃鋼借《太陽和人》電影事件向中紀委寫報告，要求調查出籠經過，追查支持者。周揚在會上徵求意見，默涵支持黃鋼，賀贊成調查，荒煤和我表示反對，夏衍、趙尋、陸石等也不贊成作為違紀事件處理。」[3]接著，黃鋼又在《時代的報告・增刊》上發表批判《苦戀》的長文，「上綱過高，在大街上叫賣，引起群眾和文化界驚異。」[4]黃鋼、林默涵、賀敬之則把《苦戀》特別是電影《太陽與人》看得非常嚴重，「上綱過高」，要求中紀委嚴肅處理。後來唐達成說，當時黃鋼還在《解放軍報》等其它報刊上發表文章，用「以階級鬥爭為綱」的觀點，批判作者反黨反社會主義，對文藝界思想界觸動很大。許多在「文革」

3　《百年潮》，1998 年第 1 期。
4　《百年潮》，1998 年第 1 期。

中飽受摧殘的人，如驚弓之鳥，心有餘悸。這與當時中央的態度也是相去甚遠的。可見文藝界的人挨整問題，首先是從文藝界內部的殘酷鬥爭開始的。中央領導雖然大都有相當的文化素養，但畢竟不是文藝方面的專家，對於一些專門的藝術問題，未必有過專門深入的研究，起作用的倒是黃鋼這些文藝界的「激進派」「權威」在煽風點火。這也多少使得中央在人民群眾中產生一些負面影響。

張光年也感到電影《太陽和人》「太過分了」，但他認為這似乎只是分寸問題。他於 1981 年 7 月 18 日推薦唐因、唐達成合寫一篇鄧小平佈置的有說服力的文章，由《文藝報》發表，《人民日報》轉載。當時鄧小平佈置下來，《文藝報》不能不寫。而《文藝報》主編馮牧是白樺在昆明軍區工作時的老領導，他認為自己出來寫不合適，這樣副主編二唐（唐因、唐達成）自然也就不能再推託了，但二唐也有顧慮。張光年便出來做工作，並提出建議。在 8 月 7 日的有關會議上，張光年特地強調「珍惜文藝局面，力避簡單粗暴」。在 8 月 22 日上午人民大會堂召開的座談會上，魏巍重點強調「社會主義社會還有階級鬥爭……」，末了還為黃鋼辯護。所以張光年對此非常悲觀：「聽了今天的會，增強了我要辭職的念頭。」此後文藝界領導層的鬥爭一直非常激烈。

同時，這件事在海外也引起了某些憂慮。9 月 6 日晚韋君宜拿著一封黃秋耘發自美國的信去見張光年，信中說海外華僑聽說又要批《苦戀》，怕發展為反右運動，十分憂慮，並要韋為她訪張光年、於光遠等人，希望事態不要惡化。張光年當即表態：「六中全會後，大局是好的，不會有大的反覆。文藝小局不免受些影響，但批評一下也有好處。」這種資訊對文藝界無疑是有影響的，到 9 月 7 日修改二唐批評文章時，周揚修改時把它定調為與「反社會主義的社會思潮」並提的「文藝思潮」時，張光年則與二唐最後改定為《論〈苦戀〉的錯誤傾向》。這種「錯誤傾向」的定調，為更多的人所接受。

　　但儘管如此，對於《苦戀》評價定位問題的討論始終很尖銳，大家圍繞著二唐的文章進行交鋒。後來一些人之間思想明確對立、不願再到一起去爭論。9 月 11 日的作協黨組辦公會上，林默涵、張光年、劉白羽、陳荒煤等均未到會。甚至習仲勳也稱自己很忙，以後不管這攤子了。而《解放軍報》的一位到會者則認為這種社會思潮需要高度警惕，特別是黨內的老年人和文藝領導。這讓在座的老一輩聽了毛骨悚然，好像《苦戀》的出現，以及二唐文章的「力度不夠」，反映了「資產階級文藝黑線回潮」、「走資派回潮」似的。趙守一也認為二唐的文章修改稿雖「比第一稿有進步，但與中央要求高品質差距很大。」後來胡耀邦在 9 月 25 日明確表示「我看第一稿就不錯」。爭論在持續，而修改稿依然由二唐和張光年繼續操作，特別是對於寫得比較生硬的關於「人權」和「人的價值」的批判部分，他們做了刪改，而著重談了藝術描寫上的不真實。對於《解放軍報》的那位工作人員多次提出的過分要求，和林默涵等人一定要上綱上線，把文章改成「社論性的文字」的意見，張光年認為「這和小平同志原意相違反，是不能同意的。」而胡耀邦、習仲勳等人分別打電話給王任重，說：「不用大改，可以發了。」張光年過去長期是以左的面貌出現的，在丁玲等人的平反問題上，他也曾站在周揚的立場上作過梗。現在他對《苦戀》能有這種態度，確實已難能可貴。這也說明對《苦戀》的無限上綱確實是過分的。《文藝報》的批評文章畢竟是二唐個人署名的，文責是要自負的。

　　這些極左派人士想按「文革」中的一套來整白樺，改革派無疑是不可能聽之任之的。10 月 2 日王任重強調「當前主要是反資產階級自由化，實際是反右」，當即「被耀邦同志否定了」。在這次座談會上，胡喬木還說「文革」題材不能寫了，「再寫就會走向反面」。夏衍和張光年都明確表示異議，巴金等人也反對健忘。[5]

5　均見《張光年日記》，《百年潮》，1998 年第 1 期。

　　後來，作為當時的《文藝報》副主編、《論〈苦戀〉的錯誤傾向》的執筆者之一的唐達成，對當時中央對於《苦戀》的意圖做了說明。他說當時黃鋼的文章要把白樺一棍子打死，認為白樺「反黨反社會主義」，實際上是沿用「文革」那種無限上綱的方法，對他進行殘酷鬥爭、無情打擊，不准他改正錯誤。這當然不只是黃鋼一個人的看法，而是一批有極左傾向的人的看法，尤其包括一些代表中央的文藝界領導。這種論調搞得文藝界的空氣頓時緊張起來。這對作家創作的積極性，和十年浩劫後剛剛復甦的元氣，也是一次沉重的打擊。在這種背景下，唐達成認為：「小平、耀邦同志他們從大局出發，認為對於有錯誤傾向的作品而展開正常的批評，同時從文藝界的歷史背景和文藝界的實際情況出發，要求《文藝報》寫一篇更加有分析、更加以理服人、不至於使作家無所措手足的文章，用意是積極而深遠的。」[6]胡耀邦 9 月 25 日徵求唐達成意見時，唐達成說：「四個字：語重心長——話是夠重了，我考慮黨中央是從長遠的戰略要求出發的。」得到了胡耀邦的肯定。這說明胡耀邦、鄧小平的說法有矯枉過正的特點。但儘管如此，他們的觀點與黃鋼的觀點還是有著相當大的差異。而白樺本人，開始是想不通的。後來經過有關方面做工作，白樺在《解放軍報》上發表了檢討性的公開信。當唐達成見到他，談起自己批評《苦戀》的文章時，白樺與唐達成「一邊握手、一邊表示：我能理解，我能理解。」[7]這種「我能理解」意味深長，多少包含了對於唐達成寫那篇文章時，雖是個人署名，卻經過了許多人的干預，自己身不由己的理解，同時也包含了白樺自己為了顧全大局、雖然做了自我檢討而多少有些保留意見的潛臺詞。這裡不厭其煩地評介論爭經過，主要是說明文藝界的許多論爭、許多排除異己、無限上綱的行徑，往往首先來自知識份

6　《唐達成訪談錄》，《百年潮》，1998 年第 1 期。
7　《唐達成訪談錄》，《百年潮》，1998 年第 1 期。

子內部。從 1949 年到新時期的歷次文化界鬥爭，也同樣可作如是觀。那時毛澤東的錯誤是重要的，而文人幫閒甚至借刀殺人也脫不了干係。

　　白樺和彭寧的劇本《苦戀》在藝術上雖然有一些突破，但依然有明顯的概念化傾向。「祖國」是一個超越歷史的概念，它從文化上、從情感上都和我們有著千絲萬縷的聯繫，抽象地談祖國愛不愛我，犯了混淆概念的錯誤。從 1957 年反右到「文革」，決不僅僅是林彪、「四人幫」這幾個人的問題，還有著更深的歷史原因和社會原因需要反思。果真幾個人就能讓整個民族面臨如此深重的災難，這個國家豈不太危險了？整個民族的總體素質，國民的心態等，都是需要進行深入思考的。包括知識份子自身，許多人自怨自艾，自命清高，缺乏以祖國的未來為己任的態度，都是需要反省的。如果真正有一個為人正直、胸懷博大的知識份子群體，真正有具有基本的責任心和獨立人格的人民，我們的國家決不會出現「文革」這類災難。從這個意義上講，《苦戀》不僅在藝術上不夠成熟，而且在思想上也是缺乏深度的。這當然也不僅僅是《苦戀》一部作品的事，當代文學的總體水準，都是有待提高的。

　　當然，這也並不意味著《苦戀》沒有值得肯定的地方。劇本中的凌晨光這個老一輩知識份子，解放前夕在便衣特務槍彈的追趕下無奈地逃到了美洲，解放後克服重重困難，回到祖國。而在「文革」中又歷經苦難。這在當時是帶有普遍意義的。凌晨光這種對祖國執著的苦戀，確實是難能可貴的。即使歷經艱辛，也矢志不渝。「如果這只是一張畫布，只是一些顏料，只是一些畫家空想出來的線條、陰影和輪廓，我們可以撕掉、塗掉、扔掉；但不幸她是我們的祖國！她的江河裡流著我們的血液，她的樹林裡流著我們童年的夢想，在她的胸膛上有千萬條大路和小路，我們在這條路上吃過很多苦，丟掉過無數雙破爛的鞋子，但我們卻得到了一個神聖的權利，

那就是：祖國！我愛你！」這本身就是一種愛國主義的宣言！祖國
雖然歷經災難和坎坷，但她畢竟是我們的母親！馬思聰先生「文革」
期間逃到美國去政治避難，周恩來總理深感內疚，把這視為他平生
的兩大憾事之一。為什麼我們能對馬思聰的行為表示同情和理解，
而對凌晨光的要求卻如此的苛刻？儘管女兒出國了，畫家卻不肯相
送。這種苦戀正是一個愛國主義者真實情感的反映。劇本中正是通
過女兒星星這類青年的心態去襯托出的那種矢志不渝的愛國情
懷，這在當時是非常真實而又難能可貴的。不錯，在整個劇本中星
星是講過一句「您愛我們的國家，苦苦地留戀這個國家……可這個
國家愛您嗎？！」但這並不是全劇的主旨，而是一個眼看父親飽
嘗苦難、自己遭受牽連的一個黑五類後代的憤激之詞，應該說還屬
於一種消極的正常反應。如果歷經災難卻麻木不仁，甚至拍手叫
好，大唱「無產階級文化大革命就是好」一類的讚歌，那麼國家的
前途反而讓人感到擔憂。如果我們一定要求凌晨光在看不到何時黎
明的當時，去教育女兒和他一樣留在國內，用當年某些樣板戲的邏
輯，反而顯得虛假。假如在現實中，「自絕於人民、自絕於黨」的
老舍、傅雷子女說了這句偏激的話，我們今天的人是否要進行追究
呢！據巴金《懷念老舍同志》一文回憶，老舍確實曾說過這樣的話。
巴金在文中說「通過他的口叫出來的中國知識份子的心聲請大家側
耳傾聽吧：『我愛咱們的國呀，可是誰愛我呢？』」[8]《苦戀》中的
那句話確實是老舍話的翻版。巴金 1979 年的這篇回憶文章中引用
這句話表達了老舍、巴金本人乃至一批知識份子「文革」間的心境。
具有一定的代表性，劇本為什麼就不能寫？臺灣女作家陳若曦
1966 年偕丈夫投奔大陸，正趕上「文革」，度過了讓她「驚心動魄」
的七年時光，最後得出「遠離大陸，祖國懷抱冰且冷」這樣一種以

8　《隨想錄》第二集，人民文學出版社 1997 年版，第 17 頁。

偏概全的結論[9]。我們固然希望她改變這種看法，但同時也對她由
親身經歷得出的結論表示理解。八〇年代的青年有不少出國後滯留
國外，一方面我們勸說他們應該增強愛國主義信念，回到祖國，報
效祖國。另一方面，這也有助於我們進一步反思「文革」、調整知
識份子政策。一些華裔外籍科學家常常希望祖國進一步調動知識份
子積極性，是值得重視的。《苦戀》起碼反映了一部分知識份子的
心路歷程。

二、人性、人道主義問題的討論

　　人性、人情、人道主義問題，早在二十世紀五、六〇年代就開
始討論了。巴人、王淑明、錢谷融等人曾專門寫文章探討，但不久
就超越了學術的界限，把人道主義列為修正主義的思想，進行政治
上的批判。經歷了反右鬥爭和「文革」之後，知識份子包括老一輩
知識份子特別是周揚這樣當年批判人道主義的理論權威們能繼續
探討人道主義問題，宣導人道主義精神，一方面反映了人們對「文
革」期間滅絕人性、慘無人道的行徑的反思，正如西方學術界在二
戰以後痛定思痛，反對法西斯的殘暴，大力提倡人性和人道主義一
樣；另一方面，也表現了他們對新時期的信心。儘管在探討過程中
「左」的阻力頗大，但許多理論界、文藝界人士依然堅定不移地不
斷探尋，顯示出他們的理論勇氣。

　　除了對「文革」的反思這個主要原因之外，另一個討論人道主
義的原因是，八〇年代初改革開放之後，窮怕了的中國人一旦看到
美國、日本、乃至韓國、臺灣等地的人均生活水準普遍高於中國，
處於世界發達行列──而過去一直以為全世界「四分之三」的人民

9　臺灣《張老師》月刊，1998 年 3 月號。

生活在水深火熱之中——時間，舊的思想觀念受到衝擊。西方消極的拜金主義思潮湧入，許多見利忘義的行徑使社會道德失範。1982年7月11日，第四軍醫大學學生張華在西安市郊區從糞池中搶救沼氣中毒的農民魏志德，而自己卻不幸逝世。受片面的商業價值觀的影響，就有人提出「一個大學生，為了救一個老農民犧牲生命，值得不值得？」這樣的問題。從經濟價值上講，張華這樣做的確不值得。但人生活在世上，除了財富多少和身份的貴賤之外，還有超越財富和身份的東西，這就是人道主義的可貴品質。具有這種可貴品質的人，中國古代有，西方也有，他們在相當程度上是共同的。無論是「文革」的殘酷行為，還是拜金主義的價值觀，都是與人道主義背道而馳的。正是在這種背景下，學者們對人道主義展開了熱烈的討論。

這場討論總體上正如李澤厚所評價的那樣：「人道主義的理論、觀點、思潮，儘管被大規模地批判，卻受到廣大知識份子以至社會的熱烈歡迎，並且它能與經濟改革同步，融合和支持著改革，把社會推向前進。因為它們是在繼續清算文化大革命，是在繼續與封建主義做鬥爭。」[10]而批判人道主義者強調集體主義，都是用「文革」的老調，因而沒有市場。

（一）

對人道主義問題的感性關注，首先是從對「文革」殘暴行徑的揭露和深入反思的傷痕文學開始的。在理論上，《人民文學》1977年第9期發表何其芳《毛澤東之歌》一文，轉述毛澤東曾經講過的「各個階級有各個階級的美，各個階級也有共同的美。『口之於味，有同嗜焉』。」從此以後，人性與人道主義問題算是開了禁。朱光

---

[10]　《中國現代思想史論》，東方出版社1987年版，第202-203頁。

潛在 1979 年第 3 期《文藝研究》上發表《關於人性、人道主義、人情味和共同美問題》一文，希望衝破「文革」設置的人性論禁區和人道主義禁區，要求解放思想，恢復文藝創作的自由。一時間相關的文章鋪天蓋地地湧現出來。

在「文革」和「文革」前，許多文章把人性論視為禁區和一大罪狀，並一律把人性論、人情味冠以「資產階級的」，人道主義也被冠以「資產階級的」，並在反右和「文革」中實施非人道的行徑，打擊宣導人道主義的知識份子。諸如男女相悅的愛情等，這些正常的現象反映了人性的基本特徵，也曾遭到變態的禁止。經江青篡改歪曲的樣板戲裡的正面人物中沒有完整的夫妻，從《紅燈記》的李家三代人，到《沙家浜》中的沙奶奶、阿慶嫂和郭建光，以及《智取威虎山》的常寶父女、李勇奇母子，乃至方海珍、江水英、柯湘等等。有人說這與江青後期因不正常的婚姻生活而帶來的心理變態有關，這可能是其中的一個原因，但更重要的還是長期以來左傾政策和用階級鬥爭的思維方式批判人性、人道主義的必然惡果。

在反思過去對人道主義批判的文章中，新時期早期的汝信《人道主義就是修正主義嗎？──對人道主義的再認識》一文具有一定的代表性。汝信認為：「二十年來，我們一直把人道主義當作修正主義來批判，發動了一次又一次的大規模討伐。」這場對人道主義的批判最後實際上「變成了對中世紀式的非人道的肯定。教訓是極其嚴重的」。「在實踐上則導致了十分有害的惡果，竟然使種種違反基本人道準則的不法行為得以打著『革命』的旗號而通行無阻。」他認為人們所批判的人道主義思想是指廣義的人道主義，「泛指一般主張維護人的尊嚴、權利和自由，重視人的價值，要求人能得到充分的自由發展等等的思想和觀點」。「用一句話來簡單地說，人道主義就是主張要把人當作人來看待。人本身就是人的最高目的，人的價值也就在於他自身。與此相反，否認人的獨立價值，貶低人的

地位，不把人當人看，無論是把人說成是『會說話的工具』，『上帝的玩偶』，宣揚『人應當蔑視自己』，……以至於假借『革命』的名義以非人的酷刑殘害同志，枉殺無辜，都是反人道思想的種種表現。」汝信還批評了「文革」期間非人道的奴役工人現象。「以『一不怕苦，二不怕死』為名，不顧安全生產，強迫命令，胡幹蠻幹，視工人生命如草芥的事也屢有發生。」[11]這是我在大學讀書期間所見到的汝信先生最具理論勇氣，最有鋒芒的一篇文章。過去我曾讀到汝信先生的《西方美學史論叢》等書和文章，非常欽佩他的踏實的學風。而在《人道主義就是修正主義嗎？》一文中，我則領略到他犀利的筆調和深刻的思想。儘管文中在談到人道主義與馬克思主義的關係時，還有點差強為說的不足，大概也算是時代的烙印吧！但可惜的是，大概是迫於意識形態權威的壓力，汝信不得不在 1984 年發表《批判資產階級人道主義，宣傳社會主義人道主義》[12]的長篇文章，對 1980 年文章中的觀點做了自我批判。這可能也是他身在廟堂，不得不然吧！倘他僅僅作為一位山林學者，應該是有保留自己學術觀點的權力的。汝信先生的學術能力與他的成就之間的距離應該可以從他的經歷和性格中找到部分原因的。

宣導人道主義的學者在當時當然不只是汝信這樣的時值中年的知識份子，同時還包括一些飽經滄桑的老一輩知識份子。他們可能因精力不濟，不能寫出長篇大論，但從零星的言談之中，或短文的字裡行間可以看出，他們也是支持宣導人道主義，反對批判人道主義的。如巴金在他的「講真話」的《隨想錄》中，夏衍在訪談中，都明確表示過這類思想。

---

[11] 以上均見汝信：《人道主義就是修正主義嗎？——對人道主義的再認識》，《人民日報》，1980 年 8 月 15 日。
[12] 《人民日報》，1984 年 1 月 9 日～11 日。

夏衍在接受記者採訪時認為：「人的素質差是最危險的。」[13]假如在 1966 年中國就普及了高等教育，全國人民的文化素質普遍得到了提高，「文革」這類現象其實是很難出現的。目無法紀，私設公堂，隨意整人，目光短淺的森林濫砍亂伐，都與總體文化素質相關。在此基礎上，當然談不上起碼的民主意識，經濟上也很難全面提高。夏衍還「批評了一種觀念，以為社會主義國家是不講人權的，凡是帶人字的都犯忌，如人權、人性、人格、人道等都不行，周揚講了人道主義還挨了批，但這些都是民主最起碼的東西啊！現在連人權都不敢講，把自由、平等、博愛都當作資本主義的東西批，搞創作自由也要挨整。」「徹底否定『文化大革命』是見諸於黨中央文件的，但《芙蓉鎮》的拍攝上映卻是一波三折，說是過頭了，『徹底否定』就不過頭啊？！」[14]對於新時期，夏衍還說過：「這些年來，沒有搞過政治運動，沒有打過棍子，但是，念『緊箍咒』，鳴鞭嚇人，製造『山雨欲來風滿樓』緊張空氣，乃至攻其一點不及其餘的現象，還是屢見不鮮的。」[15]

（二）

八○年代更側重於討論「人道主義是不是馬克思主義原則」的問題。大凡反對提倡人道主義的人認為它不是馬克思主義的原則，大凡提倡人道主義的人認為它是馬克思主義的原則。這正是當時學術思想的一個誤區。為著自己的思想有「價值」，能讓人們接受，都想和馬克思的思想攀上姻緣。而這時的「實踐是檢驗真理的唯一標準」的思路應該是，我們的時代需要不需要人道主義？非人道主義或反人道主義的東西在實踐檢驗中是怎樣的形態？馬克思沒有

[13] 《世界經濟導報》，1988 年 6 月 20 日，記者張偉國：《訪夏衍》。
[14] 《世界經濟導報》，1988 年 6 月 20 日，記者張偉國：《訪夏衍》。
[15] 轉引《世界經濟導報》，1986 年 9 月 15 日，張建旺文。

說中國需要現代化，中國是不是就不要現代化？馬克思認為社會主義的嘗試應該首先在發達國家進行，而實際上真正從事社會主義實踐的恰恰是中國、朝鮮、越南等國，發達國家倒沒有嘗試，這不知是不是違背了馬克思的初衷？

最大的毛病就是言必稱馬克思，一切從本本出發，不分時間、地點和場合。好像馬克思沒有見過中國的「文化大革命」他們就不知怎麼辦了。在馬克思的時代，衛星還沒有上天，電腦還沒有問世。離開了馬克思我們便寸步難行。其實，馬克思思想的精闢之處也要與中國的實際和現代社會發展的實際聯繫在一起。馬克思沒有讓那些人貪污腐敗，沒有讓他們整人，他們倒幹得起勁。

有些人並非用的是馬克思的原義來討論，而是借馬克思之名，來闡釋自己的思想，其中自然也有不少新的見解。結果被論敵駁斥——不符合馬克思原義，事實也是如此，甚至他自己認為也是如此。對於他們來說，人是不是馬克思主義理論的出發點，這一點其實並不重要，重要的是，「人」確實是他們自己的出發點。明知自己不完全符合馬克思的原義，他們為什麼又要明知故犯呢？在他們看來，不到馬克思那裡找到本本的依據，就很難說服當時的那些論敵。事實上，文章的價值仍在其自身的價值，但結果反而轉移了方向。不是具體情況具體分析，不是對人性、人道主義和異化問題在現實中的意義和價值的思考，而是馬克思的原義如何。我們應該如何捍衛正宗的馬克思的思想，青年馬克思不能代表馬克思等等，結果反而被駁得體無完膚，且與討論問題、解決問題的初衷也相去甚遠。到頭來引來一批「文革」期間沒有過夠階級鬥爭癮的人士，繼續用階級鬥爭的棍子把他們冠以「資產階級」的名義批一頓，打一頓。

是不是完全離開馬克思原義問題的討論就可以解決實際問題呢？回答同樣是否定的。八〇年代初的形勢，就要求大家必須以馬克思觀點看法來討論問題。

批判「四人幫」時時說「我們要的是真正的馬克思主義，讓那些閹割馬克思主義的秀才們見鬼去吧！」張春橋、姚文元自詡為馬克思主義，批判他們的人也認為自己是馬克思主義，周揚、王若水自己認為是馬克思主義，胡喬木也自認為是馬克思主義，於是批判周揚、王若水這些「閹割馬克思主義的秀才們」。到底誰是馬克思主義？在新時期以前，馬克思主義的權威就是中國人民的精神領袖。周揚曾經做過這種精神領袖，曾經以他的精神領袖地位使許多知識份子遭了殃。到八○年代初期他醒悟了，懺悔了，卻被另一位新崛起的馬克思主義權威胡喬木批判了，並且要他檢討。他受不了刺激，於是成了植物人。胡對周的批判自然就從此結束，胡的至高無上的理論權威形象也得以確立。

其實，聰明的人應該不會忘記剛剛過去的「實踐是檢驗真理的唯一標準」的討論。撇開真馬假馬的理論討論，回到現實中來，中國需要反思過去，需要牢記馬克思所不曾見過的「文革」的教訓，需要人道主義精神，也需要承認異化是客觀存在的。這就是「檢驗真理的標準」。

恩格斯在 1892 年為《英國工人階級狀況》所寫的德文第二版序言中，就說明他早年所做的工人階級狀況的調查報告及某些分析和論斷，由於情況的改變而過時了。同樣，由於時代的不同，由於中國國情的特殊性，以及馬克思、恩格斯身觀的局限，馬恩的對具體問題的提法和講法也不能全都當成金科玉律。

對於馬克思，對於人類以往一切優秀的思想家，不管是他青年時代的思想，還是他的晚年思想，適合於我們時代的，有利於我們發展的，我們就採納；不適於我們的時代和國情的，我們就揚棄。「實踐是檢驗真理的唯一標準」，而不是教條和框框是檢驗真理的標準。馬克思的思想要拿到中國具體實踐中來檢驗，而不能倒過來，以本本來檢驗實踐。馬克思沒有來過中國，對中國的秦始皇焚

書坑儒不甚了了，對中國的「文革」無法想像，如果他在天有靈，看到一批知識份子受盡虐待，肉體上、精神上橫遭摧殘、暴死在棍棒下，自殺於湖水中，抑或變成了精神病患者，我想他也會大聲疾呼「人道主義」的吧！周揚在五六十年代幹了不少整人的能事，到「文革」一體驗，就清醒了，檢討、懺悔之後，就大力宣導人道主義。胡喬木「文革」間「被『冷藏』起來了」[16]，所以對「文革」的感受不深切。我相信，假如他在「文革」間的經歷與周揚一樣，甚至比周揚還慘，經歷不同，觀點可能就會有所不同。

（三）

反對人道主義理論的一個很重要的誤區，就在於依然用階級鬥爭的思維模式去評判是非。毛澤東的一句「救死扶傷，實行革命的人道主義」，就苦煞了胡喬木。他不得不把人道主義分為兩個方面的含義，「一個是作為世界觀和歷史觀；一個是作為倫理原則和道德規範。這兩個方面有聯繫，又有區別。」[17]「作為世界觀和歷史觀的人道主義，同馬克思主義的歷史唯物主義是根本對立的。」[18]而毛澤東的革命的人道主義，和胡喬木的社會主義的人道主義，無疑就是屬於後者了，即屬於「倫理原則和道德規範」。這樣一來，胡喬木的人道就不能一以貫之了。世界觀的人道主義只要冠以「資產階級」的帽子，就同樣可以像「文革」那樣加以批判了。反對「資本主義復辟」，就要反人道主義。

否定人道主義者始終認為，具體的人道主義是不存在的。因為具體的行為總是有階級性的，因而總是打上了階級的烙印。而超階

---

[16] 參見楊尚昆等：《我所知道的胡喬木》，當代中國出版社 1997 年版，第6頁。

[17] 《關於人道主義和異化問題》，人民出版社 1984 年版，第 1 頁。

[18] 《關於人道主義和異化問題》，人民出版社 1984 年版，第 18 頁。

級的人道主義乃是抽象的人道主義，只是一種資產階級的意識形態。由此看來，只有資產階級才提倡人道主義的，而無產階級則是要講階級鬥爭的。平等、博愛是資產階級的，非人道的鬥爭哲學是無產階級的。這種邏輯本身就是在強化非人道，與「文革」的邏輯並無區別，持這種邏輯的人自己不覺得，而旁觀者清，明眼人一看便知。

王若水《為人道主義辯護》就曾批評了這種階級鬥爭的思維方式。「許多年來，對於人道主義，如果不加上『革命』的限制詞，似乎就不是好東西，就要否定；就是對於『革命人道主義』，我們也講得很少，而且把它的內容瞭解得很狹隘。現在，我們把『革命人道主義』的內容加以擴大，看起來似乎是想糾正『左』的偏向。可是，在這樣做的時候，又把許多一般人道主義的東西稱之為『革命人道主義』，似乎不如此就不能肯定它。這仍然是把『人道主義』看成了貶義詞。」「在十年動亂中，違背人道主義的暴行司空見慣，而這還被美化為『革命行動』。」[19]

「文革」前十七年把人道主義當作修正主義來批判，一方面與我們一度效仿蘇聯有關，另一方面也與毛澤東提倡鬥爭哲學有關。「凡是敵人反對的，我們就要擁護；凡是敵人擁護的，我們就要反對。」我們與敵人沒有共同的東西。兩個「凡是」說明我們一切要與敵人對著幹，資產階級提倡人道主義，我們就反對人道主義。

就算是五〇年代初期階級鬥爭味道很濃吧！幾十年下來，中國的社會結構已經發生了相當的變化。八〇年代的所謂無產階級、資產階級的階級成分也發生了相當的變化，對個體戶也不提他們是資產階級，曾憲梓給災區人民捐款、扶持內地教育，自然也不能看成是資產階級的人道主義。

---

[19] 《文匯報》，1983 年 1 月 17 日。

在人道主義的討論中，我們有些高高在上的理論家們是說漂亮話不知道腰疼的。例如，不虐待俘虜問題，認為這些「俘虜一般也是階級兄弟」，但自從五〇年代開始，這些俘虜們在歷次運動中一直受著非人道的待遇，從肉體到精神上受盡了折磨。提倡人道主義的直接目的，就是要讓全國人民明白，從五〇年代開始、「文革」發展到高潮的一切非人道的行徑，不應該再出現了，要從根本上予以否定。整治那批所謂有歷史問題的俘虜，不僅不符合王若水在《為人道主義辯護》中舉到的 1949 年的《日內瓦公約》中關於對俘虜應給予人道待遇的規定，也不符合胡喬木的「階級兄弟」的說法。

在具體討論的過程中，由學術問題上升到政治問題，變成「資產階級」的人道主義觀與「無產階級」的較量，是經歷了一個過程的，有時也是很殘酷的鬥爭。

據 1983 年 4 月 12 日《人民日報》，當時的中共中央書記處書記，中宣部長鄧力群也說，人道主義和異化問題，作為一個學術問題和理論問題，展開討論，包括不同意見的爭論和相互之間的批評，很有好處，要堅持貫徹「雙百」方針，不要製造緊張空氣，不要感情用事，更不要隨便給人家下政治結論。

但是，到了 1984 年初，情況發生了變化。胡喬木 1984 年 1 月出版了《關於人道主義和異化問題》單行本。這是根據他 1984 年 1 月 3 日在中共中央黨校的一次講話整理而成的。在這篇長文中，胡喬木嚴厲地抨擊了人道主義問題，認為「宣傳人道主義世界觀、歷史觀和社會主義異化論的思潮，不是一般的學術理論問題，而是關係到是否堅持馬克思主義的基本原理和能否正確認識社會主義實踐的有重大現實政治意義的學術理論問題。」這就把人道主義問題與現實政治掛上了鉤，雖然還帶上學術兩字，實際上已經超出了學術的界限，與鄧力群的講話調子已經不同了。胡喬木雖然是在闡述自己的學術思想，但他的思想卻通過他的政治身份來占統治

地位，客觀上壓制了其它不同觀點。一時間官方組織解說胡喬木思想的文章紛紛出籠，周揚就成了胡喬木思想的政治犧牲品。

於光遠認為，人道主義、異化問題討論時，「胡喬木到他（周揚）那裡好幾次，說服他去見記者。周揚開始不見，後來還是見了，結果馬上就說他檢討，弄得周揚很被動。他就是受了胡喬木的騙」，[20]結果受了刺激。可見胡喬木在人道主義的討論問題上扮演了一個政治陰謀家的角色，為了自己的目的，不擇手段，也破壞了「雙百」方針的貫徹執行。這當然主要是反映了胡喬木本人的世界觀，同時也宣洩了胡喬木多年來與周揚作為兩個意識形態理論權威之間微妙關係的私憤。

不僅周揚成了犧牲品，也不僅汝信等仕林中人要檢討過關，而且一批持與胡喬木不同意見者都受到了不同程度的打擊。以高爾泰為例，「《論美》被禁止重印，《論人》的出版計畫也同時被取消。本人也由於講了人道主義，被停止上課，連研究生也不准帶了。形勢一時十分緊張，處境一時十分困難。」[21]我不認為經歷過「文革」的胡喬木（儘管被冷藏起來了），會通過政治手腕去陷害一大批人，但他的思想，他的政治地位，客觀上給別人帶來了打擊。他的一個朋友和同事曾經這樣評價他：「近十五年裡，喬木與周揚、王若水的對立，我看恐怕喬木是有不當之處的。喬木反對提『社會主義社會中國一樣有異化』，反對提『馬克思主義人道主義』，在理論上，恐也未必對。」[22]當然，胡喬木反對人道主義和社會主義存在異化等提法，還有一個更深刻的思想原因，這就是認為這種討論會危及共產黨的領導和社會主義道路。

---

20 見李輝：《往事蒼老》，花城出版社1998年版，第322頁。
21 高爾泰：《美是自由的象徵》前言（二），人民文學出版社1986年版，第3頁。
22 常念斯：《憶喬木》，見《我所知道的胡喬木》，當代中國出版社1997年版，第366頁。

（四）

　　對人道主義的呼喚與宣導，首先感性地表現在文學作品中。這些作品雖然在「文革」結束早期出自一批新手，因為藝術素養等方面的不足，還存在這樣或那樣的缺憾。但在當時，它們的確深深地打動著人們的心靈，引發人們的思考，甚至那些後來反對提倡人道主義的人，也曾經深深地被這些作品打動過，震撼過。可見文學作品的感性價值有著理論思考不可取代的魅力。

　　新時期的傷痕文學，如劉心武的《班主任》、盧新華的《傷痕》、周克芹的《許茂和他的女兒們》等，都真實地反映了「文革」及其給人民造成的深重的肉體和精神創傷，真誠地呼喚人性的復歸。而許多反思文學作品則更進步，更深入地思索了非人道、反人道的行徑及其原因。如張一弓的《犯人李銅鐘的故事》、高曉聲的《李順大造屋》、張賢亮的《靈與肉》、《綠化樹》、《男人的一半是女人》等，實際上都是在反思人性，反思在不正常的年代人們的悲慘命運。尤其是對知識份子的人的價值和地位問題，給予了明確的肯定。其它如《愛情的位置》、《在小河邊上》、《我該怎麼辦》等，也是把愛情的位置給校正過來。「滿園春色關不住，一枝紅杏出牆來。」愛的不自由反映著人生的不自由，愛的解放實際上是思想解放的重要內容。揭露封建愚昧思想扼殺正常的愛情、並且釀成悲劇的《被愛情遺忘了的角落》，寫天堂公社（天堂實是地獄，被遺忘也是一種委婉的說法。）存妮和小豹子談戀愛，被好事者捉了奸，存妮以為「做了件人世間最醜的事」，在家人和四鄰的「七嘴八舌、詈罵、恥笑、奚落和感慨」中跳塘自盡，小豹子則作為「強姦致死人命犯」被公安人員捉去坐了大牢。這便是對人的愛的基本權利的粗暴剝奪。其它如宗璞的《三生石》、劉心武的《如意》等，都在對非人道的行徑進行鞭笞，對愛情和友情之類充滿柔情的人性閃光之處進

行謳歌。這些作品正是這樣一步一步地追尋和呼喚著人性和人道主義，沿途充滿著艱辛。當人道主義理論尚無法正面突破極左思潮時，文學作品只作為人們一種感性的、間接的致思方式，確實對當時社會的發展起到了無法取代的作用。

在這些呼喚人道主義和人性的作品中，戴厚英的《人啊，人》這部長篇小說，不但出版較早，而且探討人性和人道主義更為直接和典型，引起了廣泛的爭議。同時，戴厚英本人從批判人道主義到呼喚人道主義，也反映了她和她同時代的人經歷了慘痛的教訓後人性的覺醒。在這部小說 1980 年的出版後記中，戴厚英特別說明她個人對黨、對社會主義的感情是十分真誠的。「祖國的解放給我提供了一條我家祖祖輩輩不曾有人走過的道路，我成了我的家族中第一個讀書的女孩子，第一個受完高等教育的人。」在 1960 年前後，她曾因盲從和無知，上講臺批判過老師錢谷融先生等人所宣傳的人道主義，實施了領導的意圖，也因滿堂的掌聲而陶醉。然而，在經歷了二十年的風風雨雨，她看到了一代知識份子所走過的曲折歷程，「漫長的苦難的歷程啊」。1957 年，特別是後來的 1966 年，包括她自己和她親人在內的許多人身上的血跡、臉上的淚痕，在後來的反省中，讓她感覺到良心的蠕動，聽見了靈魂的呻吟。現實，特別是真理標準問題的討論，使她感到自己原來是一個被馴服的工具，於是要求回歸自我。她從 1978 年寫長篇小說《詩人之死》，到 1979 年開始寫《人啊，人》，共同的主題就是寫人。「寫人的血跡和淚痕，寫被扭曲的靈魂的痛苦的呻吟，寫在黑暗中爆出的心靈火花。我大聲疾呼『魂兮歸來』，無限欣喜地記錄人性的復甦。」[23]書中通過一批高校知識份子歷經反右和「文革」，暴露了人性中醜惡的一面，明確地呼喚人道主義，批判階級鬥爭學說和做法，反映了

---

[23] 《人啊，人》後記，廣東人民出版社 1980 年版，第 353 頁。

作家在血的教訓過後的勇氣。這些提法和觀點，正是此後的人道主義討論中不少人所贊同和闡述的。

三、「新啟蒙」

「新啟蒙」的「啟蒙」通常是指「五四」時期的新文化運動時期，知識份子為了呼喚民眾，實現國家走向文明和富強的理想，「掃除蒙昧，啟發民智」。這就是「啟蒙」一詞的由來。其宣導科學與民主精神的基本思想，意在繼承西方近代法國啟蒙運動的傳統，推動中國的現代文明進程。到抗戰爆發前後的一段時間裡，何干之1938年出版《中國啟蒙運動史》，王元化1938年發表《論抗戰文藝的新啟蒙意義》，算是對啟蒙思潮的零星的延續。不久，王元化得到中共地下黨組織的通知，讓他不要再使用「新啟蒙」這個詞，具體原因不詳。作為文化思潮的「啟蒙運動」，也漸漸地淡出了。而新時期的「新啟蒙」，則是中國大陸「文革」結束以後的事。

（一）

新時期的「新啟蒙」主要是指1988年一批知識份子經過深入的思考，認為中國當代的科學技術落後、民主意識淡薄、封建思想依然濃厚，與「五四」時期有一定的類似之處。「中國的經濟體制改革要深化，政治體制要起步，必須有一個和改革相適應的文化背景。」[24]於是在「五四」運動七十周年前夕，提出要繼承「五四」的啟蒙傳統，其萌芽則從七〇年代末的思想解放就開始了。它以王元化主編、湖南教育出版社1988年至1989年出版的《新啟蒙》叢

---

[24] 魏承思：《改革需要新啟蒙》，《新啟蒙》叢刊第四冊，湖南教育出版社1989年版，第26頁。

刊為標誌。《新啟蒙》每冊六到七萬字左右，到 1989 年上半年出了四期，就因故停刊了。各期的主題分別為《時代與選擇》、《危機與改革》、《論異化概念》，《廬山會議的教訓》等。該刊繼續提倡「五四」運動中的個性解放、人的覺醒、自我意識、人性、人道主義，並對異化、體制改革等問題做出了深刻的反思。

　　在這批「新啟蒙」的宣導者中，夏衍認為到八〇年代末，「五四」運動已經七十年了，科學和民主在世界如此發達的今天，而我們國家的科學和民主還遠遠不夠。在科學方面，我們雖然有了兩彈，電子工業、航太工程、生物工程也有了很大的發展，而國民素質卻依然低下，依然有百分之二十幾的文盲，「穿著西裝在佛像前頂禮膜拜，不少人還相信麻衣神相，還是重男輕女，還有買賣婚姻，當然也還有隨地吐痰等等惡習」。在民主方面，夏衍認為封建主義這座大山還沒有真正被推翻，「而政治不民主又嚴重地限制了科學文化事業的發展」。「我們的國家和黨是農村起家的，靠槍桿子取得政權的」，「農民的意識，戰爭的色彩，群眾運動的方式，都帶有自給自足的小農經濟的狹隘的意識」。中華人民共和國建立雖然「革除了封建制度、但沒有革命人民群眾心中的封建意識。加上不重視教育，不尊重知識，不重視知識份子的作用，建國快四十年了，始終沒有闖過貧困、愚昧這兩個關」。因此，新時期「要重視教育，尊重知識，普及科學，歸根到底，還是一個科學與民主的問題」。科學的發展依然需要政治上的民主環境為基礎，要在學術自由、科學無禁區的環境中才能發展。「老是把科學研究緊緊地和階級鬥爭捆在一起。」[25]不讓標新立異，反對「大膽假設」，科學技術也就無法普及和提高。夏衍呼籲，中國人在八〇年代落後於世界的現實面前，要用科學和民主來迎接世界的挑戰。這就把新啟蒙的作用放

---

[25]　以上均見夏衍：《科學、文化與民主》，《新啟蒙》第四冊，「新啟蒙筆談」，第 5-7 頁。

到了八〇年代中國在世界的位置中去進行考察。金觀濤也明確把新時期稱為「五四」以來的又一次啟蒙。他認為新啟蒙既要成為第一次啟蒙的繼續，還包括對第一次啟蒙的認識，以便總結七十年的經驗，使第二次啟蒙上升到更高更深的高度。他主張新啟蒙除了高舉「五四」以來思想解放、科學和民主的旗幟外，「還必須把『民主』和『科學』的探討提高到二十世紀八〇年代的水準」[26]，而不能僅僅停留在「五四」時代。

黃萬盛則對「新啟蒙」的含義提出了自己的見解。他認為「五四」的啟蒙只是做了「新思想的傳播和新知識的通俗化」的工作。這顯然是不夠的，也不符合西方啟蒙運動的精神。在西方的啟蒙精神中，知識份子不僅要啟芸芸眾生的蒙，而且首先是啟自己的蒙，他們自己首先要樹立全新的世界觀。他指出：「康得在評價法國啟蒙運動時，格外看重新哲學、新世界觀、新的時代精神的建設，認為這是啟蒙運動最主要的工作，最重大的價值。」黃萬盛還考察了法國啟蒙運動，他認為法國百科全書派的最大成就就是發現新的世界觀：「以狄德羅為代表的百科全書派，主要是發現了隱藏在新知識背景中的新世界觀，從這種世界觀出發，猛烈抨擊了十七世紀盛行的舊的形而上學的體系化的哲學。他們形成了以理性與科學的自在權威性為核心的新哲學。百科學是這種新哲學的產物。」[27]

李澤厚雖然沒有在《新啟蒙》叢刊上發表過文章，在對「五四」啟蒙精神的理解上也與王元化有一定的差異，但他們對新啟蒙的基本看法仍有類似之處。其思想實質，也屬於新啟蒙的行列。李澤厚認為，理解「五四」離不開八〇年代理解者自身的歷史環境，理解自身在一定程度上也通過理解歷史來實現。因此，解說「五四」的目的，正在於瞭解自身，瞭解現實，從事新的啟蒙。在李澤厚的眼

---

[26]　《新啟蒙和五四》，《新啟蒙》第四冊，第 9 頁。
[27]　《關於「啟蒙」的斷想》，《新啟蒙》第四冊，第 21 頁。

光裡，新啟蒙的現實意義主要在於反封建，這需要從兩個層面進行
轉換創造。一是社會體制結構方面的。他主張既要繼承和發揚「五
四」傳統，又不能停留在「五四」時期的吶喊和抽象的否定上。他
主張要用西方的自由和民主精神去反封建。二是心理結構方面的。
他肯定文化傳統在現代人心理中的積澱。如果說李澤厚宣導西體中
用，在社會體制方面希望西化，那麼，在文化心理結構上，李澤
厚認為現代新文學和新藝術等，「在掃除封建陳垢刷新民族心靈
上，起了重要作用。而這種掃除和刷新又自然承續了中國傳統中
的積極成分。」[28]強調了對傳統的批判繼承。李澤厚還強調了民主
在新的歷史時期啟蒙中的作用。他主張把「民主提上迫切日程」、「重
視個體的權譽的要求，重視個性的自由、獨立、平等，發揮個體的
自動性、創造性，使之不再只是某種馴服的工具和被動的螺釘」。[29]

　　高爾泰認為啟蒙是多層次的，其根本在於反對各種形態的封建
專制思想及其社會基礎。高爾泰說：「所謂啟蒙就是掃盲，即啟發
自覺性，掃除盲目性。」[30]高爾泰具體分析了盲目的多層次性，如
當代中國最基本的文盲、法盲、美盲、道德盲。同時，在更高的層
次上，人們還需要自我意識、主體意識、憂患意識、痛苦意識、荒
謬意識、民主意識、權利意識等。啟蒙就是要補這方面的課，以消
除那種唯官是從，唯眾是從，唯習慣、傳統是從等陋習。因為這些
特徵正是封建專制主義時代的產物，是封建專制的現代翻版——極
左路線得以存在和推行奴役政策的社會基礎。

　　這些都從多側面闡釋了「新啟蒙」的含義，他們在總體上是互
補的。他們不僅反思了「五四」啟蒙的不足，提出那時忽視了高層
次的啟蒙；而且對新時期側重於科技和經濟，忽視人自身的現代化

28　《中國現代思想史論》，第 47 頁。
29　《中國現代思想史論》，第 45 頁。
30　《說「啟蒙」》，《新啟蒙》第四冊，第 10 頁。

提出了補足意見。魏承思認為「新啟蒙」要推動人們用科學的態度去研究社會，管理社會，而不能簡單地把管理看成是技術問題。否則技術主義傾向就顯得教條，造成「上有政策，下有對策」的狀況。[31]沈大德在《近代化與現代化》[32]一文中，提出「文革」期間就開始提出的工業、農業、科技和國防四個現代化，實際上主要是講技術的現代化，不講「人」的素質本身的現代化，把人的思想放在僵化的位置上。姜義華則在《超越小農文明》[33]中，提出新啟蒙要強調人文精神與科學精神，以人文精神取代「五四」時期「民主」口號的局限性。他認為過去的「民主」口號，並不能解決封建專制思想的生存背景。中國的農民、工人、幹部、企業家乃至知識份子，「要真正從小農文明陰影籠罩下解放出來，提高自己的文明素質，不僅需要教育的普及，文化的提高，而且更需要從舊式的小生產轉向現社會化大生產，從傳統的自然經濟轉向現代商品市場經濟，從原先狹隘的地域性聯繫轉向現代直接的世界性聯繫的社會實際」[34]。這就需要首先對「人」自身進行建設，徹底轉變其文化心理，當然也包括民主意識，但不局限於民主意識。

（二）

在「新啟蒙」的方法上，學者們有許多共識，但也存在著相當的差異。在反對封建意識方面，大家的觀點是一致的。李澤厚認為，新的歷史時期的啟蒙，應把「民主提上迫切日程」、「重視個體的權益和要求，重視個性的自由、獨立、平等，發揮個體自動性、創造

---

[31] 《改革需要新啟蒙》，《新啟蒙》叢刊第四冊，第 28 頁。
[32] 《新啟蒙》第四冊。
[33] 《新啟蒙》第四冊。
[34] 《新啟蒙》第四冊，第 19-20 頁。

性，使之不再只是某種馴服的工具和被動的螺釘」。[35]與李澤厚相似，金觀濤也認為：「民主是一種合乎理性和科學的社會結構，是一種使社會系統具有自我改進能力的機制。」而不只是西方文明的獨特產物。這就是說，民主被視為一種更抽象的精神，而不只是具體固定的制度，如西方的議會制。科學也是如此，「科學精神還包含著對思想開放、多元的寬容，建立批評和競爭機制，防止任何一個具體的，只是某一時代為真的理論變為迷信。」「要從科學崇拜中走出來，並用科學精神來投射整個社會結構。」[36]

在新的歷史時期，」新啟蒙「提倡個性解放是必要的，但個性解放本身不能抹殺社會共同性。中國人民依然有一個繁榮富強的共同目標，依然有物質文明和精神文明的價值尺度。那種以個性絕對地否定共性的做法，則是另一個極端，對全民族的積極進取和奮發有為是有害的。魏承思在《改革需要新啟蒙》中認為：「改革要對全民族產生巨大的凝聚力，必須確立一個為全體人民所認同的價值目標，並以此為尺度去衡量和評價改革中發生的一切。」[37]這就說明民眾的共同性與個性解放是不矛盾的。「新啟蒙」一方面要宣導個性解放，同時還要有全體人民認同的價值目標，取代舊的價值目標。當個性解放進入誤區時，個人以功利主義的尺度、以個人的物質利益來衡量社會發展狀況，不但是不可取的，而且本身正是「新啟蒙」需要解決的問題。因此，「新啟蒙」應該重視全民族文化素質的提高，在價值觀念方面要有「一個為全體人民所認同的目標」。

在美學上一直非常強調個性的高爾泰，在《說「啟蒙」》中，也主張大工業需要「極權化、標準化、集中化」。[38]如果人人只講

---

[35] 《中國現代思想史論》，第 45 頁。
[36] 《新啟蒙和「五四」》，《新啟蒙》叢刊第四冊，第 9 頁。
[37] 《新啟蒙》第四冊，第 26 頁。
[38] 《新啟蒙》第四冊，第 12 頁。

個性，整個社會豈不亂了套？如果每個人都片面強調自己的個性，社會該如何發展？姜義華還主張要以「人文精神」取代「五四」的「民主」口號，以擴大其內涵，以便更有助於國民性的改造。[39]

　　在新時期，重視實踐是非常必要的。特別是「文革」結束早期，個人崇拜和教條主義盛行，不強調實踐，不矯枉過正，就不能改變那種專制、僵化的局面。到了八○年代後期，我們在思想方法上，就應該做出相應的調整，重視理性，主張理論與實踐並重，以減少盲目性，提高自覺意識。1988 年，魏承思就指出：「如果說十年前改革序幕剛剛拉開時，不可能有足夠的理論準備，『摸著石頭過河』是當時唯一選擇的話，那麼今天改革已經進行了整整十年，我們就再也沒有理由繼續摸著石頭過河了。」[40]這話是切中時弊的，不能一切都去冒盲目實踐的險，否則要交的學費太多了，要嘗試的失敗也太多了，國家和人民都經不起這種盲目性。所以理論不能遠遠落後於改革實踐，不能僅僅用經驗主義來對待一切。新啟蒙的直接原因，在於要調整當時的社會心理，包括一般民眾和知識份子本身，解決由功利主義和經驗主義造成的社會心理上的機會主義。「這種機會主義心理不但存在於一般民眾之中，也存在於決策層之中。」某些人「對改革中可能產生的困難和矛盾缺乏充分估計，對每一個改革步驟都是抱著『試試看』的態度，而缺乏為其掃清障礙，將其貫徹到底的決心」。「新啟蒙應該反對一切機會主義，為改革創造一個寬鬆的輿論環境。」[41]

　　在對待傳統文化的態度上，新啟蒙的宣導者雖有王元化、李澤厚等人給予了相當的肯定，但絕大部分人都全盤否定。王元化雖然對那些因「五四」反儒而對「五四」持否定態度的人持批評態度，

---

[39]　《超越小農文明》，《新啟蒙》第四冊，第 18 頁。
[40]　《超越小農文明》，《新啟蒙》第四冊，第 27 頁。
[41]　《超越小農文明》，《新啟蒙》第四冊，第 28 頁。

但對「五四」反傳統的評價，乃至對傳統本身的評價，則仍然有相當的肯定。王元化認為「『五四』是反傳統的，但不是全盤反傳統。『五四』時對莊子、墨子、韓非子以及小傳統中的民間文學是肯定的」[42]，雖然這種肯定只是為著反儒或附會西方學說，而且莊、墨、韓學說也不是傳統中的主流。「五四」號召提倡平民文學，打倒貴族文學也是片面的。「就思想體系來說，我認為後一代對前一代的關係是一種否定的關係。但否定就是揚棄，而並不意味著後一代將前一代的思想成果徹底消滅，從而把全部思想史作為一系列錯誤的陳列所。前一代思想體系中積極的合理因素，被消融在後一代思想體系中，成為新的資料生成在後一代思想體系中。」「要真正吸取傳統文化中的積極的合理因素，要真正把它們消融成為新體系中的資料，就得經過否定。」「批判得愈深，才愈能區別精華與糟粕，才愈能使傳統中的合理的、積極的因素獲得新的生命。我以為對於『五四』的反傳統精神也應從這種角度去理解。」[43]王元化對傳統的態度是，傳統文化需要否定，需要揚棄，但當代的發展依然要從中汲取積極的合理因素。「斷不能把『五四』精神也說成是全盤的反傳統主義。」『五四』啟蒙者對墨子、老莊、商鞅、王充、阮籍、孔融、李贄等人都持一定的肯定態度，用他們「作為抨擊儒家綱常名教的武器。」[44]當然也無庸諱言，「『五四』啟蒙者對於傳統文化缺乏作全面的再認識、再估價」，[45]從中也反映出王元化對待新啟蒙的態度，無疑不是全盤西化。王元化指出，余英時在《五四運動與中國傳統》中認為，傳統是包括了非正統和反傳統的思潮在內的。「五四」強烈地反對封建主義色彩很濃的綱常倫理與吃人禮教，

---

[42] 《清園近思錄》，中國社會科學出版社 1998 年版，第 75 頁。

[43] 《清園論學集》，上海古籍出版社 1994 年版，第 449-450 頁。

[44] 《清園論學集》，上海古籍出版社 1994 年版，第 453 頁。

[45] 《清園論學集》，上海古籍出版社 1994 年版，第 465 頁。

但同時也缺乏對於傳統文化全面的再認識、再估價，包括對於那些反對儒家的老莊墨子等人的消極思想，也缺乏應有的批判，這些「不能不說是『五四』啟蒙者的缺陷。」[46]他認為「五四」精神不能理解為全盤反傳統，即使是反儒家，也並不一定反對古代神話、小說、民間故事、歌謠等其它文化傳統。例如魯迅第一篇歷史小說《不周山》對女媧的讚美「肯定墨學，重視莊學」，「對魏晉六朝學做了重新估價」。他校勘《嵇康集》，捐資刻印《百喻經》。即使「只手打倒孔家店的老英雄」吳虞，也常常引墨、莊諸子乃至文子、商鞅、阮籍、李贄等以批儒，而很少涉及西學。王元化先生的這種對「五四」啟蒙思想的評估，應該說是他「新啟蒙」思想的一種表現，其中指出了「五四」啟蒙的不足。他本人是反對全盤否定傳統的，自然也是反對全盤西化的。

後來（1993 年下半年）王元化在《杜亞泉與東西文化問題論戰》、《關於現代思想史答問》中，將「五四」時期的東西文化論戰中的各派觀點分為四種，即主張：1.中西各有特點而可調合（杜亞泉等）。2.西學為主，中學附同（胡適等）。3.西學為人類公有之文明，近乎全盤西化（陳獨秀等）。4.中學為體，中學為用（吳宓等）。這時，王元化把「五四」精神看作是多元的。李澤厚認為「五四」的全盤反傳統在一定程度上是出於政治的原因，而不是文化的原因，而且「五四」的那種激烈的批判和全盤西化是不可取的，今天繼承「五四」「不能重複『五四』或停留在『五四』的水準上」，不能揚棄傳統「而是要使傳統做某種轉換性創造。」「真正的傳統是已經積澱在人們的行為模式、思想方法、情感態度中的文化心理結構。」「重複『五四』那種激烈的批判和全盤西化就能解決問題嗎？」[47]李澤厚甚至認為，反傳統本身正體現了傳統文化精神。「這

---

[46]　《清園論學集》，上海古籍出版社 1994 年版，第 456 頁。
[47]　《中國現代思想史論》，東方出版社 1987 年版，第 42 頁。

批舊學深厚、飽讀詩書的知識者之所以能如此否定傳統，接受西方文化，又仍然與自己文化中缺少宗教因素，不受盲目信仰束縛，積極追求改善自己（「自強」「日新」），一切以理性的考慮作標準和依歸有關。」[48]對於傳統，我們只能做創造性的轉換，不能全盤丟棄。李澤厚的這種思想是一致的。其實即使那些新文化運動的健將們，也不承認自己是竭力反傳統的。胡適後來曾經指出：「有許多人認為我是反孔非儒的。在許多方面，我對那經過長期發展的儒家的批判是很嚴厲的。但是就全體來說，我在我的一切著述上，對孔子和早期的『仲尼之徒』如孟子，都是相當尊崇的。我對十二世紀『新儒學』的開山宗師的朱熹，也是十分崇敬的。」[49]

但是，在「新啟蒙」思想宣導者的陣營中，對傳統文化採取全盤否定的態度，主張全盤西化的人在八〇年代後期佔有很大的勢力。黃萬盛認為：「啟蒙的反封建任務是整體的一元的。」因為「所謂封建主義蒙昧在本質上是整體一元的」[50]。因此，對傳統文化要總體進行批評，要挖出其世界觀與方法論方面的最終根源。「不挖出這個最終的根源，一切局部的批判，無論功績多麼輝煌，最後都會掩埋在封建主義借屍還魂的復辟之中，而失去它的意義。」從這個觀點出發，黃萬盛還把儒家思想看成整個封建意識形態的總根源，抨擊新儒家學說。他認為，新儒家和一些堅持「左」的立場的人「竭力反對在批判和清理封建主義的過程中碰一碰儒家傳統的毫毛。他們口口聲聲主張要賦儒學以現代化，但卻從未實在地指出過儒學的一個缺陷。」[51]這種思想，對於經歷過「文革」的人來說是可以理解的，但從學理上無疑是偏激的，是從一個極端走向另一個極端，

---

[48]　《中國現代思想史論》，東方出版社 1987 年版，第 13 頁。
[49]　《胡適自傳》，江蘇文藝出版社 1995 年版，第 321 頁。
[50]　《關於「啟蒙」的斷想》，《新啟蒙》第四冊，第 23 頁。
[51]　《關於「啟蒙」的斷想》，《新啟蒙》第四冊，第 24 頁。

帶有情緒化的色彩。現代的新觀念、新的世界觀畢竟不是從天上掉下來的，西方的啟蒙思想家們乃至後來的黑格爾等人，也沒有徹底批判、清理古希臘以降的傳統。抽象繼承本身也未必需要整天停留在批判上。在全盤西化的陣營中，就連對國學有一定造詣的高爾泰也都反對「重建傳統文化」，反對新儒家對傳統的改良，也反對把日本和亞洲四小龍的成功經驗看成是傳統文化精神在現代的成功經驗。他認為：「新舊儒學形式不同，實質一樣。都是要用共性來否定個性，用整體來否定個體，用結構來限制動力，用義務來壓制權力，用人倫來代替法制，用過去歷史的積澱物來埋葬未來發展的動力因，用對外在原理的崇拜來否定人創造世界和支配自己命運的力量和可能性。」[52]他還認為「取其精華，去其糟粕」是錯誤的，精華和糟粕是不可分的。這就涉及到了對待傳統的正常態度，乃至對待新儒家的態度。新儒家確實有牽強的毛病，但要具體分析。到目前為止，它在哪些方面做出了積極的成績，還有哪些不足，應給予公正的評判，而不能粗暴地否定。同時，也不能片面地強調個性、個體、動力、權力和法制，不能簡單地否定共性、整體、結構、義務和人倫。

（三）

　　早在 1979 年，紀念「五四」運動六十周年的時候，就有一批知識份子開始了對「五四」的思考。到六〇年代中期以後，這種思考再度成為熱點。而其間對人性、人道主義問題、民主與法制問題的思考，都可以看成其有機組成部分。對「五四」啟蒙運動思考本身，就包含著學者們對現實問題的態度。在對歷史的分析過程中，學者們表明了自己對於「新啟蒙」運動的態度。因此，從 1979 年開始的對「五四」啟蒙運動的思考，從廣義上講屬於新啟蒙的行列，或則說是「新啟蒙」的前奏。

---

[52] 《說「啟蒙」》，《新啟蒙》第四冊，第 11 頁。

　　黎澍在 1979 年撰寫的《關於五四運動的幾個問題》中，認為中國在「五四」時期「面臨著一種不容避免的選擇：或者接受西方資產階級文化，或者滅亡」[53]。他認為對西方文化的態度，魯迅的拿來主義是可取的。魯迅曾經要求「放出眼光來拿」，黎澍認為這「自然不是不加選擇的照搬，而是強調這種選擇必須以對外國文化的瞭解和研究為前提，反對對外國文化採取盲目排斥和盲目崇拜的態度。『拿來的』西方文化和中國實際情況的結合，產生新人和新文藝，也就是經過消化的結果。」[54]他把「五四」運動的根本意義視為思想上的大解放。當然，受歷史條件的限制，黎澍 1979 年還不能做出過深過多的思考。

　　真正對「五四」啟蒙傳統做出深入思考，並且自覺為新的啟蒙思潮做出準備的，當然是八〇年代中期的王元化、李澤厚等人。在對「五四」啟蒙傳統的意義上，在如何弘揚「五四」啟蒙傳統等問題上，這些學者的看法是不一致的，但並不妨礙他們在廣義上同屬於「新啟蒙」的積極推動者。例如這些學者一般都公認「五四」包括兩個方面：一是 1919 年開始的「五四」學生救亡運動，一是從 1916 年開始的新文化運動，即啟蒙運動。在要求科學與民主和反帝反封建方面，兩者是統一的。在啟蒙和救亡的關係中，李澤厚繼承胡適的看法，認為兩者宜相對獨立，而王元化則主張兩者是不可分割的。

　　在《胡適口述自傳》中，胡適認為 1919 年所發生的「五四運動」對於新文化運動來說，救亡阻撓中斷了啟蒙，是「一場不幸的政治干擾」，是「一次歷史性的政治干擾」[55]。李澤厚有保留地繼

[53]　《紀念五四運動六十周年學術討論會論文選》（一），中國社會科學出版社 1980 年版，第 278 頁。
[54]　《紀念五四運動六十周年學術討論會論文選》（一），中國社會科學出版社 1980 年版，第 281-282 頁。
[55]　《胡適自傳》，江蘇文藝出版社 1995 年 9 月版，第 265 頁。

承了胡適的看法，認為中國現代反封建不徹底，乃至長期以來封建意識以各種形式出現，均與救亡壓倒啟蒙有關。李澤厚首先肯定了「五四」時期啟蒙與救亡的相互促進。新文化運動的先鋒們大都是些純粹的知識份子，其目的主要「是國民性的改造，是舊傳統的摧毀」，「但從一開頭，其中便明確包含著或暗中潛埋著政治的因素和要素。」[56]「啟蒙的目標，文化的改造，傳統的揚棄，仍是為了國家、民族，仍是為了改變中國的政局和社會的面貌。它仍然既沒有脫離中國士大夫『以天下為己任』的固有傳統，也沒有脫離中國近代的反抗外侮，追求富強的救亡主線。」批判儒家，並非儒家本身絕對無可取之處，而是因為儒家思想被歷代統治者用作封建統治的工具。「『五四』前後之激烈抨擊孔子，重要原因之一，便是因為自袁世凱到張勳都用孔子作他們搞政治復辟的工具。」[57]李澤厚認為：「學生愛國運動更有其由來久遠的傳統。」[58]從漢代太學生運動到清末公車上書，乃至留日學生投身革命，以及民國愛國救亡的學生團體形成了一個傳統。到「五四」時期，「啟蒙的主題、科學民主的主題又一次與救亡、愛國的主題相碰撞、糾纏、同步。」整個近現代史都是如此。李澤厚認為這次不同，「啟蒙沒有立刻被救亡所淹沒。」[59]「救亡把啟蒙帶到了各處，啟蒙又反過來給救亡提供了思想、人才和隊伍。」「這兩個運動的結合，使它們相得益彰。」「學生愛國運動在政治上的空前勝利，當然衝擊了舊政府和政府所維護的舊傳統的權威感和控制性，使啟蒙能凱歌行進。」[60]但從根本上說，是「救亡壓倒啟蒙」[61]。具體的行為模式，如個體從家庭

---

56 《中國現代思想史論》，第 11 頁。
57 《中國現代思想史論》，第 12 頁。
58 《中國現代思想史論》，第 13 頁。
59 《中國現代思想史論》，第 15 頁。
60 《中國現代思想史論》，第 16 頁。
61 《中國現代思想史論》，第 25 頁。

出走的反抗,組織理想社會的群體意識,都沒有行得通。正如魯迅
提出娜拉走後怎樣?砸爛了舊世界新世界又如何建立?最終,「救
亡的局勢、國家的利益、人民的饑餓痛苦,壓倒了一切,壓倒了知
識者或知識群對自由平等民主民權和各種美妙理想的追求和需
要,壓倒了對個體尊嚴、個人權利的注視和尊重。」[62]反帝、強國
的主旋律壓倒了一切。「封建主義加上危亡局勢……需要『根本解
決』的革命戰爭。革命戰爭卻又擠壓了啟蒙運動和自由理想,而使
封建主義乘機復活,這使許多根本問題並未解決,都籠蓋在『根本
解決』了的帷幕下被視而不見。啟蒙與救亡(革命)的雙重主題的
關係在「五四」以後並沒得到合理的解決,甚至在理論上也沒有予
以真正的探討和足夠的重視。特別是近三十年的不應該有的忽略,
終於帶來了巨大的苦果。」[63]經過五〇年代以降的「封建主義的『集
體主義』」,「否定差異泯滅個性的平均主義、許可權不清一切都管
的家長制、發號施令唯我獨尊的『一言堂』、嚴格注意尊卑秩序的
等級制……」[64]到「文革」發展到了極致,如「鬥私批修」等等。
於是到「文革」結束後,「五四」時期的「『人的發現』『人的覺醒』
『人的哲學』的吶喊聲又聲震一時」,「五四」的口號又重新被提出
來。對此李澤厚頗為感慨:「這不是悲哀滑稽的歷史惡作劇麼?繞
了一個圈,過了七十年,提出了同樣的課題?」[65]就是說在肯定啟
蒙和救亡相輔相成的同時,從幾十年的歷史教訓看,救亡壓倒了啟
蒙,「五四」時要解決的問題而今依然要重新開始。李澤厚甚至說:
「在思想觀念上,我們現在某些方面甚至比「五四」時代還落後,
消除農民革命帶來的後遺症候,的確還需要沖決網羅式的勇敢和自

[62] 《中國現代思想史論》,第 33 頁。
[63] 《中國現代思想史論》,第 41 頁。
[64] 《中國現代思想史論》,第 35-36 頁。
[65] 《中國現代思想史論》,第 36 頁。

覺。」[66]毛澤東在 1939 年紀念「五四運動」二十周年發表的《五四運動》、紀念一二九運動時發表的《一二九的偉大意義》兩文，主要肯定的是「五四」的政治救亡方面的內容。而李澤厚本人認為，啟蒙和救亡應是雙重主題並重，救亡不能壓倒啟蒙。但平心而論，僅僅靠一些知識份子在教育、科學、文化方面從事啟蒙活動，「對整個社會的經濟政治，也不能起什麼重要影響。」[67]這實際上涉及到了知識份子在八〇年代對啟蒙和獨立人格的看法。

　　王元化認為救亡與啟蒙兩者是不可分割的整體，知識份子的參與意識與獨立人格、獨立思考是不矛盾的。「『五四』啟蒙文化本身正是從救亡圖存的要求中誕生的。」「五四」前夕，「一系列的喪權辱國的嚴重事件激發了大批知識份子。他們在當時國家危急之秋，為了救亡圖存，感到必須喚醒民眾。」他們一定要從書生純學術的迂腐立場出發，要求把啟蒙和救亡分離開來，並且認為兩者是對立的、相克的。新時期的許多學者則不認同。王元化認為：「西方啟蒙運動中，思想革命、宗教革命、政治革命三者是緊密相關的。啟蒙思想家們也像文藝復興思想家那樣關懷生活，參與生活，從生活中獲取力量。」[68]這種思想為當時的許多試圖積極參與社會變革的知識份子所認同。他們認為「新啟蒙」本身就是一種新時期的救亡，1988 年前後討論挽救中國人的球籍問題，本身就是在做救亡的工作。「五四」救亡是要不當亡國奴，新時期則是要保住球籍。反思「五四」，討論啟蒙與救亡的關係，確實是件對社會發展來說非常重要的工作。可惜由於某種原因，「新啟蒙」的工作被迫中斷了。

---

[66]　《中國古代思想史論》，第 325 頁。
[67]　《中國古代思想史論》，第 40 頁。
[68]　《清園論學集》，上海古籍出版社 1994 年版，第 442 頁。

（四）

　　「新啟蒙」的積極宣導者王元化，在新時期思想解放運動中的作用，同樣是值得重視的。王元化曾因胡風冤案牽連，於 1955 年 6 月被隔離審查，一直被關押到 1957 年 2 月才獲釋放，精神上受到嚴重的刺激，靠翻譯書稿謀生，「文革」期間又再度受到衝擊。1979 年 11 月，王元化獲得平反，並一度擔任了上海市委宣傳部部長，不久便因故辭去職務，專事科研，並兼任華東師大中文系教授，博士生導師。

　　在《文學沉思錄》1983 年版的後記中，王元化曾經這樣回憶「文革」結束時的心情：「我還記得六年前十月中的一天，在那黑暗的漫漫長夜裡突然聽到『四人幫』被粉碎的消息時所感到的興奮和激動。當時的心情使我不由得想到『忽傳官軍收薊北，初聞涕淚滿衣裳』那首詩中所表達的情緒。我一口氣跑到滿濤住的閣樓上，把這個喜訊告訴他。我們高興得相對流淚。」[69]從此以後，王元化進入了思考和筆耕的高峰時代。1979 年，王元化在為自己的一本書所寫的後記中說：「目前正在方興未艾的思想解放運動是具有怎樣巨大的力量，它給我的最大鼓舞，就是標誌著理性再覺醒的實事求是精神已經發出新的呼聲。」[70]王元化正是帶著這種積極樂觀的態度走進了新時期。

　　其實，對於中國現實和未來的思考，王元化從「文革」末期就開始了。在「文革」期間，王元化就批評了以韓非代表的思想專制傳統，讚頌龔自珍所代表的思想啟蒙傳統。在《韓非論稿》一文中，王元化的核心就是反對封建專制。這種深切的體會，只有在親身經

---

[69]　《文學沉思錄》，上海文藝出版社 1983 年版。
[70]　《思辯隨筆》，第 38 頁。

歷了「文革」才能獲得。對於韓非，王元化贊同郭沫若的說法，認為「韓非是一個君主本位主義者。」[71]「韓非從來不想考慮一下民心的向背，只是一味主張用勢除患，以為只要採取高壓政策就可保江山。」[72]韓非把人說得非常可怕，在他眼裡，「『滑民愈眾，奸邪滿側』，真是滿眼敵情，人人可疑了。」於是，出現了「告奸」，這種告奸，「歸根到底還是利用人的自為心。」這使人們死心塌地地為君主做耳目，彼此監督，互相舉發。所以這種權術「打開了地獄的大門，煽起人們的惡劣情欲，只要是君主不滿的，可以不顧法律，不管是非，不問曲直，哪怕明知無罪也得昧著良心去舉發。」[73]「所謂『除陰奸』全憑君主個人的獨斷，儘管在法律上沒有任何根據，但只要看著礙眼，就不擇手段地進行暗殺，這哪裡還談得上什麼『法制』？」[74]王元化還認為《韓非子‧揚權》講「明君貴獨道之容」，主張君主必須專斷獨攬天下的大權，是「君主本位主義」。[75]「告奸」，主要是利用了人的本性中惡劣的一面。「喜利畏罪，人莫不然。」這種權術思想日後成了封建專制主義的具體內涵，經歷了「文革」以後的王元化，感受得何其深切！由此引發出新啟蒙思想也是必然的。

在研究龔自珍時，王元化認為反對封建專制是其思想核心。在1977 年定稿的《龔自珍思想筆談》一文中，王元化認為「龔自珍在近代思想史上的地位就在於他對沒落腐朽的封建社會進行了辛辣的揭露，犀利的批判。」[76]這對於肅清「文革」中出現的封建專制主義流毒具有相當的意義。龔自珍的思想是具有啟蒙意義的，但在當時卻受到封建正統思想的打擊，就連他的知交魏源也把他反映

---

[71] 《文學沉思錄》，第 221 頁。
[72] 《文學沉思錄》，第 230 頁。
[73] 《文學沉思錄》，第 238 頁。
[74] 《文學沉思錄》，第 240 頁。
[75] 《文學沉思錄》，第 226 頁。
[76] 《文學沉思錄》，第 217 頁。

時代呼聲的大膽思想說成是「不擇言之病」，把他向封建社會挑戰的勇敢精神說成是「德性之疵」。王元化稱頌了龔自珍的反抗精神，批評了魏源的「明哲保身」思想。[77]王元化還認為，龔自珍反封建束縛的重要表現是他「要求個性解放的『自我』」[78]，這就是他強調的「情」。這是具有反宋儒唯理主義的意義的。「龔自珍大聲疾呼要擺脫一切束縛個性的枷鎖。那篇傳誦人口的《病梅館記》是表現這種思想的力作。」[79]這既是龔自珍的思想，也反映了王元化自己新時期的思想。「文革」中的王元化從心靈深處與龔自珍的上述思想產生了共鳴。

　　1986 年，他還批評先秦以來的「尚同貴公」思想。他認為，儒家的「克己」和道家的無己，都是壓抑個性或喪失個性。「引申到後來，理學家的存天理滅人欲和直到『文革』時的『鬥私批修』、『狠鬥私字一閃念』之類都在不同形態、不同程度上流露了同樣思維模式的理論痕跡」。[80]

　　王元化的反封建專制思想當然還有更進一步、更具現實性的表現。「我認為在我們社會中還存在濃厚的小農意識。今天存在於我們社會中的不是一般的封建主義，而正是這種以小農意識為形態的封建思想。今天還會出現家長制、一言堂、關係網、裙帶風、大鍋飯、等級的森嚴、個性的泯滅、獨立人格的缺乏，我想就是由於這緣故。」[81]

　　王元化還推崇理性，力圖擺脫「極左思潮下形成的反理性的狂熱和感情上的迷亂」[82]。1979 年，王元化在一本書的後記中說：「目

---

[77] 《文學沉思錄》，第 298 頁。
[78] 《文學沉思錄》，第 194 頁。
[79] 《文學沉思錄》，第 195 頁。
[80] 《思辯隨筆》，第 22 頁。
[81] 《思辯隨筆》，第 46 頁。
[82] 《思辯隨筆》，第 38 頁。

前正在方興未艾的思想解放運動是具有怎樣巨大的力量，它給我的最大鼓舞，就是那標誌著理性再覺醒的實事求是精神已經發出新的呼聲。」[83]他由此進一步強調，在尊重知識、尊重人才的口號中，「再不能用『皮之不存，毛將焉附』的說法，把知識份子放在寄生或依附的地位。」「中國知識份子應擺脫長期以來的傳統依附地位，找回自我，要有自己的獨立人格，並由此形成獨立意識和獨立見解。」[84]

王元化以國外的學者和作家為例，推重知識份子的學術良心。他認為歌德、黑格爾「他們在自己領域做出了對人類的偉大貢獻，不僅僅需要天賦、勤奮、毅力和學識，而且也需要追求真理的熱忱和忠於科學、忠於藝術的優秀品質。」他還稱頌「巴爾扎克年輕時為了獻身科學、要用自己的筆去開拓拿破崙的劍所不曾達到的領域，甘願清貧自守，住在拉丁區的閣樓，忍受饑寒的煎熬，而放棄家庭的接濟和優裕的生活享受。」成名後，能為被漠視、受冷遇的司湯達仗義執言，反對以庸人的習氣樹立自己的人生信念，反對隨波逐流、趨炎附勢。

王元化認為，在改革中，關鍵要重視「人的因素」，封建專制思想存在的土壤，正在於人的素質差。他提倡「新啟蒙」，也正是為著全面提高人的素質。而中國新時期面臨的實際問題，卻正在於人的素質上不去，文化教育事業又跟不上。「文化滑坡、教育經費短絀，水準下降、文盲數字驚人」「如果人民文化水準很低，素質很差，沒有起碼的民主觀念，又怎樣去實現現代化呢？」[85]他反對經濟上去了，思想也會隨著發生變化，形成文化的繁榮的說法。「有的國家因發現珍貴的資源而富了起來，但文化仍處於落後狀態。有

---

[83] 《思辯隨筆》，第 38 頁。
[84] 《思辯隨筆》，第 37 頁。
[85] 《思辯隨筆》，第 19 頁。

的國家經濟搞的很好，人民可以拿到高工資，但思想處於禁錮狀態。」[86]

在學術研究和文學藝術方面，王元化積極地提出了自己的獨特見解，並且身體力行。他提倡知識份子人格的獨立性。「我認為思想家的參與意識以及對時代的使命感和責任感並不意味著喪失了人格和獨立見解，更不等於放棄或沖淡藝術性。」[87]他認為那種要求為學術而學術，為藝術而藝術，反對參與意識是矯枉過正的偏頗。[88]對於「文革」的批孔，把歷史作為影射的符號，他是深惡痛絕的。[89]而「摸著石頭過河」、「實踐出真知」等提法，「由於一再濫用已變成排斥理論的實用主義套話」[90]。

在新時期，王元化積極關注和推動文化研究。他認為「文化研究具有相對的獨立性，具有自身的發展規律，這不是政治、經濟所能代替的。」[91]「我們民族文化傳統在不同的歷史時期、不同的社會條件下具有某種共性。」[92]在文化遺產的繼承上，王元化認為馮友蘭的「抽象繼承法」忽略了「文化遺產的思想內容」。這一提法是「在徹底否定文化遺產的極左思潮猖獗時期提出的、從而企圖用這一提法為文化遺產爭得一席之地。」[93]曾有一定的現實意義，但今天看來並不科學，「用『抽象繼承法』從文化遺產所能吸收到的東西將是極貧乏、極稀薄的抽象，儘管表面上看來它似乎汲取了很多古人的成果」[94]。「長期以來，批判繼承的最簡練的說法是取其

---

[86] 《思辯隨筆》，第 20 頁。
[87] 《思辯隨筆》，第 38 頁。
[88] 《思辯隨筆》，第 39 頁。
[89] 《思辯隨筆》，第 41 頁。
[90] 《思辯隨筆》，第 44 頁。
[91] 《思辯隨筆》，上海文藝出版社 1994 年 10 月版，第 1 頁。
[92] 《思辯隨筆》，上海文藝出版社 1994 年版，第 2 頁。
[93] 《思辯隨筆》，上海文藝出版社 1994 年版，第 13 頁。
[94] 《思辯隨筆》，上海文藝出版社 1994 年版，第 14 頁。

精華，去其糟粕。這個說法經過不斷簡化和濫用，已變成一種機械理論。」[95]這是在對文化繼承提出自己的看法，向毛澤東他老人家及其秘書們的主意提出挑戰。正如所謂「兩結合」的創作方法是一種理想化的虛構，是一種閉門造車一樣，所謂「取其精華，去其糟粕」，也是一個大而空的提法，且被誤解扭曲。王元化主張對於文化遺產應該實行「揚棄」，通過否定來繼承。「前一代思想體系中積極的合理因素，被消融在後一代思想體系中，成為新的質料生成在後一代思想體系中。」[96]

對於文學藝術表現「文革」的題材，他跳過該不該表現的問題，對如何表現提出了更高的要求。他不滿足於對現象本身的再現，而要求從人性的深層去挖掘。1987 年在談到電影《芙蓉鎮》時，王元化對謝晉導演所做的努力仍不感到滿足，認為：「它並沒有揭示『文革』運動整個民族災難的內在深層意義。造反派的橫行霸道，肉體上的摧殘，人格上的凌辱，自然都是事實，但僅僅表現這些，還是表面現象，這場浩劫在於煽起了人類的惡劣情欲，使它們像病菌一樣侵入人們的軀體。這些毒菌咬噬著原本健康的血肉，使人形銷骨枯，變成可怕的畸形。這一切是在人的精神領域內進行的，所以實質上也就是對於人性的扭曲，使人經歷毛骨悚然的自我異化。我感到惋惜的是我們的導演似乎把自己的注意力主要放到外在方面，意圖使觀眾觸目驚心，或者是以相當陳舊的手法，由作者直接去說教，以取得解恨洩憤之效。……作者的意圖太鮮明、太直露」[97]。

其它如反對轉相抄襲的陋習、反對引進西方新成果時事先設置障礙，反對指責寫「社會缺點」等錯誤做法；提倡「綜合研究方法」，

[95] 《思辯隨筆》，上海文藝出版社 1994 年版，第 18 頁。
[96] 《思辯隨筆》，上海文藝出版社 1994 年版，第 19 頁。
[97] 《思辯隨筆》，上海文藝出版社 1994 年版，第 365-366 頁。

重視理性分析，強調「文學一定要真誠」等等，都對推動新時期的
人文學術和文學藝術的發展起到了積極的作用。

第四章　知識份子對現代化道路的思考

一、西體中用論

　　人類社會發展的每個階段，都會在文化上留下痕跡。新舊體制的衝突，在其深層，乃是文化的衝突。在二十世紀八〇年代，中國面臨著文化發展的抉擇。「文革」期間打倒一切，只有流氓文化，當然需要否定。但新的文化機制如何建立？是從傳統文化出發？還是全盤西化？抑或變革傳統文化、吸納外來文化？確實是需要展開討論的。

　　「五四」以來中國知識界所碰到的問題是古今中西之爭，這實際上涉及到了中國社會的發展道路問題。到五、六〇年代，一些政治家或御用文人雖然口頭上也講「百家爭鳴」，也講「古為今用」、「洋為中用」，但在實施過程中，卻把「古」一律看成是封建主義的東西，把「洋」一律看成是資產階級的（或曰帝國主義、資本主義的）東西，「古」和「洋」被看成反帝反封建的革命對象，要堅決鬥爭，毫不留情，乃至要一掃而光。直到八〇年代，隨著改革開放的進行，弘揚中國傳統文化的精粹和學習西方的先進經驗才真正開始付諸討論和實施。儘管其中有一些看法依然有階級鬥爭的火藥味，但大勢所趨，社會發展的歷史車輪已經不可阻擋了。

　　如果說二十世紀中國的文藝復興在胡適、李長之那裡只是理想的話，那麼，八〇年代的中國才真正談得上實施文化復興問題。儘管新時期的文化在發展過程中或泥沙俱下，或阻力重重，但還是在

逐步復興。在那種浮躁的風氣和文化垃圾的包圍圈中,依然有一批
踏踏實實地從事文化建設的知識份子。這種文化的發展及其現代
化,推動了整個社會的現代化,使得國家和人民逐步由封閉走向了
開放。因此,知識份子對文化發展道路的思考及其實踐,總體上是
積極的、建設性的、富有成效的。

(一)

　　體用本是中國古代哲學中特有的範疇。這對範疇本身就反映了
中國傳統的思維方式。唐代崔憬、南宋朱熹、明清之際的王夫之注
解《周易》,三國時魏國的王弼、北宋的王安石注《老子》等,均
闡釋過體用關係及其內涵,其中內涵已有差異。到中國近代,洋務
派在鴉片戰爭失敗的現實面前,萌發「師夷長技」的念頭,力圖改
變落後挨打的局面。由馮桂芬首倡、張之洞闡釋發揮的「中體西用」
說,正是在這種背景下產生的。到了八○年代,中國又在新的歷史
時期面臨了類似中國近代的局面。在封閉了近三十年之後,再度謀
求擺脫貧窮落後的面貌。在此背景下,八○年代中期,文化界開始
了新一輪的中西體用問題之爭。這種體用之爭牽涉到了中國未來的
發展道路問題,其意義超出了文化本身,其觀點也與全盤西化和新
儒家等有一定的聯繫。其中,由黎澍率先提出,李澤厚詳細論述的
「西體中用」的觀點,就是一個有代表性的觀點。

　　張之洞的「中體西用」說,表明一批封建開明人士有限度地向
西方學習的願望。但他們仍然認為,西方雖然科技發達,但精神文
明十分落後,所以西方人是野蠻的,並被貶稱為「夷人」。馮桂芬
認為中國要想富強,須「以中國之倫常名教為原本,輔以諸國富強
之術」[1]。張之洞則試圖保存中國既有政治體制、社會體制和意識

---

[1]　《校邠盧抗議》,《採西學議——馮桂芬馬建忠集》,遼寧人民出版社 1994

形態，而只是學習西方的科學技術。他甚至要求以中國傳統的經書為基本原則，一切外來的思想要不能違背這個基本原則。在思想方面，「不必盡索之於經文」、「必無悖乎經義」。[2]曾廉也曾把「變夷」即效法西方的過程概括為科技、政治、文化三個階段。他認為廢除倫理綱常最不能容忍，因為從教化上效法西方，「君臣父子夫婦之綱，蕩然盡矣。」「悍然忘君臣父子之義，於是乎憂先起於蕭牆。」[3]這種思想當時就受到了嚴復等人的抨擊。嚴復在《論世變之亟》和《原強》中，宣導「全盤西化」。他在比較中西文化差異後，主張中國要鼓民力、開民智、新民德，全面向西方學習。西方的學術自由和政治自由是至關重要的。「自由不自由異耳。」[4]嚴復還批評他們把體和用分割開來，認為體和用是渾然不可分的整體。倘分開，則是在演「牛體馬用」式的雙簧戲，違背了體用一源的哲學原則。

隨著辛亥革命徹底破除封建專制制度和封建綱常道德，「中體西用」破產了。於是就有人提倡「全盤西化論」。如胡適《介紹我自己的思想》中主張全盤西化，認為中國人「自己百事不如人，不但物質機械上不如人，不但政治制度不如人，並且道德不如人，知識不如人，文學不如人，音樂不如人。」「又愚又懶」，要拯救我們這個「一分像人九分像鬼的不長進的民族」，就要死心塌地地學習「西洋的近代文明」[5]。錢玄同曾經也說：「二千年來用漢字寫的書籍，無論哪一部，打開一層，不到半頁，必有發昏做夢的話。」[6]這

年版，第 84 頁。

[2]　《勸學篇》外篇《會通第十三》，《張之洞全集》第四冊，河北人民出版社1998 年版，第 9767 頁。

[3]　《上杜先生書》，《劖庵集》卷十三。

[4]　《論世變之亟：嚴復集》，遼寧人民出版社 1994 年版，第 3 頁。

[5]　《胡適文集》2，人民文學出版社 1998 年版，第 171 頁

[6]　《中國今後之文字問題》，《新青年》，1918 年 3 月 14 日。

是一種間接的全盤西化論。到了第一次世界大戰，歐洲人自己對西方文化也產生了危機感，西化學者們又對西方產生了幻滅感，「覺彼族三百年之進化，只做到利己、殺人、寡廉、鮮恥八個字」。[7]於是李大釗等人想到「非有第三新文明崛起，不足以渡此危崖」[8]，認為蘇俄乃是「世界的新文明之曙光」。[9]當然，與中國相比，蘇俄在科技上當時與西方更為接近，但後來的事實證明，中國從五〇年代開始至七〇年代的曲折道路，一半是由於封建思想的餘毒，另一半則在於蘇俄體制的消極影響。因此，八〇年代中後期，當蘇聯解體，經濟衰落時，我們已經非常清醒。保守者要求回到民族文化傳統，激進者要求全盤西化。而「西體中用」正是在這個背景下產生的，並且由於李澤厚本人八〇年代在中國思想界的特殊影響，因而顯赫一時。

（二）

李澤厚提出的「西體中用」，在中、西、體、用這四個範疇上，都做出了自己的闡釋。他認為，西體首先是指「以西方為先驅的大工業生產的社會存在」[10]，這就超出了張之洞「西學為體」之「西學」範圍，或文化範圍。「我一再強調社會存在是社會本體，把『體』說成是社會存在，這就不只包括了意識形態，不只是『學』。社會存在是社會生產方式和日常生活。」[11]

7　《嚴幾道與熊純如書箚節鈔》（五九）、《學衡》雜誌第十八期。
8　李大釗：《東西文明根本之異點》《李大釗文集》上，人民出版社 1984 年版，第 560 頁。
9　《法俄革命之比較觀》，《李大釗文集》2，人民文學出版社 1999 年版，第 219 頁。
10　李澤厚：《論西體中用》，載《團結報》，1986 年 9 月 27 日。
11　《「西體中用」簡釋》，《中國文化報》，1986 年 7 月 9 日。

　　這個西體中當然包括西學（「不只是學」），也包括馬克思主義。「所謂『西體』，就是現代化，就是馬克思主義，它是社會存在的本體和本體意識。它們雖然都來自西方，卻是全人類和整個世界發展的共同方向。」這樣一來，李澤厚的「西」，就是西方的社會存在（包括先進思想）和馬克思主義之和了。這個「西」就與我們通常的「西」的概念有所不同。照一般常識判斷，李澤厚就是概念混淆了。概念雖混淆了，但腦子並不糊塗。馬克思的思想產生於西方社會和文化的土壤上，與東方傳統文化相比當然是西。毛澤東回顧青年時代時，也說向西方尋求真理，最終找到了馬克思主義。可見馬克思主義是中國本世紀以來的一批追求真理的人們到西方找進來的，是西方文化的土壤上產生的。李澤厚有意要讓「西」包括一切源自古希臘傳統的外來文化，特別是馬克思列寧主義，目的也在於讓西方有價值的理論能乘船過江，一併進來。事實上，鄧小平也在強調，外國一切有價值的東西，有益於我們健康發展的東西（包括商品經濟理論等），都要學習。這就包括了過去被稱為西方「資本主義的東西」而加以貶斥的內容。而「中用」，則指「在把現代的『西學』全面瞭解、介紹、輸入、引進過程中，在判斷、選擇、修正和改造中使之適應和運用於中國的多種情況和實踐中。」[12]這種謹慎而嚴密的界定，其實不如他在更早的時候話說得那麼直截了當：「西體者，社會主義現代化是也。而所謂『中用』，就是怎樣結合實際運用於中國，這就是馬克思主義的中國化。」李澤厚的立論根據，就是「馬克思主義同中國的具體實際相結合」。只不過這個馬克思主義本來是限制在學理上的，只是本體意識，主要包括意識形態，而李澤厚把它推而廣之，用以指一切進步的社會存在，也包

---

[12]　《漫說西體中用》，《孔子研究》，1987 年第 1 期，收入《中國現代思想史論》時文字有改動。

括西方進步的科技思想和意識形態。這種界定，既沒有離開馬克思主義，又把西方一切先進的物質文明、社會體制、科學技術等都包容了進來，而不失之教條，可謂用心良苦。這同時也反映了李澤厚本人的思想的一個重要特徵。1986 年 1 月 28 日《文匯報》上發表的《關於儒學與現代新儒學》一文中，李澤厚對西體中用的全面界定是：「未來的道路應是社會存在的本體（生產方式、上層建築和日常現實生活）和本體意識（科技思想、意識形態）的現代化（它源自西方，如馬克思主義）和中國的實際（包括儒家作為文化心理的客觀存在這個實際）相結合。」

在闡釋「西體中用」的過程中，李澤厚借用中、西、體、用的舊瓶來裝自己的新酒。把問題和自己的想法納入體用軌道。李澤厚認為：「中國文化傳統在某種意義上，倒是最能迅速地接受吸取外來文化以豐富、充實和改造自己的。」[13]例如唐代的長安，到處都是「胡帽」、「胡酒」、「胡姬」，二胡及京胡等樂器，這些都是從異域傳入的。倒是傳統的木屐、「榻榻米」、茶道等，在發展過程中逐漸被淘汰了，而在日本被保留了下來。可見中國是有學習西方改造自己的傳統的。李澤厚還認為「西體」就是指現代化的社會本體和意識形態。雖然「『現代化』並不等於『西方化』」，但現代化確實是從西方先開始，再由西方傳到中國來的，包括「現代大工業生產，蒸汽機、電器、化工、電腦……以及生產它們的各種科技工藝、經營管理制度等等」[14]，因此，在李澤厚看來，我們所謂的「西化」，就是要現代化，而不是一些人一提就反感、就聯想到其弊端的西方國家之一切。這樣一來，這種西體，就不只是指西方現存的社會制度了，而是李澤厚心目中的一切人類先進的而中國還不具備需要引

13　《漫說西體中用》,《中國現代思想史論》，第 321 頁。
14　《漫說西體中用》,《中國現代思想史論》，第 333 頁。

入的東西，包括現代的先進經營管理方式，包括馬克思主義。「這個『西學』當然包括馬克思主義，馬克思主義是近代大工業基礎上產生出來的革命理論和建設理論」[15]。因此，要理解李澤厚的「西體中用」，首先必須瞭解李澤厚「西體」的真正含義，是指中國之外的一切有價值的理論、體制和物質文明。這就與很多人心目中的「西體」有了很大的不同，而不只是與張之洞的「西」、「體」兩個範疇不同。如果把你自己腦海裡的「西體」，當成是李澤厚的西體，當你歪批李澤厚時，他就會既不疼也不癢，反而巍然屹立。李澤厚提出「西體中用」的現實意義，在於當時許多人雖然希望引進西方的科學技術，而實際上仍想保持中國既有的文化、政治體制。也就是說，張之洞式的「中體西用」在 20 世紀八十年代中國社會各階層中，特別是上層中有著很大的勢力。所以李澤厚說：「這個社會結構機體的改變，光引進西方的科技、工藝和興辦實業，是不能成功的；光經濟改革是難以奏效的；必須有政治體制（上層建築）和觀念文化（意識形態）上的改革並行來相輔相成，現代化才有可能。經濟、政治、文化的三層改革要求的錯綜重疊，正成為今天局勢發展的關鍵。」[16]而要想達到這一步，李澤厚主張要從文化上學習西方的啟蒙運動，從觀念上擺脫封建傳統，從傳統的倫理綱常中解放出來。而這個歷史任務是非常艱難的。吳忠民在《「西體中用」評議》[17]中，認為「西體中用」比起傳統的閉關自守（他所謂的「中體中用」）、「中體西用」和全盤西化（他所謂的「西體西用」）乃是中國人所持文化原則的依次遞進，反映了中國人對於中西文化理解的程度逐步加深。較之前三者，「西體中用」的合理性表現在：第一，「在一定程度上試圖將中西文化併入一個體系之中，從而從總

---

[15] 《漫說西體中用》,《中國現代思想史論》，第 336 頁。
[16] 《中國現代思想史論》，第 335 頁。
[17] 《哲學動態》，1988 年第 1 期。

體上杜絕了全盤西化的可能性」。第二，它「注意到了一般性文化
即生產方式密切相關聯的那一部分文化的重要性」。第三，「在具體
處理一般性文化與民族特殊性文化的關係時」，它「把一般性文化
放在一個更加重要的位置」。

（三）

對於西體中用論的批評，有各種觀點。但由於許多人以自己之
心，度李澤厚之腹，結果心目中的靶子和現實中的靶子並不重疊，
導致放了空槍。你雖然鞭打得很厲害，但李澤厚卻不疼。例如，有
人認為李澤厚實質上就是「全盤西化」論。默明哲認為：「『西體中
用』可以倒稱為『中用西體』，也就是在中國搞『全盤西化』。」[18]
王俊義、房德鄰在《對八十年代「文化熱」的評價與思考》一文中
也持類似的看法。他們認為「西體中用」論與「全盤西化」論一樣，
主張「應該把西方資本主義的商品經濟和整個上層建築統通搬到中
國來」，而「中國傳統文化是中國現代化的嚴重障礙」，所以當前要
「擺脫中國文化的傳統形態」，「要根本改造和徹底重建中國文
化」。這種說法當然是偏頗的、不符合李澤厚本義的。方克立說，
李澤厚的「西體中用論」「雖有若干混亂和不清晰之處，但同明確
主張走資本主義道路的『全盤西化』論畢竟還是有區別的。」[19]李
澤厚心目中的中國傳統文化，是「拿來主義」的傳統文化，而不是
「原汁原味」的中國傳統文化，這是事實。他的目的就是要打破它
為封建社會及其制度服務的完整體系，讓它們有價值的內涵進入到
現代意識的座標上來，這個座標是由馬克思主義和西方現代先進的
意識構成的。對此，默明哲給予了批評。默明哲認為西學「是當代

---

[18] 《文化觀與思維方式》，《晉陽學刊》，1987 年第 2 期。
[19] 《評「中體西用」和「西體中用」》，《哲學研究》，1987 年第 9 期。

資本主義社會、資產階級經濟、政治在觀念形態上的反映，因而不能『嫁接』到我們社會主義的土壤上」。同時，默明哲還認為把馬克思主義也包括到「西學」中去的提法也是不合適的，因為「一般人所說的『西學』，是指西方資本主義中占統治地位的社會學說和自然科學」，「馬克思主義雖產生於西方，但它又是西方資產階級所不能容忍的。馬克思主義與資產階級的社會學說，只能舍此取彼，或舍彼取此，不可能同時拿來，共同作為依據。」[20]

　　李澤厚以馬克思主義為西學當然是有意為之的。李澤厚的目的就是要把馬克思思想中的精粹和西方文化中的精粹融為一體，共同成為我們的行動範式，即「體」。否則，以李澤厚的學識和當時的年齡，難道還看不清這樣做是把馬克思與「資產階級學說」攪到一起去了？因此，這種做法用「階級鬥爭」的敏銳眼光看，是敵我不分，但卻是符合鄧小平的「貓論」的。

　　李澤厚提出「西體中用」時，意在折中調和。他認為從康有為、嚴復到胡適、陳獨秀，片面強調了社會發展和文化的普遍性的一面，於是主張全盤西化；而國粹派從章太炎到梁漱溟，又片面強調了社會發展的特殊性，主張「西體中用」。李澤厚則以黑格爾的思辨方式對這些觀點加以折中，認為「只有去掉兩者的片面性，真理才能顯露，這也就是『西體中用』」[21]。他在尋求一種對傳統精華的創造性繼承，即改變和轉換。「改變、轉換既不是全盤繼承傳統，也不是全盤扔棄。」[22]這實際上仍是一種改良。他反對文化相對主義，認為文化是在不斷進化的，現代化的文化當然要高於封建文化。「我絕對不同意絕對的文化相對主義。這種文化相對主義認

[20]　默明哲：《關於「中體西用」和「西體中用」的反思》，《社會科學》（甘肅），1986 年第 6 期。
[21]　《中國現代思想史論》，第 341 頁。
[22]　《中國現代思想史論》，第 337 頁。

為任何文化、文明均有其現實的合理性，從而不能區分高下優劣。」[23]只有承認現代文化高於封建文化，「西」才會被李澤厚視為體，否則難分體用。

但李澤厚的這種「西體中用」由於邏輯上的不嚴密，而帶來了體用內容上的糾纏。早在張之洞撰《勸學篇》宣揚「中體西用」時，嚴復就駁斥了這種體用分離的二元論。嚴復說：「體用者，即一物而言之也。有牛之體，則有負重之用；有馬之體，則有致遠之用。未聞以牛為體，以馬為用者也。」[24]因此，學西方要體用並學，而不能「牛體馬用」。嚴復傾向於更多地學習西方，在當時的背景下是可以理解的，不造成強烈的震撼，不足以改變局面。李澤厚雖然在體用內涵的界定上與過去有所不同，但體用的學理依然未變。到二十世紀八〇年代，體和用都不是簡單的中與西的問題了。隨著文化交流的擴大，你中有我，我中有你，同時你我又是兩分的特徵日趨明顯。中西對立，體用二元的思維模式，盲目地崇洋媚外，或是狹隘的民族優越感都是要不得的。說到底，政治體制和文化觀念一定要與經濟體制改革相配套。如果仍以階級鬥爭的立場、觀點和思想方法考慮問題，對人們的思想實行嚴厲的禁錮政策，僅僅在此基礎上發展市場經濟，總體上是很難順利進行的。即使是東南亞某些國家經濟有了一定的發展，我們認為也是畸形的，不健全的。要學習西方，也要瞭解國情，不能方枘圓鑿。要使「用」讓「體」能動適應，也要使「體」能具體在「用」中實現。於是李澤厚要講到體用的協調，提到傳統的「體用不二」[25]，這就突破了他給自己所套的「西體中用」那個框子。

---

23 《中國現代思想史論》，第 340 頁。
24 《嚴復集——與〈外交報〉主人書》，《嚴復集》第 3 冊，中華書局 1986
   年版，第 558 頁。
25 《中國現代思想史論》，第 337 頁。

（四）

　　從 1984 年開始，海外華人學者傅偉勳教授提出「中西互為體用」論的思想，目的首先在於糾正張之洞以來基於華夏優越感的「中國本位的中體西用論」。這種「中體西用」思想阻礙著中國人對西方思想文化和政治制度中優秀成分的吸納；同時也糾正那種力倡全盤西化，對中國文化傳統完全悲觀失望的情緒，以多元開放的思想胸襟謀求一種辯證的綜合。[26]傅偉勳指出：「我們曾吸收過不少外來文化，但是吸收的成果究竟如何，則是另一件事，我並不那麼看好與樂觀。而傳統以來過度的華夏優越感也常構成我們拒卻外來文化的一大因素。」「再就西方思想的吸收方式與成果言，更是處處令人喪氣。」[27]日常之用，從衣食住行到科技醫學等與現實生活息息相關的方面，確已學到西方長處，但西方的文化觀念，社會觀念乃至科學的根底，我們卻「始終一知半解，摸索不清，遑論積極的吸納融合了」[28]，也就是說清末以來基於過度的華夏優越感的「中體西用」論「一直阻礙著我們虛心探討『西學之體』，並摸通西學的真髓所在，藉以吸納其中有助於我們創造性地轉化『中學之體』的正面資糧。」[29]傅偉勳還完全贊同地引用了蔣夢麟在《新潮》中的一段話：「外來的文化，固然可以刺激本國文化的發展，而本國的文化，受了外來的影響，也可以更適應環境。……最危險的事情是只以為我們自己的文化好，對外國來的瞧不上眼。這是很危險的事情，知識不夠識見近，往往患這種毛病。」[30]這關鍵是西方現代

---

[26]　傅偉勳：《從西方哲學到禪佛教》，三聯書店 1989 年版，第 445 頁。
[27]　傅偉勳：《從西方哲學到禪佛教》，三聯書店 1989 年版，第 472 頁。
[28]　傅偉勳：《從西方哲學到禪佛教》，三聯書店 1989 年版，第 472-473 頁。
[29]　傅偉勳：《從西方哲學到禪佛教》，三聯書店 1989 年版，第 473 頁。
[30]　《現代世界中的中國——蔣夢麟社會文談》，學林出版社 1997 年版，第 36 頁。

科技發達，不是一種孤立的現象。「腐朽的」、「垂死的」文化與制度是不能帶來發達的物質文明的，這說明西方精神文明、管理體制等必有值得我們學習之處。因此，我們學習西方，不僅是「技」，而且還有「體」。這就涉及到「我們能否與願否培養多元開放的文化胸襟，大量吸納優良的西學之『體』到我們的文化傳統。」[31]傅偉勳的上述這番話講於 1984 年和 1985 年，明顯早於我們國內八〇年代的新一輪體用之爭。可惜國內當時的學者沒有給予足夠的重視。李澤厚觀點中的可取之處，正在於與傅偉勳思想暗合的內容。而在國內零星的相關探討中，關於對外來文化吸納問題的觀點跨度很大，可以延伸到兩個極端。領導層中有人把它與「全盤西化」相提並論，擔心體用並蓄會危及現存體制，帶來混亂。

二、「全盤西化」論

主張全盤西化的人們，有一個共同的原因，就是深感中國已經太落後了。在此基礎上，人們的想法多種多樣，有人對未來充滿信心，要學習西方的一切，趕上他們。有人對中國的現狀沮喪失望，甚至恨不得一兩百年前就被西方殖民了。而反對全盤西化的人中，也有人出於狹隘的民族自信，例如八〇年代中期盛行的所謂功夫片的電影和電視連續劇，強調民族精粹，煽動民族情緒等。這固然有其可貴的一面，但同時又不利於中國的現代化。這種現象的出現，對一批知識份子的心靈產生了刺激，使他們聯想到魯迅所說的在中國搬動一張桌子都得流血的言論。激進的知識份子遂矯枉過正，提出全盤西化，以抑制那種類似中國功夫打天下的狹隘的民族主義狂熱。八〇年代中期全盤西化的觀點日熾，在一定程度上與此有關。

---

[31] 《現代世界中的中國——蔣夢麟社會文談》，學林出版社 1997 年版，第 475 頁。

（一）

　　「全盤西化」最初是 1919 年前後由陳獨秀、胡適等人開始宣導的。陳獨秀在《本志罪案之答辯書》中主要推崇西方民主和自由，雖然未明確講到全盤西化，但已涉及到西體這一根本問題了。連主張孔子化的「新儒家」梁漱溟也說：「從前的人雖想採用西方化，而對於自己根本的文化沒有下徹底的攻擊。陳先生他們幾位的見解，實在見的很到，我們可以說是對的。」[32]錢玄同甚至主張廢除漢字而代之以羅馬字母。他在《覆林語堂信》中說：「我堅決地相信所謂歐化便是全世界之現代文化，非歐人所私有，不過歐人聞道較早，比我們先走了幾步。……務須在短時間之內趕上……萬不可三心兩意，左顧右盼，以致誤了前程，後悔無及。」[33]胡適《介紹我自己的思想》一文也認為：「如果還想把這個國家整頓起來，如果還希望這個民族在世界上占了一個地位——只有一條生路，就是我們自己要認錯，我們必須承認自己百事不如人；不但物質機械上不如人，不但政治制度不如人，並且道德不如人，文學不如人，音樂不如人，藝術不如人，身體不如人。」[34]在 1929 年，胡適在為《中國基督教年鑑》所寫的《中國今日的文化衝突》英文稿裡，用到「wholesale westernization」一詞，即「全盤西化」來闡述他的主張。從此開始，中文裡就出現了「全盤西化」一詞。陳序經 1933 年 12 月 29 日在中山大學做了《中國文化之出路》的講演，提出中國文化的出路在於全盤西化。1934 年 1 月發表於廣州的《民國日報》上，由此在廣東引起了持續一年的中西文化論爭。到 1935 年

---

[32]　《中西文化及其哲學》，《梁漱溟全集》第一卷，山東人民出版社 1989 年版，第 338 頁。

[33]　《語絲》，1925 年第 23 期。

[34]　《胡適文集》2，人民文學出版社 1998 年版，第 171 頁。

1 月的《文化月刊》第 1 卷第 1 期上發表王新命、何炳松等十教授
的《中國本位的文化建設宣言》，使得全國範圍內掀起了又一次中
西文化論戰。

　　陳序經十歲隨父到新加坡，在那裡讀了六年的中小學，後來入
廣州嶺南中學、滬江大學、復旦大學。1925 年畢業後，入美國伊
利諾斯大學，1928 年獲博士學位。不久又入德國柏林大學、基爾
大學學習。這種經歷，使得他對中國文化傳統非常隔膜，而對西方
文化極為崇拜。因此，他宣導全盤西化是有其基礎的。他認為全盤
西化的必要性，正基於以下兩條理由：「（1），歐洲近代文化的確比
我們進步得多，（2），西洋的現代文化，無論我們喜歡不喜歡，它
是現世的趨勢。」[35]

　　西化思想的宣導後來被抗日救亡所中斷。大敵當前，抵禦外侮
是根本大事，至於和平建設，當時則無暇顧及。到了五〇年代以後，
東西方政治對壘明確，中國對西方採取全面的敵意政策，而西方對
中國也是如此，當然就沒有人敢再提及西化問題。八〇年代以後，
由於實行了改革開放，才有西化思想產生和存在的可能。從這一點
來說，西化思想和「全盤西化」思想的出現，本身就反映了社會的
進步。這是「文革」期間所不可思議的。它產生的原因，一方面是
西方科學技術的發達，人們的整體素質很高。這是最高領導層都肯
定的，並且明確要求向西方學習的；另一方面是人們由於「文革」
的災難，而思考到封建專制所帶來的惡果。相當一部分人以此來否
定傳統文化的整體。這是「五四」的先驅們甚至都有所不及的。李
大釗曾說，我們反對孔子，不是反對孔子本人，而是反對歷代統治
者奉為偶像的孔子。可見他也不是全盤的反傳統。胡適在受到許多
人的批評後，在 1935 年 6 月 22 日的《充分世界化與全盤西化》一

---

[35]　《陳序經學術論著》，浙江人民出版社 1998 年 6 月版，第 83-84 頁。

文中，自己也覺得全盤西化太極端了，「是不容易成立的」。於是提出「充分世界化」來取代，避免「全盤」說法的絕對化的矛盾。但八〇年代的全盤西化者則不然，他們來勢迅猛，態度堅決甚至固執。他們認為中國落後的鐵的事實，不容許我們猶豫，非全盤西化不足以救中國。

　　甘陽在八〇年代中期就曾主張徹底重建民族文化。他雖然沒有明確地提出全盤西化，但在基本精神上與西化派是一致的。在《傳統、時間性與未來》中甘陽指出：「中國的過去要是沒有這種杞人憂天式的『憂患意識』，那麼我們現在大概也不必為現代化而『憂患』了。」「要對中國的民族文化心理結構的整體進行根本的改造，徹底的重建。」甘陽認為，孔儒之學不能成為現代文化系統的主幹和核心，不能沿「儒道互補」的路數走下去。二十世紀以後中國文化的「傳統」不能以儒家文化為象徵和代表，不可能是「儒家文化的復興」（這種說法太小家子氣）。「繼承發揚『傳統』的最強勁手段恰恰就是『反傳統』。」[36]甘陽在《說中西古今文化之爭》中還認為：「中國文化本身必須從傳統文化形態走向現代化形態。」[37]這些說法，對中國文化傳統中狹隘、封閉的一面確實說得有一定的道理。中國人接受西方文化的歷程，也確實是相當被動的，被世界潮流所驅使的。而且即使如此，依然阻力重重。正因如此，對西方文化的借鑑和引進，確實需要堅決的態度。但同時，中國傳統的本身確實具有再造性的一面，也只有再造，才能為現實所用（這當然是那些固守傳統整體和本義、甚至要原汁原味的冬烘先生們所不解的），但畢竟要有傳統的基礎。

---

[36]　《讀書》，1986 年第 2 期。
[37]　見《青年論壇》，1986 年第 3 期。

　　更為激進的全盤西化思想在八〇年代中期頗為盛行。比如有人認為中國知識份子的悲劇就在於傳統文化。「在儒道兩家思想的長期培育馴化下，中國知識份子缺乏自己的獨立人格，始終作為歷代統治者的御用工具。」[38]中國知識份子誠然有這類毛病，而且也確實受到過傳統文化的消極影響，但傳統不應對我們的後代負責。傳統文化有精華，有糟粕，如何去蕪存精是我們自己的事。牟鐘鑒在《中國傳統哲學的評價及其歷史命運》一文中，就曾主張中國傳統文化有很深刻的含蘊，在我們的日常現實生活中充滿著活力，不能隨意貶斥。這種思想我認為從總體上說應該是沒有什麼錯的，但卻遭到了「全盤西化」派的抨擊。1986 年 10 月 27 日《理論資訊報》發表的楊楊、苑林區的文章，批評牟鐘鑒等人的思想是「改革和開放的阻力」，並驅逐國學研究者「退居二線，去豐富博物館文化」。

　　劉曉波是新時期「全盤西化論」的一個重要人物。他在《選擇的批判》一書中，通過對李澤厚的批評，打出反理性的旗號，對中國傳統文化進行了全面的抨擊。他認為「傳統文化是一塊完整的鐵板」，「從孔孟到漢儒、到程朱、到黃宗羲、王夫之」，都在鼓動「存天理、滅人欲」，培養「奴性人格」。為了突出反傳統、批判中國國民的劣根性，劉曉波把西方從古希臘以來的文化傳統，看成是生機勃勃的，甚至不顧黑暗的中世紀在摧殘人性上比中國封建社會有過之無不及的現實，這種要求與傳統徹底決裂的思想來自於盧梭、尼采、叔本華等人。殊不知尼采、叔本華他們也是在批判現代西方社會的，而且西方社會也並不唯尼采、叔本華思想是尊，以改造社會。而且尼采也曾通過查拉圖斯特拉之口告誡信徒：不要追隨我，要追隨你自己，應該拋棄我，去發現自己。西方當代的社會發展，確實比我們先進，這一點不用諱言，我們向西方學習，也是應該的。但

---

[38]　《老子學術思想討論會漫述》，《光明日報》，1985 年 12 月 9 日。

西方不是從古到今都是先進的，中世紀基督教對人性的壓抑，阿波羅神廟裡的「神論」，也一樣是迷信的。據說劉曉波後來後悔中國近代沒有被西方殖民，如果殖民了一、二百年，中國的今天就會是西方式的了。這種後悔沒有做上「亡國奴」的思想，自然是一個主權國家中對本民族的發展懷抱希望的人們所不齒的。

我們必須看到，當代文化發展有一種不正常的現象，這就是以為哪國經濟發達，文化等一切都顯得高貴起來了，於是連文化垃圾也可以撿回來。這豈不是東施效顰？文化的發展與經濟發展有一定的聯繫，優秀的文化常常會推動社會的發展，但文化的發展與經濟的發展常常是不平衡的。西方當代的許多藝術和文化現象走向了頹廢，或包含頹廢性內容，也是西方學者深感頭痛的。在這種背景下，中國的詩歌曾經啟發了西方意象派，非洲和拉丁美洲的藝術也曾經給西方藝術提供過有益的養分，提供過可貴的借鑑。這說明，文化如果一元發展，一旦走向死胡同，就沒有辦法補救。因此，正因當今世界沒有全盤西化，中國藝術、非洲藝術和拉丁美洲藝術才有拯救西方頹廢藝術的可能。中國文化學習西方先進之處是必要的，但如果老是跟在西施後面皺眉捧胸，永遠不會有自己的神采。日本、加拿大國力強盛後，還在忙於抵禦美國流行文化的侵蝕，提倡保護本土文化與民族文化，而我們卻唯恐流行的垃圾不來，顯然是不妥的。要汲取其精華為我所用，但不能全盤照收。

如果以經濟發達為先進的尺度話，那麼在日本和亞洲「四小龍」的文化成分中，既有本土文化，也有儒學乃至佛學，當然也汲取了西學的精粹，但並不「全盤西化」，照樣實現了經濟騰飛。「他山之石，可以攻玉」，亞洲發達的經濟強國和地區，也照樣值得我們借鑑，當然也不必「全盤日化」（日本在經濟上屬於西方，文化上卻是屬於東方的）。

西方科技先進、經濟發達之處值得重視，文化當然同樣可以借鑑，但西方也不是十全十美的。我們即使不到國外去實地考察，但見一些國家實施著哥倫布式的強盜邏輯，今天干涉這國，明天制裁那國，就會發現，他們的人權和自由也有專橫和粗暴的一面。任自己說三道四，讓別國沒有尊嚴。

在主張全盤西化的人中，有相當一部分人由於我們過去的閉門政策，導致他們極端無知和傲慢；到改革開放後他們又轉向了極端的自卑，於是主張全盤西化。中國人民在改革開放前受錯誤輿論宣傳的影響，自豪地以為，世界上還有四分之三的人民處於水深火熱之中。改革開放後才發現，西方的發達已經超出了我們的想像力，他們並沒有垂死，真正生活在水深火熱之中的倒是「文革」中的中國人民。於是有人情急之中，又認為全盤西化才是拯救國家的唯一途徑。

「全盤西化」同時是西方傲慢的殖民主義者試圖強加給發展中國家的一種策略。他們把西方當代的文化看成是人類文明的範式，是一切落後國家走向先進的唯一方式。這實際上是「西方中心主義」的一種表現。筆者在一次中外雙邊對話會上講到文化要有多元格局，不能全盤西化，結果受到了一位美籍波斯人的批評。他認為在這個世界上，我們就是要消除民族隔閡，走向世界大同。他所謂的大同觀，當然是以中國被美國文化同化為前提的。他認為我強調民族間的文化差異，是狹隘的、悲觀的、不利於世界和平的。

實際上，美國作為一個暴發戶，作為歐洲在美洲搞的一個特區，其發展畢竟也是近百年間的事。其中當然有我們需要學習、借鑑的地方。但同時，我們也不要忘記，我們的前輩過去畢竟也闊過，也被英、法、德等國學習過。那時候，他們還沒有造就出發達的美國來呢！且不要說中國的四大發明影響過歐洲，即使是科舉制度，也受到異邦的孟德斯鳩、狄德羅、亞當‧斯密等一幫人的讚賞。英

國在 1855 年建立了文官考試制度，法國在 1899 年制訂了公職法。儘管中國的科舉制度在考試內容上是陳腐的，而制度本身卻影響了西方的政治體制改革。假如當時或者更早——在我們比西方發達的盛唐時代，他們一時頭腦發熱，主張「全盤中化」，那麼到本世紀六〇年代，他們只好跟我們一起捲進「文革」這樣的災難的深淵，哪裡還有什麼發達可言？可見，多元格局可以刺激各民族文化的不斷改良。即使是某一民族文化走進死胡同，陷入誤區，也不會導致整個人類文明的覆滅。

　　當然，由此我們也可以反省自己。我們自己過去跟著蘇聯後面跑，去與西方世界為敵，以我們的價值尺度去要求別國，合我者好，逆我者壞，大罵西方的制度和文化。實際上，資本主義的喪鐘還沒有敲響，我們今天才有借鑑的可能。假如全世界當年都盲目地跟著史達林，不全都成了前蘇聯？俄羅斯今天哪裡還有西方供他們摹仿，哪裡還有西方的經濟援助？整個世界都是史達林模式，豈不全球覆沒？各國的內部事務，既不要相互干涉，也不要輕易盲從。文化也是如此，既不要搞全盤西化，也不應強求別國全盤中化。今天我們落後了持這種態度；來日我們發跡了，也還將如此，這叫不卑不亢。

（二）

　　電視連續片《河殤》播出後，在全國上下所引起的震動，是八〇年代一個重要的文化景觀。許多文章在當時，特別是 1989 年以後對它進行了討論。許多文化界知名人士都做過不同類型的長篇表態發言。其初的討論有褒有貶，許多人都是懷著對社會的責任感來闡明自己的觀點的。至於後來輿論一邊倒，把它說成是賣國行徑等等，則未免無限上綱了。不管這些人後來在做什麼，他們的最初動機應該是有著憂國憂民的情懷的。

　　《河殤》的缺陷是明顯的。它首先反映了當時學術界、文化界的浮躁學風。其中有很多漏洞，引證材料時也常常信口開河，與史實不符。例如班超西進的年份及其細節等，多處有明顯失誤。隨意附會之處更是不少，例如把秦楚之爭也說成是大陸黃土文明與海洋文明之爭，無疑是牽強的。它的粗製濫造，影響了論點的說服力。直到今天，這類的弱點和漏洞我們都應該引以為戒。其次，《河殤》從根本上否定了中國文明，認為中國的落後是中國文明的性質決定的。這種結論是錯誤的，對整個中國文化的全盤否定，實際上也否定了古代中國的科技貢獻，其中的舉證也前後矛盾。中國文化與黃河確實有著一定的聯繫，但文化本身不是由黃河決定的，如果以黃為劣，認為我們的黃色文明，如黃水、黃土、黃種人，根子就不好，天生地不如藍色文明，那麼我們等著做亡國奴好了，等著印第安人的命運，讓歐洲有高貴血統的人來鎮壓、奴役我們好了。我們又有什麼必要去拼搏呢？這是對中國的文明和中國傳統文化缺乏基本的瞭解造成的。第 6 集中武斷儒家文化「形成了一種可怕的自殺機制，不斷摧殘自己的精華，殺死自己內部有生命力的因素，窒息這個民族的一代又一代精英」。這也是不準確的。片中所指責的某些現象誠然存在，但並不就是儒家文化造成的。傳統為我們提供了文明禮貌的精華，當然其中也夾雜泥沙，但傳統不能對我們的選擇和繼承負責。對幾千年的文化歷史傳統作深刻的反省，以便在繼承時揚長避短，這是非常必要的。但如果過激，以激進的文化虛無主義態度，把它說得一無是處，甚至認為不拋棄中華民族傳統，中國就沒有希望，無疑是情緒化的。如作者所說，中國的四大發明傳到歐洲，點亮了黑暗的中世紀，促成了文藝復興。這不正是「黃色文明」對「藍色文明」的決定性的貢獻嗎？假如當年西方人從此放棄藍色文明，崇拜中國，要求「全盤中化」，還有今日之西方嗎？所以楊振寧說：「在這個電視片裡，我們不能接受的是，把這三個傳統（按：

指龍、長城和黃河）都批評得一無是處。這個電視片認為，如果不把這種傳統拋棄的話，中國就沒有希望，我認為這是一個大錯。」[39]李政道在《讀〈河殤〉有感》中也說：「一個隻依賴過去的民族是沒有發展的，但是，一個拋棄祖先的民族也是不會有前途的。五千年的黃土文化值得我們驕傲，希望我們今後的創業，也能得到未來子孫們的尊敬。」「黃帝的兒女們，我們必需團結，發揚民族理想，建立自尊自信。」[40]況且籠統地講海洋文明是進步的，也不恰切。那些在海島上存在了幾千年、至今仍處於原始部落的人群何止一二？第三，在具體論證的邏輯上，也存在著一定的混亂。如在「第一集《尋夢》」裡，作者引用了湯因比《歷史研究》中「環境越困難，刺激文明生長的積極力量就越強烈」的話來說明黃河之成為中國文明的搖籃，但這種困難的環境又何以使得文明到後來反而落後了呢？這顯然不能自圓其說。況且，中華民族本身就有吸納外來文化的傳統，如作者所列舉的漢唐盛世。龍的出現，也恰恰說明了中華民族兼採眾長的融合功能。這些反而能證明黃色文明的生命力。同時，既然黃色文明是由地域造成的，那麼，我們除了搬到西方去生活，還有什麼辦法？藍色文明能在黃色文明的土壤裡生根嗎？其中的矛盾昭然若揭。鎖國固然不對，但近代以後的鎖國，有時候是西方國家恃強凌弱的奴役抑或封鎖的態度造成的。對於這些，西方國家也是要承擔責任的。作者無疑不應以情緒化的態度來思索民族的前途。僅憑詩意的激情，混亂的邏輯進行宣洩，顯然是不行的。

同時，我們也要看到，《河殤》還是有其積極意義的。戚方在《求是》1988 年第 8 期發表的《對〈河殤〉及其討論之我見》中說：「《河殤》正是因為觸及了改革開放時期社會中廣泛關心的重大、尖銳、敏感的問題，才引起了強烈的反響，甚至是相當強烈的

---

[39] 《天津日報》，1988 年 9 月 12 日。
[40] 《光明日報》，1988 年 11 月 4 日。

爭論。」「我不懷疑,《河殤》的作者們是懷著一種真誠的使命感和歷史責任感來從事自己的創作活動。」不管評判《河殤》的是非曲直的觀點是如何偏激和荒謬,但它畢竟翻騰了大家的思緒,引起了人們對歷史和現實政治的思考,這本身便是它的功績。楊振寧教授在南開大學 1988 年開學典禮上說:「我覺得,《河殤》這個電視片做了一個貢獻,它可以激發大家去思考、激發大家去研究、激發大家去反思。」[41]從動機上講,作者們還是在為民族的落後而焦急,當然是善良的。敏澤在談到包括《河殤》在內的徹底重建說時認為:「從立意來說,這一理論的提倡者,多半是一些痛感中國的落後,文明衰敗,銳意革新的青年人,或對中國傳統文化缺乏深入研究的學者。他們要求觀念更新、重構民族心理,熱切呼喚中國富強的精神,是十分可貴,應該高度肯定的。」[42]這種態度是真正的學術態度。儘管觀點不同,但不能以《河殤》作者批判傳統文化的偏激態度來批判《河殤》。平心而論,《河殤》也確實提出了值得深思的問題。作者肯定了漢朝「積極主動的開放精神和博大的文化胸襟」,稱道其能兼取異邦之長,而唐代文化的活力與其開放程度也確實有關,民族文化的發展也確實需要外來文化的刺激。這些雖然與作者的主調有些距離,但與「改革開放」的基調,以及大多數人的主張都是不矛盾的。中國人從五〇年代以後,封閉得太久,心態也確實需要調整,才能變得有氣度。作者借北海若講井蛙的心胸狹窄,見識淺陋,「無法想像大海的博大」,也是精妙的。所以,雖然對整個中華民族的文化全盤否定是錯誤的,但強調開放,認為「單靠這片黃土和這條黃河……已經孕育不了新的文化」這句話本身是沒錯的,可以激發我們學習西方的熱情,中國現代百年的積弱和貧窮,光靠發揚民族的優秀傳統,是不能自救的。王滬寧在《〈河殤〉所

---

41 《天津日報》,1988 年 9 月 12 日。
42 《關於傳統文化與現代化問題》,《哲學研究》,1989 年第 4 期。

貢獻的悖論（筆談錄）》一文中，肯定了他們的地緣主義揭示了我
們文化固有的一種隔絕機制，反映了作者心理深層的「沉重憂患」。
姜義華也指出，《河殤》形象化地去告訴人們，中國至今仍處於小
農社會的巨大陰影中。這些看法都肯定了《河殤》的積極意義。

　　《河殤》中還對民族的弱點，如官本位、腐敗、民族的性格弱
點等，進行了深入骨髓的抨擊。這也是該劇能引起一定的共鳴的重
要原因。例如，其中在談到官本位的意識和社會心態時說，大醫學
家張仲景死後，墓碑上的頭銜是「長沙太守」加「醫聖」。張衡也
只是因他做過太史令和尚書令等御用文官，才能有墓保存至今。而
在國外著名大學，張衡是作為大科學家被立塑像的。《河殤》中雖
有年代誤差，而對官本位傳統的揭露，卻是大致不差的。電視片中
為英年早逝的中年知識份子鳴冤，為中小學教師和知識份子待遇叫
屈，都是切合實際的。而其中對腐敗的抨擊也是切中時弊的。當中
日聯合攝製組到延安去拍《黃河》時，氣勢壯觀的千人腰鼓隊參加
了表演，攝製組給每人發了一元錢作工資，竟給縣裡截留了。我們
的知識份子得知這種可恥的敲榨和盤剝行徑時，怎能不為老實巴交
的農民感到悲哀呢？又怎能不痛心疾首呢？類似的情形在全國還
不勝枚舉。筆者八〇年代聽一位中等師範學校的老教師訴說，他在
應約寫了一本關於美育方面的小冊子後，市教委教研室主任卻署上
自己的名字為主要作者，獨吞稿費，並不讓這位教師知道書已出
版。一個衙門裡的芝麻官尚且如此霸道，中霸、大霸們就可想而知
了。《河殤》談到的「在我們的文化中有某種寬容惡勢力的成分」，
「中國民族性格中，有圓滑世故、聽天由命、逆來順受的致命弱
點」，這些說法，切中癥結，我們不必諱言。蔣孔陽先生在看完《河
殤》後指出，官本位和教育的落後是中國落後的根本原因。片中還
對深圳特區、海南建省、沿海 14 個城市開放給予了充分的肯定。
而其中對知識份子社會作用的肯定，對知識份子歷史使命的確認，

都是言之有理的。該劇認為要改造社會，首先要改造知識份子，
「要改變自己的心態，改變自己的人格，我們就必須忍受巨大的
痛苦。」[43]同時還指出，諸多社會痼疾的根源在於缺少競爭機制。
西部地區的落後與文化觀念的落後，與人們缺乏進取心和多樣化發
展趨勢有關。這無疑也是精闢的。如果把警鐘和暴露陰暗面一律斥
之為「資產階級的……化」，諱疾忌醫，也是沒有出路的。

中國近代的歷程，便是向西方尋求真理，學習先進科技的過
程，這一點過去連毛澤東都不得不承認。《河殤》雖然是少數幾個
人製作出來的，但它卻代表了當時相當一部分知識份子的心態，而
且也確實抓住了當時人們普遍關心的問題，儘管許多看法確實是草
率的、馬虎的、甚至是荒謬的，而問題的本身確實需要進行深入、
細緻的思考，才能有利於問題的解決。如果簡單、粗暴地加以批判
和打擊，不利於百家爭鳴，也不利於社會的發展。

（三）

在「全盤西化論」者看來，中國傳統文化是腐朽的，沒落的，
甚至是反動的，是我們實現現代化的阻力和絆腳石。中國要想真正
實現現代化，人的心靈必須實現現代化。這種現代化，便是從西方
全盤照搬，從物質文明到精神文明。

首先我們應該承認，傳統文化如果只是照原樣搬到現代來，當
然只是文物、古董，只有歷史價值沒有現實意義。但是，一夜之間
全盤照搬近代西方文明，慈禧太后是不幹的，她的臣民也會如墜煙
霧之中。二十世紀八〇年代也是如此。文化本身的發展，是有其規
律可循的。它有自己的繼承和發展規律。移植文化既有其認同的一
面，也有其排他的一面。這就需要對外來文化進行消化。所謂「突

43　《河殤》第六集，遠志明語。

變論」、「徹底重建論」，作為一種為國家的落後現狀而焦急的情緒是可以理解的，但如果真操作起來，會讓人喪失信心的。「邯鄲學步」，是社會倒退的重要原因。照搬的文化不適用，自己的文明卻丟失了。「治病救人」才是發展文化的合理態度。社會有毛病，其症狀甚至不堪入目，但有病治病，才能從根本上拯救落伍的、病態的文化狀態，如果隨便判它死刑，自然是不公正的。結果，傳統價值觀念中好的東西，如義利並重等，也被否定了，而西方的一些表面的東西，甚至是惡習卻被仿效，大有「東施效顰」的味道。有些文化現象是西方發展到一定程度的結果，而我們的經濟基礎，社會體制根本夠不上條件，就一味談「全盤西化」、「徹底批判」、「徹底重建」，無疑是盲目的，想當然的。其實這些想法和類似提法，在二十世紀初的前後，就有人提過了。清朝末年，康有為、唐才常等人就主張與白種人通婚，爭取一百年內，華人都由黃種人變成白種人。[44]並說這樣才能避免黃種人的滅亡。這種看法在今天看來當然是可笑的。「全盤西化」論的糊塗想法，也同樣會引起我們後代的訕笑。

而「五四」時期的全盤西化，其實也只是在口號上顯得激進，在具體操作上，乃至那些「全盤西化」先鋒的骨子裡，依然是受到傳統文化的影響的。葉維廉在談到「五四」時期一批作家全盤否定傳統時說：「所謂完全否定傳統往往只是一種表面的姿態而已，所有這些知識份子，胡適、魯迅、郭沫若、徐志摩、聞一多等等，受的都是古典文化的教育。所以，在他們文學的表現上或是社會思想形態的思考上，沉潛在他們下意識裡的一些傳統的美學觀念和文化思想，仍然如鬼靈般左右著他們的取捨」[45]，即使錢玄同等人主張

---

[44] 見康有為：《大同書》；唐才常：《通種說》，《唐才常集》中華書局1980版，第102頁。
[45] 《隨想錄》第四集，人民文學出版社1984年版，第38頁。

打倒一切,乃至要廢除漢字,代之以拉丁字母,事後他們自己想起來也會感到偏激的。巴金晚年曾說:「我年輕的時候思想偏激,曾經主張燒毀所有線裝書。今天回想起來,實在可笑。」

我同意這樣的看法,即認為我們的科學精神和民主意識需要加強。「我們的社會裡也確有封建文化的殘渣。」這主要是社會發展水準問題,不是什麼東西文化先天不同問題。」[46]如果一定要說中國的黃土、黃河註定產生不了科學精神和民主意識,非得由西方引進,對中國實現全盤西化,無疑是錯誤的。利瑪竇曾經這樣評價當時的中國人:「這種無知使他們越驕傲,則一旦真相大白,他們就越自卑。」[47]全盤西化論正是一種自卑的表現。

在汲取外來文化的問題上,李強在《關於吸收外來文化的一點思考》一文[48],主張要區別對待,合理吸收。他認為任何一個國家、民族和群體的文化發展,既要有自己的創造,又要吸收外來文化,兩者是相輔相成的。他把文化分為評比性文化和非評比性文化。評比性文化指可分出好壞、高下的文化。如美國文化中先進的科技,教育和強調獨立性,創造性與進取精神等,都是優性文化,而吸毒、賣淫、同性戀等,都是劣性文化。這在汲取過程中要選優汰劣的。而非評比文化指中性文化,如各類一般的風俗習慣(不含陋習)、禮儀、儀態、慶典等難分優劣,也不必盲目仿效,可任其自然,不必過多干預。在對待外來文化的態度上,他認為既不能因評比性文化中有劣性,就盲目排外,僵守本土文化,也不能因為文化有非評比性就無原則地吸收。他主張對待文化要遵循總體原則(全面評估)、利弊原則、取捨原則和創新原則。

---

[46] 胡思庸:《五四的反傳統與當代的文化熱》,《中州學刊》1989 年第 4 期。
[47] 《利瑪竇中國箚記》上冊,何高濟等譯,中華書局 1983 年版,第 181 頁。
[48] 載《光明日報》,1986 年 8 月 20 日。

現代化的文化，不能僅僅靠全盤西化，文化本身是多元的，中西文化本來就有許多相通的一面。這是人性的共同性、人類社會發展歷程的相似性等因素所決定的。文化的社會性和歷史性就決定了文化的發展不能全盤否定歷史，而應該從中西文化的契合點出發，把現代化逐步變為中國文化本身的能動的內在要求，在此基礎上消化和吸收西方文化中適合於中國文化現代化的積極性因素，使得外來的有益因素在中國文化的土壤上具有生機和活力。

應該說現代化的含義今天在一定程度上也是以西化為主導的，我們的「共和」國家體制，民主形式，現代會計制度和律師制度等，都是學習西方的。中國革命的先行者孫中山先生所追求的重要目標，就是西方現代民主。至於物質文明如服裝及日常生活用品等，西化痕跡則已經非常明顯。在文化上，現代漢語對古代漢語的變革，除了口語化外，歐化也是一條重要途徑。現代漢語中的相當一部分詞彙，特別是與科技文化和現代政治、社會制度方面相關的詞彙，大多得自西方，或是由日本先行翻譯，我們因文字的相通而移植過來。至於句法，則更多受翻譯文獻的歐化句式影響，如魯迅、蔣光裡、瞿秋白、茅盾、周作人、朱光潛等人對「硬譯」、「直譯」的提倡，在一定程度上使得歐化的句式影響了現代漢語，儘管這種影響受到語言自身約定俗成的可接受性的影響。

到了八〇年代，許多人看到西方物質文明繁榮，國民總體素質高，社會體制如健全的法律制度和民主政治體制等，比我們過去的封建式的專制要強得多，一時看不到中國短期發展趕超發達國家的前景，甚至有人研究得出結論，趕上臺灣當時的總體水準需要六十多年，前提是臺灣保持現狀，不再發展。國家提出的目標是下世紀中期接近中等發達國家水準。這個中等的目標不要說八〇年代的中老年人，連年輕人也看不到達到中等的前景，更不要說入世界強國之林了。因此，在知識界，不甘心這種局面的人便大有人在，特別

是年輕人。於是產生了對現行政治體制、經濟體制的根本懷疑。既然西方並沒有像列寧所預料的那樣垂死和腐朽,既然實踐證明西方的發展比蘇聯、比中國要好,為什麼我們就不能向西方學習?就不能全盤西化?言論過激者,甚至遺憾中國當年沒有淪為殖民地。這當然是有損於民族尊嚴的錯誤思想,但向西方學習,無疑已經成了絕大多數中國知識份子的共識了。到八〇年代中期,完全反對開放,情緒化地否定國外先進技術的人已經很少了。即使是思想僵化的人,在家庭生活中,也還是認為洗衣機、電腦會帶來更大的方便,電視機能讓人獲得更多的資訊,有更大的娛樂性。這些無疑都屬於物質文化。但是,談到精神文化上的開放,許多人在心理上就有抵觸情緒,結果導致人的素質和修養難以現代化,趕不上世界發達水準的整體能力。因此,推崇文化開放成了當時迫切需要解決的問題。

有人雖然沒有提出西化問題,但從價值觀念、意識形態和政治體制等方面對中國現有的文化給予了全面的否定,認為它們都具有封建性。而改造的辦法則是用西方的體制和民主制度來取代。在1986年,何新曾發表《中國文化復興須跨越的三大障礙》。這三大障礙中,第一是價值觀念的障礙。在中國的潛隱文化中有一種排外、反現代化的價值觀。而八〇年代的青年面臨著「五四」、「文革」打倒了傳統文化價值,「文革」前的理想主義價值觀又被實踐證明是荒謬的,於是導致價值觀無所依歸的失落感,故容易接受存在主義的虛無意識和存在荒謬意識的影響。第二是舊的意識形態的許多內容,尤其是哲學、教育學、歷史理論以及舊模式的社會主義理論等方面有相當多的內容是過時的教條,這也是阻礙改革進一步深化的思想障礙。第三是中國舊有的政治體制。中國在反右和「文革」期間都是以舊的國家理論立論的,即國家是「不依賴任何法律,直接進行鎮壓的暴力機器」,缺少法制觀念,民主只被看成是階級鬥

爭的工具和手段。國家機關或官員侵害了小人物，小人物只好找黨
報、找記者，乃至上訪中央告狀，「把司法問題轉變成了行政問題。」
何新還認為：「對於資本主義的民主制，我們過去只講它不給人民
什麼權利，對我們自己的制度，我們只講它給了人民什麼權利，卻
不講它不給人民什麼。由此造成了一種中國政治體制是世界最優越
的假像。我們有一種理論，說我們只對人民民主，對敵人則專政。
但凡是我們要打擊的對象就可以把他說成敵人，剝奪其民主權利。
實際上民主的原則恰恰意味著，不僅給自己人，也給反對派講話的
權利。」[49]簡單地說，中國要想實現文化復興，就必須要改變價值
觀念，改造意識形態，改良政治體制。實際上廣義的文化本身就包
含著這些內容。文化要想復興，首先要改造文化本身。到底怎麼實
行？何新沒有具體說。從他對資本主義民主制度的辯護看，他是傾
向於西化的，只是沒有提出全盤西化問題。

　　劉志琴的《「文化開放」──中國文化昌盛的必由之路》[50]認
為中國古代隨著商品交換，曾引進過大量的物質文化，從瓜果蔬菜
到棉花、桌椅、建築等；同時也有精神文化傳入的，如佛學、如戲
曲器樂、如塑像藝術等。劉志琴引用古代名言「東海有聖人焉，此
心同，此理同也；西海有聖人焉，此心同，此理同也」，說明其中
體現了古人的相容精神。甚至在唐代德宗年間，外國僑民能官至宰
相，反映了他們的氣度。這是我們今天尚未做到的。1980 年武漢
請了位德國廠長，由於執行紀律觸犯了某些領導的私利，就受到了
刁難。而任何外來文化進入到中國，從來沒有使得中國「全盤西
化」。這說明我們有能力抵禦西方文化的吞沒，盲目排外是沒有理
由的。而中國之所以從世界先進國家淪為落後國家，固步自封的心

---

[49]　《世界經濟導報》，1986 年 9 月 15 日。
[50]　《世界經濟導報》，1986 年 5 月 26 日。

態和封閉政策是其要害。因此，文化開放是中國文化昌盛的必由之
路，也是中國社會發展的必由之路。

三、民族文化本位主義

　　到八〇年代，全盤肯定中國封建時代文化的論調幾乎不復存在
了。那種因封閉而對一切外來文化本能反感的人們越來越為有識
之士所譏評。但是，封建家長式的獨裁專制思想殘餘和官僚政治的
腐敗現象，如任人唯親，裙帶關係，貪贓枉法，草菅人命等行為，
小農經濟思想的狹隘觀念，類似清代「文字獄」那樣對付知識份子
的方式，為知識份子的思想、文字、言論等定出莫須有的罪行，卻
依然作為封建社會的毒素，在社會上或隱或顯地存在著。這在社會
上造成了一定的消極影響，產生了不良後果。在此背景下，一些激
進人士主張「全盤西化」自然有其可以理解的原因。

　　因此，八〇年代對傳統文化進行反思是非常必要的。中國文化
中確實有種種惰性。知識份子自身，也常常有著阿Q式的健忘症。
這也是許多歷史悲劇經常在中國重演的重要原因。「文革」這一類
事情，要想避免它再度發生，就必須從根本上、從中國人的文化傳
統上去反思。許多知識份子在落實政策之後，就感激涕零。這當然
也是一種正常的心理反應，但回過頭來想想，就像是先被人打了，
別人說了聲打錯了（甚至不是打手說的），就千恩萬謝！這知識份
子怎麼就這麼賤？！周揚因毛澤東的關照，從監獄提前釋放，就對
毛澤東充滿感激。而他兒子則反駁他：「是誰把你關起來的？」[51]對
傳統文化不滿的人，大都反感其中的封建意識及其對社會、特別是
對現代化進程的阻力。在現代思想文化運動中，反封建一直是中國

51　李輝：《往事蒼老》，花城出版社 1990 年版，第 393 頁。

知識份子深感頭痛的事。歷史的教訓告訴我們，我們經常在以反封建之名，行封建專制思想之實。如「文革」中之破「四舊」，批封、資、修等。馮至在 1988 年曾說：「我深感中華民族歷史的負擔過於沉重，無時無刻不在拖前進的後腿，每次革命的勝利，都受到封建勢力的反撲，封建主義的幽靈，依附在中國人的身上，好像怎麼也擺脫不掉。」[52]他認為「五四」運動雖然過去多年，但「五四」運動所反對的東西依然存在。反右鬥爭擴大後，對知識份子、教育、文化等問題發生了越來越「左」的偏差，以至出現了「知識越多越反動」的怪論，完全走向了民主的反面。馮至認為，反封建需要踏踏實實地普及教育，提倡科學，提高全民族科學文化水準，才能真正實現。僅僅靠幾次轟轟烈烈的政治思想運動，做幾次檢討，是解決不了問題的。在同一次討論會上，唐達成也說幾千年的封建文化所帶來的惰性，使得「改革變得異常艱難，矛盾衝突也更加複雜和尖銳。」「一個民族的振興，既要反思過去的歷史負擔，有『一切偽飾陋習，悉寸蕩滌』的勇氣，更要有時代的膽略和氣魄，開拓、創造自己的未來。」[53]

但是，中國畢竟是有著悠久文化傳統的國家，幾千年的文化傳統，曾經使我們傲然屹立在世界的東方，給我們帶來過自豪。即使封建社會形態本身及其社會制度，在世界上也曾經是先進的。即使近代的德國等國，也從中國燦爛文明中獲得過許多啟示。乃至直到今天，許多發達國家還從中國傳統文化中汲取營養。可見，中國的傳統文化對我們的社會曾經起到過積極的作用。至今看來，它們仍然既有消極的、不能適應於現代社會的成分，又有其作為人類優秀遺產的精華。這些精華不僅是我們需要繼承和發揚光大的，而且是

---

[52] 《世界經濟導報》，1988 年 10 月 24 日。
[53] 《世界經濟導報》，1988 年 10 月 24 日。原文有語病，依語意在第一個「有」後面刪「反對」兩字。

值得世界各國因地制宜地汲取的。因此，傳統文化是不容簡單地全盤否定的。不過，在此基礎上，到底是提倡以西方文化體制為核心，汲取傳統文化有價值的內涵（如「西體中用」），抑或中西互為體用（如傅偉勳所提倡的），還是中國民族傳統文化本位主義？「西體中用」前節已經評述。中西互為體用在八十年代雖有認同者，但鮮有系統闡釋者。這裡主要評述八〇年代盛行的民族文化本位主義思想。

（一）

面對「西體中用」和「全盤西化」等主張，許多持不同意見的學者主張應以固有的民族文化為本位。這類觀點的學者成分很複雜，有的是不滿於「文革」時期以封建之實反對封建之名的荒唐做法，有的是不滿於對西方文化的盲目崇拜，有的則是在改革開放的新形勢下，受到港臺現代新儒家的影響，當然也不排除有人是出於「夜郎自大」的心理。總的說來，在中國文化發展道路問題上，考慮民族文化因素是非常必要的，但不能偏激。

對傳統文化的宣導不只是為了反對「全盤西化」，更重要的是為著尋求建設當代文化的途徑。中國文化的出路問題，在本世紀一直被弄得撲朔迷離。這也許是在探索過程中難以避免的。「文革」結束不久，許多人都懷著滿腔的仇恨去控訴「文革」否定傳統、砸爛「四舊」的罪行。人們逐漸形成共識，應該徹底否定「文革」，繼承古代的優秀遺產。但不久人們就發現，「文革」的發生，恰恰就是封建專制思想造成的。要清算「文革」的帳，必須追根究底，反對封建傳統。而西方發達的鐵的事實，使得相當一部分人認為只有西化才能救中國。面對這種局面，如何冷靜地思考問題，釐清傳統文化中的精華與糟粕，強調民族真正興盛和崛起，必須沿續優秀傳統，充分認識到優秀傳統對中國乃至對整個世界文明發展的重要

性。那些主張全盤西化的人雖然要求伸張個性，但恰恰忽視了我們中華民族也是有個性的，我們民族的個性也同樣是需要得到尊重的。

　　敏澤在《正確對待民族文化傳統》一文中，闡釋了自己對於民族文化的態度。他明確反對民族虛無主義的思想，同時也心平氣和地擺事實、講道理。而不像當時有些文章火藥味很濃，以自己的情緒激怒論敵的情緒。「這是有它的歷史條件的。在閉關鎖國多年以後，由於實行了正確的對外開放政策，人們打開窗戶，放眼世界，痛感中國長期的貧窮落後，以至有被開除『球籍』的危險，從而懷著一種緊迫的歷史責任感，從探討中國傳統文化問題入手，企圖探求和尋找振興中華民族的根本出路。這中間，並不乏懷著深沉的歷史責任感和現實感的好的或比較好的意見，這是應該充分肯定的。但成為這一時期主流的，是在輿論導向總體錯誤的形勢下，氾濫一時的民族虛無主義的思潮。」[54]作者認為，八〇年代的文化熱中，有人主張「全盤西化」，原因是複雜的，其中相當一部分人都是出於善良的動機，並且在憤激之餘也發表了一些較好的意見，但同時也有一些偏頗之處。當然其中也有相當的人，是「徹底崇洋媚外的人」，這一部分人，敏澤認為，「實際上是企圖使中華民族淪為他民族的附庸。這是一切具有愛國心和民族自豪感的中國人無論如何不能苟同的。」[55]敏澤認為，所謂的民族虛無主義，是由過去陳舊的思維定勢造成的，仿佛好就是絕對地好，壞就是絕對地壞。我們對各民族的文化傳統進行評估，都必須放棄這種看待問題的方式，看到各民族文化的精華和糟粕。「世界上根本沒有只有精華、沒有糟粕的文化傳統；同樣，也不存在只有糟粕、沒有精華的文化傳統。」[56]

---

[54]　《正確對待外來文化傳統》（下篇），《光明日報》1990 年 1 月 11 日。
[55]　《正確對待外來文化傳統》（下篇），《光明日報》1990 年 1 月 11 日。
[56]　《正確對待外來文化傳統》（上篇），《光明日報》1990 年 1 月 9 日。

　　敏澤對中國傳統文化的精華給予了充分的肯定，如關心社稷民
生的精神品格和道德自覺意識，自強不息的進取精神，乃至尊老愛
幼、勤勞勇敢的傳統美德等。這種優秀的民族文化傳統代代相傳，
才使得中華民族曾經數千年巍然屹立於世界的東方。即使近代以來
中國在處於落後挨打的情況下，一批有識之士也沒有喪失過信心，
而是不斷提出昌盛之路的設想。他們無疑受到了文化傳統的積極影
響。《河殤》籠統地把它們視作垃圾，「巨大的歷史包袱」，讓人們
有「負罪感」，必棄之而後快，是偏激的，「只能說明自己喪失了起
碼的民族自信心」。當然，在此基礎上，作者同時認為：「我國傳統
文化中確實有很多封建主義糟粕，曾經嚴重地阻礙著我國的發展，
會看到它在現實生活中仍在發生著的極其有害的影響，對這一思想
及其影響，過去、現在需要進行堅決而勇敢的批判。」[57]作者還甄
別了一系列流行的誤解。他指出魯迅等人雖然抨擊傳統文化中的封
建糟粕，但總體上看他們同時又注重愛國主義精神。他還對有人把
日本明治維新以來對西方的學習視為「全盤西化」的誤解，進行了
分析。敏澤贊同日本著名的學者森島通夫的看法。森島通夫的書名
叫《日本成功之路──日本精神和西方技術》。從副標題就可以看
出作者的基本觀點，「意思再明白不過了，日本的成功之路，在於
日本民族精神和西方技術二者的結合。」[58]這實際上是說，日本的
發達是「日體西用」的結果，而不是「全盤西化」的結果，在引進
西方科技的基礎上，依然保持了民族的傳統文化精神。

　　敏澤在文章的最後總結說：「我們必須在文化上堅定不移地繼
續貫徹改革開放的政策，繼續引進和學習西方的文化，但同樣重
要，甚至更為重要的，是弘揚民族文化和民族精神中的精華，使之
現代化，並發揚光大。否定了民族文化傳統，也就否定了我們的民

57　《正確對待外來文化傳統》上篇，《光明日報》，1990 年 1 月 9 日。
58　《正確對待外來文化傳統》下篇，《光明日報》，1990 年 1 月 11 日。

族精神和獨立性品格，這在根本上是無法實現現代化或『振邦興國』的宏偉目標的。說到底，一個偉大民族悠久的文化傳統，是任何人、用任何力量也否定不了的。在『文革』中，『四人幫』曾運用竊取的權力，推行民族虛無主義達十年之久，最終被推上歷史審判臺的，是他們自己，在新的歷史形勢，以新的面貌出現的民族虛無主義，其下場同樣也只能是如此，這就是歷史的辯證法。」[59]這種看法，看起來是折中的，實際上是切實可行的。作者的態度是認真的，通篇文章讓人感到能夠言之成理。我們年輕一輩固然可以比他們更開明一些，更靈活一些，但主要也只不過是量的區別。中國文化的道路問題，是一件非常嚴肅的、關係到民族生死存亡的大事，不能意氣用事，輕率地走極端。否則就會產生消極的影響，我們的民族就要付出慘重的代價。

（二）

我們確實看到了「文革」的打、砸、搶和「以階級鬥爭為綱」中有封建糟粕的影子，類似於流寇破壞文明，又類似於「文字獄」。當我們「文革」期間不斷地高喊「與傳統決裂」時，結果卻處於封建專制的環境之中。這說明我們的反傳統確實有問題。我們過去是反了傳統的精華，而繼承了傳統的糟粕，或則說是以實質的封建糟粕反了貌似封建的精華，結果自然是反文化、反科學、反知識份子。

張衛在《終未跳出傳統的樊籬——評劉曉波的思維方式》[60]中，認為劉曉波的「全盤西化」主張在反傳統的同時，實際上依然用的是傳統的思維方式。劉曉波強調以生命本體衝動作為創作的動力，注重個體的自由表現，批判「文以載道」。但在評判具體作品

[59]　《正確對待外來文化傳統》下篇，《光明日報》，1990 年 1 月 11 日。
[60]　載《文藝報》，1987 年 1 月 10 日。

時，卻依然出自功利的要求，即社會進化觀點。「劉曉波不過以現代文明之道、西方文化之道取代了封建倫理之道，傳統文化之道，他的文學觀依然是載道主義功利觀。」這種思維方式本身就證明了傳統文化不容全盤否定，傳統的思維方式潛移默化地影響著劉曉波。

其實傳統文化與現代化之間，並不是水火不容的。中國在近代落後挨打，瀕於被殖民的狀況下，能夠奮起抗爭，本身就反映了自強不息、積極進取的民族文化精神。新時期的中國在討論球籍時，本身就反映了中國人的憂患意識傳統，乃至以求善的方式對道德的強調等等，本身就是推動中國走向現代化的動力。可見傳統文化對增強中華民族的凝聚力、提高人們的自信心，無疑是有好處的。不僅如此，傳統文化中所特有的優良傳統如義利並重、勤儉節約、尊老愛幼等，恰恰可以對西方文化的弱點進行必要的補充。現代化的技術是可以移植的，現代化的社會卻是不可克隆的。東施效顰式地把西方的精神垃圾學回來，自然是不可取的，因為這種精神垃圾本身並不是現代化的精粹。

這就涉及到對傳統的界定問題。傳統不只是一種血緣的延續，一種種族的凝聚力。更重要的，它是一種社會現象。這是由長期的社會實踐和文化積累逐步形成起來的。其中既體現了人們所認識到的客觀規律，也包含著特定背景下形成的觀念、制度、行為規範。它不僅保存在理性的層面，同時還通過行為方式、思維方式感性地由言傳身教而不知不覺地世代相傳。地理環境等因素自然也會在文化傳統中留下烙印，但並不是起決定作用的唯一依據。外來文化的刺激、世事的變遷對文化傳統的變遷起著重要的作用。因此，傳統是感性地存活在我們的社會生活之中的，而且像是奔騰不息的長河，隨著社會的變遷而變遷的。固執地強調傳統的某些錯誤缺陷，而不顧及傳統在社會變遷中自身有著不斷調整、創新的功能，自然

是不妥的。而硬要把幾千年幾百年前的所有思想安放在現實的土壤上來給它定罪，加以批駁，並且以偏概全地把它們全盤否定，無疑是不正確的。結果只能是像「文革」那樣以實質上的封建主義來反傳統，反掉了傳統中的精華，如中華民族的那種刻苦耐勞、尊師敬長、學而優則仕、敬老等傳統。

曹虹在《關於文化的整體觀和連續性》的筆談[61]中，談到我們在接受外來文化時，作為接受主體自身是負載著傳統和歷史的。對於傳統文化我們應該從整體的、發展的眼光來看待。從整體的眼光看，則儒家既有仁愛、忍讓、重學的一面，也有思想保守、虛偽、輕知識、阻礙社會進步和科學的發達的一面，雙方共同組成一個矛盾性的統一體。在繼承文化傳統時，我們必須看到：「傳統文化中的合理性與不合理性成分雜糅於一體，它是在舊時代所形成的、與舊時代密切關聯的客觀存在。」我們要繼承傳統，必須對它進行揚棄。所謂發展的眼光，就是要把文化傳統的形成和發展看成是具有連續性的，而且一直處於從過去到現在到未來的流動過程。這就意味著我們在從過去走向未來時，自身有著主動性。這種主動性使得我們不可能完全消極地承受過去。因此，文化的發展和振興不能完全割棄歷史，但在繼承過程中同樣可以用開放的、創新的姿態積極地參與和投入，在繼承傳統的過程中順應著現實和未來。

二十世紀八〇年代中期，有一幅漫畫叫《拉鋸斷河》，畫中的兩個人爬在「中華民族文化大河」的兩岸，拉著一條鋼鋸，企圖將它攔腰截斷，寓意頗為深刻。事實證明，從焚書坑儒到「五四運動」，到「文革」的「破四舊」和批孔，雖然搞了那麼多次的徹底否定文化傳統的運動，但民族文化傳統依然有著很強的生命力，依然被不斷地發揚光大了。

---

[61]　《南京大學學報》，1986 年第 2 期。

　　儘管有不少人強調民族文化的本位主義，但八〇年代已經沒有
人全盤反對外來文化了。即使是非常保守的人，也在有限地汲取外
來文化。有一篇文章的標題叫《民族的傳統文化與民族共存亡》[62]，
文章是從戲曲的角度談的，而其觀點則有一定的普遍意義。雖然文
章的標題就在明確地強調民族傳統文化的持久的生命力，但該文
在論證過程中，正是用西方現代理論如控制論、系統論等來論證
中國傳統文化的價值的。持這種觀點的學者認為對外來文化的吸
收不能生吞活剝和盲目崇拜，而應該結合傳統文化的精粹對其加
以消化。

　　當然我們也要看到，中國近代以來養成的狹隘自大的文化優越
感和「華夏中心論」意識，雖然在西方文明禮貌的鐵的事實面前有
所收斂，但相當一部分人並不肯放下自我感覺良好的心態，真正虛
心地向西方學習，酸葡萄的心理頗為嚴重。直到今天，傳統的封建
觀念，官本位意識，小農意識，大鍋飯的平均主義思想在相當多的
人的心中依然根深蒂固，這就嚴重地影響著中國的現代化進程。傳
統文化從模態上也確實已經與現代世界脫節了，要想與世界接軌，
若再像近代那樣盲目自大，只能坐以待斃。世界不可能來遷就我們
的落後和愚昧，我們只能能動地適應世界。

　　同時，傳統文化不只是制約現實，更重要的是要能動地適應現
實，在新的社會環境中同現實接軌，使之在新的土壤中獲得生機，
並發揚光大。

　　總之，堅持傳統文化的本位，也不能自我封閉，必須吸納外來
文化的有益成分，尊重社會現實，切實地使傳統文化中活的精神得
以繼承下來，並且發揚光大。

---

[62]　見《地方戲藝術》，1987 年第 2 期。

（三）

　　從八〇年代中期開始，大陸對港臺和海外華人學者宣導的現代新儒家思想給予了相當的重視。這種重視本身，就反映了以中國的民族傳統文化為本根的學者對現代新儒家不同程度的認同。

　　現代新儒家興起的時代背景，主要是「五四」前後。當時，歐風美雨全面地衝擊了民族傳統文化，但缺乏相應的文化建設。西方的文化完全照搬到中國畢竟不是非常現實的。由第一次世界大戰而帶來的西方文化的危機，使得西方人對自己開始失望。德國施賓格勒 1918 年 7 月的《西方的沒落》一書，就是這種心態的表現。甚至西方有人還提出要把中國文明輸進去拯救西方。梁啟超《歐遊心影錄》就有這類的記載。羅素在《中西文化之比較》中，也認為「那些懂得智慧、審美或簡單生活享樂的價值的人，將會在中國發現許多在瘋狂和騷亂不安的西方已不復存在的東西」，「中國人能給予我們巨大的忍耐精神和善於深思的恬靜心境」[63]。在此背景下，中國人自然減輕了由西方之禍帶來的自卑的壓力，於是有學蘇俄和東方文化的思想。如杜亞泉，雖曾推崇西方，但認為中西文明本來是可以互補的。他主張一方面要以中國文化為本位，同時又要學習西方文明，而反對新文化運動的陳獨秀、胡適等人，認為他們只顧破壞，不事建設。

　　賀麟最初曾有新儒學的說法，它主要指通過西方哲學「與中國孔孟程朱陸王之哲學會合融貫」而「產生發揮民族精神之新哲學」，意即通過西方思想的融貫而促成儒家思想的現代化，以實現民族文化的復興。後來海外學者通常用「新儒家」稱宋明理學，相對於先秦的原始儒家，比漢代的經學和唐代的「補苴罅漏，張惶幽渺」對

---

[63]　《羅素文集》，改革出版社 1996 年版，第 39 頁。

儒家的發揚光大更進了一步,是一種「六經注我」式的「返本開新」。
這是儒學主流重新確立和發揚光大的時期。宋儒對儒家的創造性重
建,突出表現在吸收、消融了佛教心性論,把做聖賢的功夫即建立
道德主體性放在第一位。這實際上也是得益於外來文化的影響而使
得傳統文化獲得新生。而現代新儒家則主要由梁漱溟、熊十力等人
發端,由臺港和海外華人學者加以延續,繼承民族文化傳統,使之
能夠由與西學會通而實現現代化。

　　「在辛亥、五四以來的二十世紀的中國現實和學術土壤上,強
調繼承、發揚孔孟程朱陸王,以之為中國哲學或中國思想的根本精
神,並以它為主體來吸收、接受和改造西方近代思想(如『民主』、
『科學』)和西方哲學(如柏格森、羅素、康得、懷德海等人)以
尋求當代中國社會、政治、文化等方面的現實出路。這就是現代新
儒家的基本特徵。」[64]

　　現代新儒家的思想實際上是一種新的「中體西用論」,即使強
調「體用不二」的熊十力也不能例外。這是對「全盤西化論」的反
撥。在當時的背景下,有人把儒家看成封建專制體制的根源,於是
反封建就是反傳統文化,要把線裝書都扔到茅廁裡去。正是在這樣
的背景下,對中國傳統文化有深刻體認的學者宣導了新儒家。這部
分學者恰恰大都是些出國留過洋,對西方文化頗為熟悉的人,並不
排斥對西方文化的吸納。他們主張中國國情特殊,不能靠全盤西
化,要以傳統儒學為根本,並加以改造,以便實現中西的會通。特
別是在 1918 年,歐洲大戰後出現了「西洋文明破產」論的悲觀主
義思想,這種思想尤為盛行。在這個背景下,現代新儒家既重視西
學的價值,又不放棄民族文化的本位立場。他們立足於民族文化的
根柢,懷抱傳統儒家兼濟天下的理想,無疑是富有一種為拯救民族

---

[64]　李澤厚:《中國現代思想史論》,第 265-266 頁。

文化而獻身的精神的。但由於他們更多地眷戀道統，難免有狹隘之處。

　　現代大陸學者如李澤厚、方克立等人，強調現代新儒家在現代史上的重要地位，同時又批評他們理論的落伍，甚至認為其理論是社會前進的絆腳石。如主張「西體中用」的李澤厚，其思路應該說與新儒家思想是相對的（但李澤厚總體思想又恰恰受到過港臺新儒家的影響），他曾公允地評價現代新儒家的特徵和目的。「除了馬列哲學的中國化之外，在現代中國思想史、哲學史上，比較具有傳承性和具有一定創造性的，就只能數『現代新儒家』了。」[65]新儒家的目的，主要在於「企圖承接傳統，繼往開來，以對應現實問題和外來挑戰。」[66]不過對於熊十力、梁漱溟等人的思想，李澤厚認為他們只是些過時的古董。他說：「（熊十力的思想）它那活潑的動態、感性、人本精神和直觀智慧也許仍可能給後人以詩意的啟迪，但就整體說，這晚熟的產品只能以博物館奇珍的展覽品的意義，存留在中國現代思想的歷史上。」[67]他還認為，梁漱溟「不滿意資本主義，尖銳揭示西方現代化社會的病痛，要求以中國傳統來補救的理論，在客觀歷史上卻恰恰成了阻礙中國前進的絆腳石，它具有某種民粹主義的性質和色彩。」[68]今天的全盤西化論者對待八十年代的新儒家的態度也大體相似。方克立對李澤厚的「西體中用論」是不贊同的，但對現代新儒家思想的看法，與李澤厚則只有量的區別。方克立在肯定新儒家力圖使中國傳統文化適應於現代、走向世界的同時，也認為他們是保守的。「它是對於『五四』新文化運動激烈反傳統的一種保守的

---

[65]　《中國現代思想史論》，東方出版社 1987 年版，第 266 頁。
[66]　《中國現代思想史論》，東方出版社 1987 年版，第 267 頁。
[67]　《中國現代思想史論》，東方出版社 1987 年版，第 279 頁。
[68]　《中國現代思想史論》，東方出版社 1987 年版，第 290 頁。

回應，也代表了中國傳統哲學力圖適應現代、走向世界的一種努力。」[69]

八〇年代影響大陸的所謂新儒家，主要是指「儒學的第三期發展」和八〇年代以後以杜維明、劉述先、蔡仁厚等人為代表的現代新儒家第四代。它之所以在新時期的大陸引起興趣，在一定程度上首先是七〇年代批孔的一種反動，同時也是對新時期全盤西化的過激觀點的一種反拔。許多學者認為，西化本身有助於棄舊圖新、接納借鑑，但不能從根本上改造國民心理。而完全依中國傳統的一套，顯然不能適應於此時的中國社會。諸如梁漱溟的父親梁濟（巨川）1918 年殉清自殺，王國維 1927 年自殺，一定程度上含有對封建文化的依戀，但還是傾向於中體西用的。而新儒家在一定程度上是通過西方現代思想改良傳統儒學，如韋政通所說：「1949 年以後的新儒家，最重要的發展，大抵是走賀麟第一點所希望的『必須以西洋之哲學發揮儒家之理學的路』，這方面已有相當完整系統的建立。」[70]

新儒家之所以在八〇年代的大陸有一定的市場，乃是一批學者認同他們的文化本位立場，以此來否定五、六〇年代的極左思潮和全盤西化的極右傾向，主張中國文化在融合西方文化的基礎上，應汲取中國傳統文化價值的積極性一面。而八〇年代以來的新加坡、韓國和港臺等儒學文化圈的崛起為儒學現代化的嘗試提供了成功的範例，更加增強了新儒家的信心。同時，西方學者中也有不少人在八〇年代提倡用儒學思想來應付與醫治現代社會的癥結，如美國物理學家和未來學家 H・卡恩、哲學家史密士教授就是其中的一

---

[69] 方克立：《關於現代新儒家研究的幾個問題》，《現代新儒家研究論集（一）》，中國社會出版社 1989 年版，第 4 頁。

[70] 《兩種心態，一個目標》，《儒家與現代中國》，1984 年臺灣東大圖書有限公司，第 207 頁。

員。[71]同時，在一定的程度上，新儒家推崇的儒家價值理想，如注重主體的道德意識、人際關係，注重人體與社會的協調關係，有助於解決西方現代社會所出現的功利主義和個人主義帶來的弊端。這些看法本身都是有一定的道理的。當然，有些新儒家依然有拘泥於某些傳統儒家思想的消極性，以及與現代化社會不相適應的一面。

　　不過，西方現代化思想要想在中國得以實施，因地制宜還是必要的。當年佛學傳入中國，是在被中國的儒道思想認同、消化後才逐步紮根的。到明代利瑪竇來中國傳教，想把基督教精神帶進中國，他自己就先在中國學習儒學思想，然後通過「格義」，把基督教教義通過儒家的語言變成中國的思想，才使基督教在中國的士大夫和文人階層得以傳播和交流。同樣，現代西方文化要想全盤照搬進入中國社會是不行的。要想讓中國具有民主精神，首先要尊重孟子以來的中國民本思想的傳統和中國傳統的人道主義精神。要想反腐倡廉，也得從范仲淹的「先天下之憂而憂，後天下之樂而樂」的思想中汲取營養，培養道德自律的人格。現代新儒家的思想，就是要承續這個傳統，憑藉西方現代思想的刺激來返本開新。

　　另外，大多數老一輩知識份子特別是海外華人知識份子，對民族文化有很深的感情，對西方文明也有客觀的態度，雖然不一定自稱是現代新儒家，卻有著類似新儒家的觀點，只是某些傾向性的程度不同而已，傅雷父子的態度就是一個例證。1982 年 5 月 25 日，傅聰在臺北的一次記者招待會上說：「我的父親是『五四』一代的知識份子，他一方面對中國傳統文化有很深刻的理解，也對近代人道主義有深刻的理解。他一方面反對中國傳統文化中糟粕的東西，可是又認為我們一定要繼承古代文化的精華。」「我覺得我們作為

---

[71]　羅義俊編著：《評新儒家》，上海人民出版社 1989 年版。

中國人，應該對本國的文化有深刻的認識，有了昇華，才可能更深刻地體會其它民族的文化。」[72]

即使是將來，新儒家的思想依然會對我們的社會起到積極的促進作用。儒家思想本身雖然有它封閉、保守、排他的一面，但同時也有自強進取、強調自我修養、人格自我完善、人際關係和諧等方面。所以我們必須因勢利導，才能有利於遵循傳統，改良民心。何況新儒家對西方文化是積極汲取營養的，是以西化文化來改造中國傳統文化，從而促使它現代化的。從這一點看，「新儒家」並不比「西體中用」遜色。

---

[72] 《傅雷一家》，天津人民出版社 1992 年第 2 版，第 169 頁。

第五章　市場經濟與知識份子的處境

一、知識份子的生存危機及其原因

　　知識份子的處境問題，既是一個新問題，也是一個老問題。說它是一個老問題，是由於從五〇年代以來，知識份子一直處於被改造的地位，而且經常是勞動改造，甚至被關在監獄改造。不過相比之下，老一輩知識份子一度工資待遇還算過得去，物質生活大體有著落，主要是精神上受到了折磨。說它是一個新問題，是因為在新的形勢下，知識份子的地位、作用和待遇已經有了新時代的烙印。新時期剛剛開始時，在人事上沿續過去的做法，把知識份子看成是「國家幹部」的身份。於是幹部平反，他們也平反；幹部調資，他們也調資。而且鄧小平出國一看，我們比人家不知落後了多少。什麼自動化流水線、立體交叉橋、磁懸浮鐵路等等，都讓封閉了幾十年的中國人看了瞪目結舌。再不發展，我們要失去球籍了。1982年，當英國和阿根廷之間發生馬島之爭時，一大批除核彈以外的現代武器紛紛出來展示威力。這給當時的中國領導人以強烈的震撼。國防現代化已經不能只是停留在口頭上了，無情的現實讓他們產生了緊迫感。而國防現代化需要現代科技，需要知識份子。五〇年代聶榮臻抓國防科技時，曾從國內集中了一支精銳的科技勁旅，其中有許多人是從英美等國回國、帶回了世界的先進科技知識，也確實使兩彈爆炸成功，使中國從此進入了核國家的行列。當時光流逝到

八〇年代時，中國的國防科技和工農業等領域一樣，需要睜眼看世界，需要跟國際接軌。正是在此背景下，領導人想到必須振興，必須重視科學文化技術。這當然就要重視知識份子，要讓老年知識份子發光發熱，讓中年知識份子做出貢獻，還要讓青年知識份子出國深造，爭取與國際接軌。因此，從 1978 年開始，中央領導層一直在強調知識份子的重要性。1983 年，胡耀邦在馬克思逝世一百周年紀念大會上的報告中說：「在我們這樣原來經濟文化落後的國家，能否掌握現代科學文化知識，是決定建設成敗的一個關鍵。但是，恰恰在這個關鍵問題上，我們曾經長期認識不足，……如何正確對待知識份子問題，就成為……一個重大而迫切的問題。」這無疑表明了領導層對知識份子的重視。

但這樣一來，又打翻了一些民眾的醋罎子，妒忌知識份子受寵。一向需要改造、像犯人一樣的知識份子如今竟吃香了。在火車上，一位工人老師傅就對青年知識份子酸溜溜地說：「現在你們知識份子吃香了，我們工人老大哥不行了。」言下之意，工人老大哥本來比知識份子行（過去的社會地位便是如此），現在遭冷遇了。這自然不是個別現象。對於重視知識份子，許多老百姓和退休幹部心理上是不平衡的。據說「文革」其間的一位公社書記，曾對該公社中學的一位教師說：「將來你幹得好，我可以提拔你當營業員。」在這位書記的眼裡，營業員要比教師高貴。有這種心理的人當然不止他一個。「文革」結束後，卻提倡「尊重知識，尊重人才」，在官本位社會裡的老百姓心裡如何服氣？你畢竟和我們一樣是老百姓嘛！書呆子一個，傻乎乎的，甚至還是與「地、富、反、壞、右、叛徒、特務、走資派」這八種壞人並列的臭老九，憑什麼比我們待遇好？不改造你們，就已經抬舉你們了。這種價值觀的扭曲，與五〇年代以來對知識份子的政策和態度不無關係。

　　「解鈴還得繫鈴人」，果真有體制和政策的保障，時間一長，人們不服也服。中國的老百姓就有這點好，習慣了，也就甘休了。但偏偏就在這時，經濟建設對中國來說，又是一件就急的事。科學的發展是需要一個過程、需要長時間的積累的，著急不得。而貧窮了幾十年，還經歷了 1960 年餓死人的中國老百姓，一聽說要放開市場經濟，那股勁頭勢不可擋。起初，許多人擔憂這種政策是不是會很快就變。六○年代劉少奇剛宣導「三自一包」，不久就被毛澤東否定了，而且最終促成了「文革」。左了幾十年的政策讓老百姓不敢相信實行市場經濟是現實而不是夢幻。於是大多數人採取觀望的態度，政府部門的「幹部」，事業單位和企業單位抱鐵飯碗的人都不敢冒這種險。只有勞改釋放犯，無業遊民等，他們一無所有，別無出路，政府也不會在領導機關給他們留一個位置，他們本來就失足在水裡，既然政府允許他們自由貿易，自由生產，就意味著可以隨意在海裡捉魚撈蝦，自謀活路。漸漸地，收入越來越多，三五年下來，富起來了。到八○年代末期，一位退休的老工人因工廠停產，付不起醫藥費，付不起工資而跳樓自殺。而在八○年代初期，他對鄰居二傻子、三歪子們做生意還不屑一顧呢！1983 年左右，一批企業家及其企業已頗具規模，如步鑫生等人的改革探險，雖然經歷挫折、失敗，卻激發了全國企業改革的熱情。在走向市場經濟的過程中，一些政府部門，特別是中、基層的政府部門，從住房到收入都還能過得去，至於一些隱形收入（或叫灰色收入）也是心照不宣的。而從表面上看，1984 年開始的價格雙軌制和第三產業等，又為黨政機關的「官倒」開了方便之門，許多國家機關在開皮包公司，官員兼職更是司空見慣。這種政企不分，官商不分的局面也是八○年末期反腐敗潮流一浪高過一浪的重要原因之一。起初，國營或集體的工廠、企業還屬於計劃經濟，國家養起來，產品不愁賣不掉，即使壓了倉，損失是國家的，總還過得去，幹起活來還可優哉

遊哉磨洋工。唯獨這知識份子,特別是從事基礎理論研究的科學家和大學教師,他們從事繁重的腦力勞動,精神壓力很大,沒空抱著茶杯整天侃大山。他們負擔重,住房又擁擠,而且受計劃經濟的控制沒法改善自身的經濟待遇,加之在惡性膨脹的拜金主義思潮下,社會價值觀念一時失衡。

正是在這個背景下,出現了市場經濟下的新的知識份子問題。據 1985 年統計,全國職工平均年工資 1239 元,烤紅薯老大娘的年收入能接近萬元,而科技文衛部門的知識份子卻只有 1182 元,明顯低於其它部門。體腦倒掛已十分明顯。加之家務繁重,住房困難、夫妻分居等問題,科研人員的工作和生活大半受到影響。許多人英年早逝也與此相關。儘管報刊上拼命宣傳「科學技術是第一生產力」,「尊重知識,尊重人才」,但結果恰恰是讓一部分沒有技術、沒有知識的人先富了起來,胸無點墨者倒先得了益。所謂知識份子變闊了獲得了實惠,在當時主要只限於商人化的知識份子,或直接參與經濟利益實現的知識份子。有些人甚至認為,知識份子應該把知識直接變為物質財富才行,否則知識有什麼用?這種實用主義的價值觀雖然有某種合理性,但從總體上說,是一種善良的(有人還是不善良的)無知。從事基礎科學、致力於人文學術、獻身於教育事業的知識份子,對社會的發展同樣重要、甚至更為重要。那種無知的看法本身,就反映了中國人的總體素質之低。不改變中國人的總體素質,就無法改變現狀,無法使社會獲得長足的進步,無法進入發達國家的層次。

這種急功近利和國民素質差的局面影響了整個社會對知識和知識份子的態度,新的「讀書無用論」在彌漫。據宋強、喬邊等著的《人民記憶 50 年》統計,1988 年北京地區計畫招收研究生八千六百名,但報名人數不足六千名,報名與招生出現倒掛。這還是讀書有助學金,不需要個人出學費的時代,急功近利的思想影響著青

年的人生抉擇。另一方面，哈爾濱東北農學院獸醫學博士、二十九歲的王宗明雖然成績優秀，卻在分配時遇到困難。母校編制已滿，自己聯繫到西南民族學院，卻因走出省外，學校要他交納五千到兩萬元的培養費。（由於研究生的培養費是由政府撥款的。省屬院校由省財政撥款。故畢業生出省做貢獻，所在院校就要求交出培養費。）這對家境貧寒的王宗明來說，無疑是個天文數字。在萬般無奈的情況下，王博士只好在校園旁擺了個小煙攤謀生。據說當時還有教授開燒雞店的。他們不但由此擺脫了經濟困境，還過上了小康的日子。這對「尊重知識，尊重人才」的口號真是莫大諷刺。

　　這還只是經濟待遇方面的問題。政治上和社會地位上的窘境，無疑在精神上使知識份子受到了更多的折磨。一位老知識份子曾經這樣說：「提不提工資，分不分房子，稱不稱先生，皆無所謂，我心無所求，人生得一知己，可以無憾矣，士為知己者死嘛。可惜者，於無言中，拒你於五服之外，讓你隱隱約約感覺到，但不便說，讓你影影綽綽意識到，但苦於言傳。……」[1]說這番話的是一位老知識份子，房子、工資都比中青年知識份子相對好多了，他卻感到了精神上的冷遇。與此同時，新時期剛剛恢復提倡的「雙百」方針又被丟了下來，一些揭露政府官員腐敗現象和抨擊社會陰暗面的作品受到了批評和限制。撤了幼稚園建豪華別墅[2]，謊稱高幹子女就可以到處行騙[3]，假如他們是真的呢？豈不可以暢行無阻了嗎？這些批評和針砭，都受到了來自權力的干預，因為它本身觸犯了一些肆意妄為的特權階層成員。於是，有人把知識份子尋求推動民主化進程的途徑，一律斥之為「自由化」，還要在前面冠以「資產階級」，

---

[1]　引自宋強、喬邊等著：《人民記憶50年》，甘肅人民出版社1998年1月版，第404頁。

[2]　葉文福：詩歌《將軍，你不能這樣做》，《詩刊》，1979年第8期。

[3]　葉沙新等：《假如我是真的》，《戲劇藝術》，1979年第9期。

依然把對不同意見的批評納入到階級鬥爭的軌道。儘管這時市場經濟已開始啟動，真正發財成為「資產階級」的都是些個體戶。知識份子窮得無房、無錢，依然還要把他們看作毛，認為他們這些人犯了思想罪，依附到資產階級的皮上去了。不管特權階層多麼腐敗專制，那是他們自己的事，輪不到你說。你說了，無論你自己怎麼辯稱「良藥苦口」，為社稷、為社會、為人民，就是你的不是。你算什麼，你憑什麼這麼張狂。你這樣做，是「資產階級」的走狗。儘管美元、馬克你還沒拿上，個體戶的財富也沒有你的份，但你應該只管老老實實地去做你的本職工作，老老實實地守窮、敬業。甚至對反右、「文革」的非人道的行徑也不准反思，不准做根本的批判，那只是黨內的一種錯誤，一種失誤。你去刨根究底，豈不把矛頭指向了黨本身？實際上，這些反思都反映了知識份子的社會批判精神。雖然這種社會批判精神是推動社會發展的可貴力量，但還是遭到了某些特權階層的人們的反感和報復，認為他們太狂妄了。你是臣民，有什麼資格對這些幹部說三道四？這顯然是封建專制思想的殘餘在這些人身上的體現。只聽得頌歌，聽不得批評。骨子裡還是把知識份子看成賤民，看成是沒有言論自由的被奴役者。在這種背景下，老百姓也清楚知識份子是種什麼角色了。知識份子也是老百姓，而且許多人還不是良民，是不安分守已的危險分子。因此，八〇年代的歷次思想運動，雖然已不叫階級鬥爭了，甚至也不叫運動，但起碼是「反對……思潮」、「反對……傾向」吧！其中都有知識份子的份，而且都被定為「資產階級」的，且不問他們是否有房、有錢。

因此，一方面科技方面的價值得不到正確的評估，得不到有識之士的認可，經濟貧困，住房緊張，負擔沉重，許多中年知識份子累死、氣死。另一方面，敢於出面說話的知識份子又被視為搗蛋分子、「資產階級化」的分子。他們怎能不困惑、不憂傷？當然，知

識份子的隊伍中也不乏庸才，不乏只會逢迎拍馬的武大郎。但這些武大郎們一樣吃大鍋飯，甚至還能吃得更好，而且還能為某些領導做單位的「拿姆溫」（Number One）。其中自然也包括他們安插的閒人。所謂的科研單位沒有什麼神秘的，不就這麼一批人嘛！不要清高，老實一點。如果不老實，即使單位需要你，工作需要你，他們也可以折磨你，打擊你。損失的是國家的，人民的，對他個人來說無關緊要。而他本人的權威，才是至關重要的。順我者昌，逆我者亡。不管你的意見是不是正確，也不管這件事本身會不會產生嚴重後果，關鍵是你要服從我！

在市場經濟啟動的時候，知識份子是熱烈的呼號者，積極的參與者，但在轉軌的歷程中，知識份子應當是有預見的。同時，由於體制的局限，市場經濟所必然帶來的競爭機制，並沒有完全進入到知識份子階層。經濟上，有關方面希望他們自己去掙錢補貼自己，來為社會進一步做貢獻。而行政機制和人事制度上，又把他們放在計劃經濟時代的軌道上。他們腳踏兩隻船，卻又兩邊沾不上。優秀的知識份子特別是理論型知識份子享受不到市場經濟帶來的經濟，也享受不到計劃經濟給某些部門帶來的特權。這使他們陷入了兩難的境地。有些事情即使是出自知識份子的遠見卓識和超前推動，而且事後實踐證明也是正確的，但在當時卻受到了責難。這與「實踐是檢驗真理的唯一標準」的口號顯然是不合拍的。然而，歷史的車輪畢竟在向前滾動，到了九〇年代，知識份子的經濟問題已經逐步有所好轉，意識形態領域也相對寬鬆。如果形勢在一天天向好的方向發展，那麼過去的打擊和損失，對一個個知識份子個體來講是殘酷了些，而對歷史來說，多少還是值得的。

當時通常把知識份子分為理論型與應用型知識份子。對於理論型的科學家和人文知識份子來說，改革開放的早期，市場經濟的籌劃和排除阻力時，需要他們進行宣傳、鼓動和引導，對於應用型的

知識份子來說，本身可以介入到實際的經濟活動中，把自己的理論知識轉化為具體的東西進入經濟運行的社會活動中。同時，市場經濟本身這一與傳統計劃經濟不同的體制及其全新的運作也迫切需要經濟理論的指導。

在國家經濟轉軌的過程中，市場經濟衝擊了現有的價值觀念、生存準則和人格規範，卻還沒有建立起一套完善的新規範。讓知識份子進入到商品經濟的價值體系之中，那麼對於理論型知識份子來說，顯然是不妥的。他們不能直接地進入到商品經濟價值系統之中，他們的地位和待遇怎麼辦？中國是一個有著悠久歷史和文化傳統的國家，它不能從物質上和精神上依附於某個大國。中國人必須有自己的文化價值體系，必須有自己的高新科學技術作為經濟和工業的後盾。中國人尋求的是人的整體素質的提高，尋求的是科學文化根基的強大，而不只是經濟的片面畸形發展。因此，中國需要理論型知識份子，需要戒除急功近利的毛病，需要使科技具有堅實的基礎，需要有健康的民族社會心理，需要有穩定的社會環境等。只有這樣，中國才能不僅擺脫貧困的境地，而且提高全民族的文化素質，獲得高新的科學理論，也才能成為真正意義上的強國。一方面，我們要對商品經濟給予充分的理解，商品經濟本身並沒有錯，商品經濟在轉軌時期也必然會碰到這樣那樣的問題。但儘管如此，我們還是要求商品經濟要從長計議，要向發達國家學習，給理論型知識份子以足夠的社會地位、經濟保障和基本工作條件，為國家逐步趕超世界強國奠定堅實的基礎，其中包括人的素質、社會基礎和科技基礎等。

市場經濟和產業知識化本身需要大量的知識份子介入。有關統計資料表明，八○年代以來的經濟發展，在西方有百分之八十五與新技術有關，而中國也占到百分之五十以上，雖然其中的科技成分並不顯而易見。在改革過程中，知識份子的介入是非常重要的，實

踐也證明了這一點。儘管在改革開放的早期有許多混亂,不夠規範,一些知識份子下海經商失足的現象也屢見不鮮。但從長遠看,中國企業和商界的高素質,正取決於企業家和商人的高素質。只有這樣,才能逐步與國際產業接軌,才能獲得大規模的成功,而不只是個體戶和小業主們的小打小鬧。同時知識份子的使命感和報效祖國的拳拳之心,也會促使他們不斷去投資創辦更大的事業和利國利民的公益事業,而不至於非理性地大肆揮霍。這對於中國的產業以更大規模和更高層次參與國際競爭是非常必要的。知識份子自身的素質,使他們具有遠大的眼光和預見性,對風雲變幻的市場也具有更強的適應性。因此,走向繁榮、走向國際市場的中國經濟,必須有一批高素質的知識份子為之獻身。傳統上從文化角度鄙視商人的做法是必須被摒棄的,社會畢竟已經發展到了二十世紀。

當然,這並不意味著知識份子佔有市場依然還要在過去的軌道上前進。那種官商、官倒依仗權勢對商業的壟斷與操縱,那種坑蒙拐騙的商界醜惡現象,正反映了中國社會和文化上的缺憾。這就需要具有獨立人格的知識份子對文明的商業秩序和道德觀念進行規範和引導。中國社會最大的問題是漫無規則而導致的混亂與無序。因此,中國當代知識份子不僅是經濟改革、從計劃經濟走向市場經濟的推動者,同時還是市場經濟的參與者,並且也是市場經濟社會中弊端的批判者。而這些弊端有些是在發展過程中不可避免的問題,有些則並不是市場經濟本身帶來的,而是由市場和在轉軌中不配套的體制造成的。

市場經濟在運作的早期,大部分知識份子,特別是基礎理論研究的知識份子的利益受到損害,是在預料之中的事。經歷了反右和「文革」等一系列的運動,知識份子在思想上、人格上遭到了打擊,他們渴求國家繁榮昌盛,渴求自己的人格能夠得到尊重,能夠擁有自由的學術追求。因此,由政府給幹部落實政策而帶來的平反、補

薪、改善待遇等早期一系列的措施,贏得了知識份子的擁護,並進而恢復了他們憂國憂民的情懷,和為國家興亡而獻身科學文化教育事業的決心。

這種狀況,引得那些不但物質上處於貧窮,而且文明上處於落後狀態的一些百姓的妒忌。他們認為改革開放的最大得益者是知識份子,知識份子現在吃香了,憑什麼呢?他們還沒有我們普通老百姓辛苦呢?在中國的一些老百姓看來,腦力勞動看不見勞累,輕閒、快活,而且知識份子也是老百姓,不是官。做官的待遇高,在官本位的國度裡,老百姓是沒有歧議的,對他們是敬畏的。而知識份子是老百姓,當然就不適合了,於是引起爭議。一位資深記者在八〇年代中期到深圳出差,因為寫作的需要想單獨住一間房。但該賓館規定,什麼樣的幹部級別才能住什麼規格的房。這位高級記者沒有職務,「連科長都不是」,很為難。後來還是服務員出於同情,變通一下填了個「記者長」,才把事情了結。這當然是改革開放早期的事,後來進入經濟運作階段,有錢連總統套房都可以住了。不過從這件事可以看出知識份子在當時的地位。經濟地位下降了,生存環境惡劣了,社會上很多人對他們並不同情,似乎他們本來就應該如此。因此,傳統的平均主義的心態是知識份子受到商品經濟衝擊而導致地位下降的關鍵。果真全社會都尊重人才,尊重知識,當知識份子面臨困境時,老百姓把這看成是關係到國家和民族生死的大事,就不會出現這種局面。日本和聯邦德國二戰以後經濟之所以迅速騰飛,與他們在最困難的時候能把知識份子看成是國家的精英、民族的希望大有關係。到 80 年代中後期,中國的一批學者紛紛在報刊上撰文,希望有關部門借鑑西德、日本和韓國等國的發展經驗,重視知識份子,為國家的繁榮富強做些實實在在的工作。

然而,從召開科學大會到呼喊「尊重知識,尊重人才」的口號,難道不是在重視知識份子嗎?難道高層領導看不到報刊雜誌上知

識份子掙扎在貧困線上痛苦的呻吟嗎？難道國家已經失控，養活知識份子的支出沒法兌現嗎？難道只是想在口頭上說說而已嗎？都不是。領導層明明知道這事情最好解決得麻利點，對社會發展有好處。但是，正像八〇年代開始的機構改革、精簡公務員的工作一樣，鄧小平甚至把它提到關係國家命運的高度來理解。「精簡機構是一場革命……確實到了不能容忍的地步。」「甚至於要涉及到亡黨亡國的問題，可能要亡黨亡國。」[4]但結果機構愈改愈大，人員越改越多。關鍵是整個社會心態，包括基層幹部的心態在現行體制下形成了阻力。他們從根本上蔑視知識份子。

1988 年，英國皇家學會舉行三百二十八周年年宴，首相柴契爾夫人發表了重要演說，強調科技的重要性，政府決定在唐寧街 10 號（首相府）的顯著位置懸掛過去和當代傑出科學家的畫像，以表彰他們對國家繁榮和促進知識水準提高所做出的非凡貢獻。她指出：「不重視知識份子的國家必定會走向滅亡。」[5]英國有尊重知識份子數百年的傳統，是工業革命的發源地，至今仍走在世界經濟和科學文化的前列，政府還時時在為自己敲警鐘。中國則更需要如此，但事實上確實做得不夠。

首先要糾正不正常的社會心態，對過去迫害知識份子的行徑進行認真的反思。在八〇年代初期，一些深刻反思「文革」的文章和文藝作品受到了批評，認為在新時期一切都要「向前看」。向前看當然是必要的，但對於有迫害知識份子歷史的中國來說，僅僅忽略過去是不能解決問題的。它對於解決中國知識份子問題沒有好處，對中國社會也沒有好處。「文革」結束以後，形勢自然在好轉。但知識份子並沒有獲得什麼，甚至還沒有獲得足夠的工作條件，社會

[4]　《精簡機構是一場革命》，《鄧小平文選》（1975-1982），人民出版社 1983 年版，第 351-352 頁。
[5]　見《理論動態》833 期，1989 年 4 月 15 日。

上就有人感到不自在，冷嘲熱諷地說：「現在老九吃香了。」好像
中國的知識份子天生就應該是被奴役者，一旦不被監督改造，那些
人就不舒服。據說朱東潤晚年曾多次說過：「像『文化大革命』這
一類的事以後還會在中國出現。我是見不到了，你們肯定還能碰
到。」這主要也是指踐踏文明的某種中國社會心理。聽到這種逆耳
忠言，我們不應該沿用「文革」的思維方式，無限上綱上線，說它
「反動」。而應該反省，應該避免這種情形的發生。新時期知識份
子平反所面臨的重重阻力，貢獻大的知識份子非但得不到獎勵，反
而遭來嫉恨，解決知識份子生活和工作困難難乎其難，等等，都反
映了這種社會心理的存在，都是社會發展的潛在威脅。

　　徐宏力的《「曲嘯」現象與中國知識份子的文化心態》一文[6]，
批評了曲嘯作為一位受難者，對於封建專制帶來的階級鬥爭惡果，
對於過去幾十年折磨他身心、毀滅他事業的錯誤行為，「用『娘打
孩子』一句親昵的嗔怪便輕率地出賣了自己的痛苦」。這種缺乏深
層反思的行為，這種專制的侵權行為被當成「娘打孩子」，無異於
「認賊作父」。徐宏力認為，這是舊時知識份子被皇帝打了板子還
要「謝主隆恩」的、扭曲了脊樑骨的當代表現。「做人的權力是神
聖的，人的尊嚴不容玷污」。寬容會助長專制的捲土重來、東山再
起，無異於助紂為虐、為虎作倀。這種言論看起來措辭很激烈，實
際上在警告我們，一定要深刻反思。那些對知識份子草菅人命的行
徑，那種到學校毆打教師的家長的做法，骨子裡都是在鄙視知識份
子。我們沒有看到農民或市民敢去毆打市長的。

　　從某種程度上說，知識份子自己要捍衛社會的正義，要尊重自
己，保護自己，要活得有尊嚴。從五〇年代到「文革」，知識份子
歷經坎坷，多少人在殘酷的折磨下，葬送了性命，自然也葬送了事

---

[6]　載《社會科學家》，1989 年第 2 期。

業。而知識份子的整體事業則是民族、國家事業的有機部分。在這種背景下，不去反思，反而會說出「娘打兒子」，或者「打是親，罵是愛」的話，確實讓人看到了阿 Q 式的國民劣根性。依據這種邏輯，娘可以第二次打兒子，第三次打兒子，……每打一次，就是一次親昵的表現。

徐宏力還批評了張賢亮所謂當右派的劫難使他從人道主義者變成了馬克思主義者，是九蒸九煉淨化了他的靈魂。甚至有點「被虐待狂」的味道了。假如來了反右、「文革」這樣的劫難八十一次，那他張賢亮就煉成正果了，煉成放棄人道主義的、異化了的正果了。

何新在《論中國知識份子的歷史地位與當代使命》中，認為中國社會中存在著一種「淘汰精英機制」，「我們中國人不僅不笨，而且勤苦耐勞，這是舉世公認的。中國一些普通知識份子離開中國後，到國外，往往很快會發展成為知識界的尖子，而同樣一些人在國內卻往往不行。為什麼？因為真正的事業型精英分子在中國往往被壓住、被困住，伸不出頭來。不但伸不出頭來，事實上伸出頭的也常常會被各種非正常的社會壓力擠垮！也就是說，在中國社會中存在著一種淘汰精英的機制。有人把這種情況僅僅歸結為社會心理的問題，即所謂『東方式的嫉妒』。毫無疑問，有這方面的原因。但更深刻的原因應當在我們的社會結構和許多制度中尋找。」[7]這裡，我們姑且先不從何新所說的社會結構和制度上去找，單就社會心態而言，中國有「槍打出頭鳥」的諺語，這在中國是有著悠久的傳統的。三國時魏人李康《運命論》就曾說過：「木秀於林，風必摧之；堆高於岸，流必湍之；行高於人，眾必非之。」告誡人們不要成為社會精英而不容於社會。幼稚園也在培養孩子的求同思維，

---

[7]　《河北學刊》，1988 年第 6 期。

而非求異思維。這不僅對知識份子來說是一種災難，而且也不利於國家的總體發展。

在談到經濟轉型期的知識份子的困境時，社會上更多地是希望知識份子理解社會，自身不要迂腐，不要清高，要積極參與，要走出書齋。1988年1月20日《光明日報》頭版刊登了該報評論員的文章《知識份子要強化改革的「參與意識」》。文章希望知識份子要投身改革開放的大潮中，「主動走出高樓深院」。這對於一部分知識份子來說，是應該的，知識份子總要有人積極參與社會變革，總要把高新科技推廣到生產和經營實踐中。但對另一部分知識份子來說，也是可惜的。中國社會不能讓所有的知識份子都脫光衣服下海去。高新技術領域總得有人堅守陣地。中國是個有十多億人口的大國，中國的社會和科學技術的發展需要有堅實的基礎，需要有高素質的國民。我們不能像那些偶然從地下發現礦產而暴富的國家那樣，他們有了錢，可以不需要發展高新科技和文化，可以不需要走在世界科學文化發展的前列。中國同樣也不能像一些靠經商致富的國家，靠天然的旅遊資源和商業上的天然良港，過著一種富足的生活的國家，或是直接進入工業生產和商業運行也照樣富起來的國家。這些國家看起來經濟繁榮，卻缺乏科學和文化的基礎，經不起風浪。中國是一個主權國家，需要有現代化的國防；中國是一個有著優秀科學文化傳統的國家，即使不講對人類文明做出傑出貢獻，總不能長期處於落後狀態。因此，知識份子是中國社會發展的先鋒，不但前沿需要他們，而且長遠的發展也離不開他們長期不懈的努力。1988年3月17日的《光明日報》刊登了該刊的評論員文章《解決知識份子問題的出路是改革》。文章認為改革中知識份子陷入了困境，就有人有牢騷，但知識份子真正的出路依然是改革。還是在勸說知識份子，仿佛知識份子正在阻撓改革。其實，在歷次改

革中，推動社會進步的排頭兵何嘗不是知識份子，他們又得到過多少？他們中的主流，都是在為社會做無私的奉獻。

1988 年 7 月 26 日的《人民日報》上，刊登了該報記者孟曉雲的《走出「象牙塔」》一文，討論知識份子心態問題。文章希望科研單位走向生產第一線，「從吃皇糧到自謀生路」。一些知識份子發牢騷，是因為自己缺乏經營能力，不懂社會上的攻關，結果處處碰壁。這種現象當然也存在，但畢竟是少數。現在的問題是，如果每個知識份子都到商品經濟的汪洋大海裡游泳，駕馭風浪，象牙塔本身還要不要？基礎理論這個根本都丟掉，全都下海撈錢，放下「架子」，與走江湖的打成一片。那麼，研究周易哲學思想的只好走上街頭去為人算命，搞數學的只好到效益好的企業去兼會計，讓早年做過鉗工的鄧小平們都去開車床之類，中國社會如何發展？中國的科技怎麼才能走向世界前列？這種看法雖與「文革」和「文革」以前唱的「與工農打成一片」的高調有所不同，但把本來需要國家重點扶持的科學技術攻關推給知識份子個人。先自謀生路，再談學術追求。要知道高新技術與應用有著相當大的距離。只有外行人才會強求高新知識份子去自謀生路。這些說法本身並不新鮮，而是「文革」期間庸俗的要求知識份子「走與工農相結合的道路」的翻版。

當然，這裡不是說國家要像養官僚那樣把知識份子養起來，讓舒服的單位成為某些官員安排小舅子、小姨子的場所。有人混了一輩子，整天庸庸碌碌也照樣拿工資，享清福。改革所應該做的不是把知識份子趕下海，而是引進競爭機制，改良人事制度，養活少數真正能為國家的科技文化事業獻身、並且能夠做出傑出貢獻的優秀科學家和學者。

孟曉雲 1988 年 7 月 29 日的《人民日報》上發表的《中年知識份子的困惑與苦悶》一文，談到高校中年教師，特別是人文學科的教師，在激烈的競爭中，知識結構和精力等方面存在著不足。但我

認為，這種不足是特定的社會氛圍造成的。與老一輩相比，他們缺乏系統的訓練，青春年華都在運動中荒廢了。與年輕人相比，外來的新成果接受得太少。加上上有老、下有小，家庭負擔最重，深感體力不支。同時，在負擔重、壓力大的情況下，還有待遇低的問題。昔日不如自己的同齡人，以及自己過去的學生，甚至調皮搗蛋考不上大學的小青年（當然其中也有具有獨特才幹的人），都能腰纏萬貫，身價百倍。而自己要想改變自己的待遇，只能擠在晉升職稱的狹窄小道上，以致為了外語考試而把身體搞垮了。

事實上，知識份子們也並非沒有尋找自己的生存空間，但在具體實施的過程中卻困難重重。孟曉雲在 1988 年 8 月 2 日《人民日報》上發表的《尋找新的「生存帶」》一文，採訪了廣州建於八〇年代中期的「星期六工程師之家」。通過這個民間性的科技組織，知識份子可以兼職，依靠自己的業餘勞動來解決待遇低的問題，也解決了因單位僧多粥少而難盡其才的局面。同時從精神上能有安慰，可以在這裡交心，並有一種歸屬感。這無疑是有益於社會、有益於知識份子個人的兩全其美的好事。但他們只能處於地下狀態，怕單位知道，找他們的麻煩。如果在單位搞承包試點，單位則「怕他們失敗，又怕他們發財」，當然其中也有他們自己怕丟掉鐵飯碗的顧慮。

如果說高尖端的科技領域需要大的投入，而且出成果需要一個過程，一般老百姓沒有足夠的遠見，因而看不到它的價值，不夠理解的話，那麼，讓我們看看教育界，特別是中小學教師的狀況吧。八〇年代初期開始重視「文憑」，（把知識和人才化為「文憑」，反映了中國人的智慧。各級機關的人們都能以各種管道獲得貶了值的文憑，並以此來蓋過真才實學者，也反映了他們的水準。），計劃生育制度下的孩子們日漸寶貴起來。於是為孩子爭上重點中小學，大家挖空心思，不惜破費錢財，甚至犧牲寬暢的住房。這下該尊敬

教師了吧！起碼教師的地位將逐漸提高吧！事實不是那麼回事。早在 1984 年底，當時的教育部長何東昌在接受新華社記者訪問時說：「黨中央國務院一直在關懷和研究教師的問題，教師將逐步成為社會最使人羨慕的職業之一。」但直到 1987 年，問題非但沒有解決，反而愈演愈烈。蘇曉康、張敏的《神聖憂思錄》[8]中，通過具體的事實和數字，對中國的教育現狀，教師的生活待遇表現出讓人心酸的憂思。一方面，每個家長都望子成龍，挖空心思，歷經磨難，費盡周折要把孩子送到重點學校，希望孩子受到優秀的教育。另一方面，全社會又歧視教師。「越是希望子女受到良好教育的人們偏偏越是看不起教育這個行當。」結果造成優秀中學畢業生像躲避瘟疫似地不肯報師範，有的因填報時寫了「服從分配」，結果「不幸」被師範院校錄取，竟比死了老子娘還傷心。特別是教師子女，更是涼透了心。教師外流現象嚴重，「地位上，反右、鬧『文革』，知識份子受的罪比誰都多。」在收入上，「中教一、二級的老教師，月薪也不過百十塊，還不抵大賓館裡的服務員。」在住房上，「一位教齡長達四十年的特級教師，全家六口人，只住十八平方米的兩間斗室」，而且「到死他都沒能走出這破屋」。而健康方面，某中學「一百個教師中，就有六十五個病號」。1986 年北京市人口的平均壽命超過了七十歲，而西市區教師的平均壽命是五十幾歲。有人甚至即使勞累病重也沒有錢看病（單位經費不足），壯年時代便遺憾地死去。最後，文章以「報復將在何時」作結，並且憂心如焚地提出，當代世界各國的較量，「最終都歸結為一個教育的較量——這是歷史的結論。」後來，當我們見到一些重點中小學向社會收費和辦高價班時，我們的心情是矛盾的。一方面我們很同情中小學教師的待遇。另一方面，這類高價的收費真正到教師手中的能有多少（自

8　載《人民文學》，1987 年第 9 期。

然，也有被用於改善學校設施）呢？這種收費方式（包括大學）究竟會不會有利於學生之間的平等競爭，使那些出身寒微、有能力、有志於獻身科學文化教育事業的學生有個良好的成長環境呢？提高中小學和高校教師待遇，提高從事基礎理論研究的知識份子的待遇，必須得到全社會的理解與支持，尤其是全社會對知識份子得到較高的報酬，必須心服口服，徹底扭轉從靈魂深處歧視知識份子的不正常的心態與社會風氣！可是要做到這一點，談何容易啊！果真能夠做到這一點，我們國家今天還會處在「發展中」嗎？日本人對教育的重視正是值得我們借鑑和反思的。

就在《神聖憂思錄》發表不到一個月的時間裡，年近九十的冰心，這個一生以平和著稱的老人，抑制不住自己激動的感情。她那篇刊登在 1987 年 11 月 14 日《人民日報》上的《我請求》一文，在向全國人民推薦《神聖憂思錄》，「我請求我們中國每一個知書識字的公民」，都讀讀這篇報告文學。「看得我淚如雨下！真是寫得太好了，太好了！」經歷過近一個世紀風風雨雨的冰心老人，也因曾在小說中替一位副教授說了兩句話，卻遇到了挫折。如今見到這篇報告文學，真是感慨萬千！這種狀況直到九〇年代末，由於很多企事業單位不景氣、行政部門精簡機構，而教師相比之下顯得生活安定時，中小學教師的境遇才有所好轉。同時，人們對生命的價值也逐步有了清醒的認識。教師雖然像根蠟燭，在點燃自己，雖然在銷蝕生命，但畢竟使得人生有了在金錢之外、比金錢更寶貴的東西。即使是在八〇年代中期，也依然有些教師認為，教師的辛苦和清貧並不是最難以接受的，最可怕的是在默默無聞的消耗之後仍然得不到心靈的慰藉。而拜金主義的狂潮過後，社會上也逐步認可了精神價值，對教師的認識也逐步提高了。師範院校的報考者與以前相比，也在各類院校中居於中上等的位置。當然，由於過去境況的「逼良為娼」，諸如在收費和辦班方面，也有一些教師和單位做了一些

矇騙家長和學生的事，多少影響教師和學校的形象了，這是後話了。但總的說來，教師和學校的所作所為，某些不足，與一些行政部門、企事業單位，如賴帳不還，執法犯法等相比，畢竟還是微不足道的。不過無論如何，在中國社會中，教師還是以高尚為好。教師的待遇能讓他們活得有尊嚴，而他們自己如果能嚴於自律，無論對教師自己，還是對全社會都是重要的。

在八○年代，面對教師等知識份子待遇越來越低的狀況，教師這個職業在「留住人，吸引人」方面出現了嚴重危機。甚至有人提出教師這個職業要想「吸引人」應該有這樣兩個標誌：「一是要像現在人們熱衷於考託福那樣爭著去參加教師資格考試，二是高幹子弟也想做教師了。」[9]這種說法本身反映了知識份子的一種憤激情緒，也反映了社會心態對教師的態度。能出國在大家看來是上策，而高幹子弟這樣的特權階層，大都是不願從事清貧的教書和科研這樣「陽光下最燦爛的事業」的。

教師和高尖技術研究領域裡的知識份子社會地位的真正提高，不僅在於加工資，提高待遇，關鍵在於全民族文化素質的提高。只有全民族文化素質提高了，才能認識到知識和知識份子對於我們整個社會的重要性，而不至於有一批體力勞動者在心目中產生諸如「知識份子和我們一樣，都是老百姓，整天不曬不累，關在房子裡，憑什麼要加工資」的困惑。這就不是呼籲所能解決的問題了。文革期間說知識份子「一不會種田，二不會做工，三不會……」，是「四體不勤，五穀不分」的剝削者，吃閒飯的廢人，知識越多越反動。這種做法所造成的後果，只有在民族文化素質全面提高以後，才能逐漸消除。筆者在大學讀書、教書多年，一次回家探親，遇到中學時的一位同學，聽說我在做教師，連個科長都不是，非常失望，對

---

[9]　《關於改善知識份子待遇的再議論》，《光明日報》1989 年 4 月 1 日。

我深表同情。可見，在社會上一些人的眼裡，專家學者都不算什麼，哪怕當個科長，也算是有點出息。在整個社會環境中，持這種想法的人不在少數，這就給提高知識份子的社會地位帶來了相當大的難度。一方面，知識份子要擺脫行政體系的附庸，及所謂「國家幹部編制」的身份，真正成為推動社會的一支獨立的力量，具有學術的自由和人格的獨立。另一方面，知識份子的工作和勞動價值又要獲得整個社會的認可。雖然有些工作不直接產生經濟效益，但它們對整個社會發展所起到的推動作用和進步意義，常常是一百個工人所起不到的。中國社會發展的一系列重大課題，如人口問題，移民問題，住房問題等，都需要有專門的知識份子進行系統研究，尋求解決問題的辦法。

二、「尊重知識，尊重人才」與體制改革

隨著改革開放政策的實施，商品經濟的大潮不可阻擋地洶湧而來。商品經濟在中國沒有現成的軌道可以運行，它需要在借鑑和摸索中前進。倘若按西方資本主義原始積累的方式再走一遍，自然是愚蠢的。而且用與西方同樣長的時間進入現代化，其進程何其緩慢？因此，中國需要總結國外的經驗教訓，以合乎國情的方式，用較短的時間趕上世界潮流，而不是永遠跟在西方後面亦步亦趨。在這探索的過程中，混亂的價值觀念及拜金主義思想所帶來的弊端，對知識份子精神生活與物質生活的衝擊是無庸置疑的。

果真商品經濟的原則在社會上得到了認真的貫徹，知識的價值在一定程度上獲得了認同，也有有利於知識份子之處。知識份子在商品經濟的社會中還同時受著舊有計劃經濟時代的社會體制的束縛。在八〇年代初期，知識份子往往向從政的獨木橋上擠。即使科研、教育、衛生等單位，大都也是相當於某種行政級別，以此來作

為獲得利益分配的標準。八〇年代知識份子住醫院，甚至和尚住院，都要比照幹部級別享受待遇。直到九〇年代醫院企業化、醫療制度改革，情況才有所好轉。當知識份子處於過去的計劃經濟體制下，又沒有相當的「行政級別」時，利益常常會無從落實。只有與商品經濟配套的社會體制建立起來，知識份子才會成為獨立的社會階層，而不再附屬於過去幹部身份（實際上又不是幹部）。這樣做一方面使一些平民和幹部階層的心情得以平靜了，另一方面知識份子自身也獲得了獨立的地位，不再是依附於某種勢力「皮」上的「毛」（儘管有時精神狀態還被劃到「資產階級」那裡去，比個體戶、企業家更「資」。），從而能獨立地護衛商品經濟的健康發展，對現在社會的種種不合理的狀況進行精神的監察和評判，成為「社會的良心」，並有利於維護社會的正義，從現代商品經濟中獲得自己的獨立地位，而不是金錢或權力的奴隸。

　　商品經濟原則的另一意義在於，知識份子的工作和利益分配也同樣要打破鐵飯碗，廢除終身制，徹底清除供給制的殘餘，改變平均主義的作風。知識份子可以因其才幹而多元發展，但總的說來，不能讓貢獻大的知識份子反而得到的少。這就必須要求在知識份子的工作環境中，引進競爭機制，調動廣大知識份子創造的積極性，讓有限的財力真正用到適合於從事高尖端科學文化事業的知識份子身上，而不是採取大鍋飯的辦法，把科研機構辦成養老院，讓知識份子大都半死不活地被養著，甚至誰想幹一番事業，還會遭到妒忌和傷害。一旦競爭機制建立起來，那些沒有高級知識份子天賦的人，也不必在競爭中受一份洋罪，以致評上職稱就如範進中舉要發瘋，評不上職稱則如周進落榜要泣血。因此，在商品經濟體制下，知識份子所面臨的不是簡單的待遇低的問題，同時還有舊有的計劃經濟體制下的大鍋飯問題。這種大鍋飯不僅僅是在一部分知識份子勞動的同時，在旁邊還養著一批閒人，不管能否勝任工作，別人都

不能炒他們的魷魚；而且更為糟糕的是，這批閒人還會產生阻礙的作用。用自己的汗水養活閒人，而閒人卻在傷害、打擊甚至毀滅自己。這就是知識份子的「異化」。

知識份子的物質待遇低，主要是就銳意進取、從事高強度的腦力勞動而言的。對於那些平庸、尸位素餐的人來說，即使待遇「低」本身也是一種浪費，是在白養閒人，甚至白養廢人。更何況這種平均主義思想本身打擊了銳意進取的知識份子的積極性。而那些「閒人」整日無所事事，搬弄是非，誰想幹實事而讓他們相比之下沒面子，誰就是敵人，得想方設法把他們整倒，以便大家一起庸庸碌碌，相安無事。而那些靠裙帶關係進來吃閒飯的人，則想在單位得到比人家更多的物質利益。假如單位總體利益不好，你就是想留他們，他們還不幹呢！他們隨時準備跳入更實惠的單位，他們也有這種能力。所以一度時間內，勤勤懇懇搞科研的人沒有多少人羨慕；有靠山和後臺的人卻被人羨慕得不得了。八〇年代中期在安徽的一所成人高校裡，短短兩年時間內就進入了三分之二的閒散人員，是各類上級幹部的親朋故舊。因為那裡效益很好，編制又富裕，許多人能由工人轉幹。結果正常工作難以進行。校長雖然用盡吃奶的力氣阻擋，卻一個腰桿硬的人都擋不住，擋誰誰就會結怨，誰也得罪不起。市委書記的千金、教委主任的千金、省文化廳長的小舅子、市委宣傳部長的小姨子⋯⋯都可以隨意調入。據說校長最終還是因為無法避免的得罪被人趕下了臺。這種局面完全是體制造成的。校座的命運掌握在別人的手中，偏偏他又書生氣太重，想把他的事業經營好，結果自然沒有好下場。至於有些單位領導對本單位的一些知識份子確實不錯，而知識份子自己又不甘於平庸，結果兩者之間造成心理衝突，更讓知識份子有苦難言。這些都是舊有的行政體制帶來的弊端，必須加以改革。所以，把商業經濟原則貫徹到人才的保護

和利用上是非常必要的。那種認為收入的差距會影響安定團結的觀念是一種對邪惡的妥協，必須得到克服。

　　這種由體制問題帶來的知識份子悲劇在整個八〇年代是屢見不鮮的。在《報告文學》1985 年第 11 期上，就發表了兩篇反映這類情況的報告文學。一篇是郭慎娟寫的《知識的罪與罰》。文中主要講了煙臺合成革廠的一個叫何晉珠的三十三歲的工人，曾經自學成才，多次為工廠進口的成套設備排除故障，為工廠挽回了幾百萬元的損失，但由於他是工人身份，便得不到重視。而他的頂頭上司——劉俠是一名工農兵學員，有文憑，並曾有機會到日本深造，雖缺乏真才實學，卻善於逢迎巴結，又心胸狹窄，妒賢嫉能，排斥打擊何晉珠，並利用何晉珠的貢獻，被總支書記李玉才內定為廠級標兵，得以提升。而何晉珠卻一再受到打擊，為廠裡排除了故障還被藉故處分了。何晉珠要調出得不到同意，辭職又得不到批准，上司回過頭來反而找藉口要把他除名。結果，廠裡不給他住房，廠醫不給他看病。他不服，向上級申訴，又被指責為精神病。在同一單位工作的妻子被迫與他離婚。他在被逼得走投無路時，氣憤之下打了總支書記一記耳光，遭到追捕。

　　這個事件首先說明了舊有官僚體制存在著嚴重的封建專制遺風。少數領導幹部行官僚獨斷的作風，以權謀私，任人唯親，借組織之名肆無忌憚地迫害異己，而申訴材料最終轉到了當事人手裡處理，造成打擊報復現象惡性重複。在他們的眼裡，下屬貢獻不貢獻無所謂，首先是要聽話。不聽話，即使有貢獻，他們也會予以打擊。聽話，即使企業有損失，他們也會寬宥這些心腹。把知識和人才放置到君臨一切的權力及其原則之下。這些都反映了既有的行政管理體制需要改革。雖然這種狀況到了九〇年代中期，隨著一些企業因領導無能、或意氣用事，或以權謀私，而使企業缺乏競爭力，最終走向倒閉，逼得許多企業為著工人的飯碗、國家和集體利益著想，

不得不以競爭制和民選制取代任命制,使得工廠、企業逐步走向正常化,但在八〇年代,國家、集體、工人及優秀知識份子為此付出的代價太慘重了。在八〇年代的體制下,不幹事,甚至幹了壞事,只要不得罪上司,問題倒不大。做了許多貢獻,一旦得罪了上司,那可不得了。一些企業和部門的領導不懂得對貢獻大的人才的尊重,領導自身的尊嚴和權威超過企業的一切利益。

這件事反映的另一個問題是:合理的人才競爭機制沒有建立起來,真正做貢獻的人才反而遭到打擊。文憑自然是人才的一個尺規,但不是唯一的尺規。何晉珠具有獨立的思想和創造的精神,雖然他沒有文憑,但他有能力,並且已經具備了知識份子的品質。而劉俠,作為工農兵學員,缺乏扎實的基礎知識,又沒有解決實際技術問題的能力,卻靠溜鬚拍馬爬上領導崗位,結果武大郎開店,自己不行,還不許別人行。更為惡劣的是其品德,一旦別人成功,立即占為己有。這種角色,是害群之馬。要調動知識份子積極性,保護各方面的正當利益,就不能讓這種角色志得意滿。

這一期《報告文學》的另一篇反映知識份子問題的報告文學是孟馳北的《科研所裡的宮廷政變》。文中談到哈密瓜保鮮技術的專家劉建民及其所在的研究所獲得成功後,上級中就有一位副師長安排人來摘他的勝利果實了。摘果實的新任黨委書記徐××曾是一位大學肄業生,被錯劃為右派。他剛剛上任沒幾天,就安排一個兒子進辦公室,另一個兒子由研究所出錢進大學學習,接著又安排四個親朋故舊來吃大鍋飯。這四人既沒有學歷,又沒有專長,坐在辦公室裡專等發工資。與此同時,徐××還將不法鄰居兜售的生銹腐爛的報廢管子花錢買下。所長稍有不滿,徐××就瘋狂報復。自己黨齡不過三年,就熱衷於「管」的絕對權威。當然,劉建民也有致命的軟弱的缺點,這就是不敢據理力爭。如作者所說:「中國知識者的致命弱點啊──劉建民當時有理也不敢力爭。當仁不讓,當初你

就不讓他署名，怕什麼，越讓越糟！」以致最後這位徐書記以國家
的財富、人民的事業鬧情緒，把單位當作撈的源泉，把國家經委撥
下的上百萬元當作人情借出好幾十萬給親朋故舊，以至連最起碼的
科研儀器也不能買。後來瘋狂到明知同級不能任免，竟不顧常識，
把所長等一批幹部免掉，砸掉辦公室的門鎖，搶班奪權。最後總算
由上級來把徐××免職了。一場鬧劇結束了。但是，假如他的上級
也像徐××一樣呢？還不是繼續胡鬧下去？這就涉及到了體制要
從根本上做相應地改革的問題。作者最後說：「是怪他呢，還是怪
我們的體制呢？是人支配權力，還是權力支配人呢？」該刊在當期
為這兩篇報告文學專門配發了吳國光的評論《知識份子的兩種悲
劇》。其中所說的「知識成了罪惡，才能好似妖邪，創造即是叛亂」
可能算是吳國光的憤激之詞。但是，他認為：「到處都有何晉珠、
劉建民這樣的遭遇，到處都遇到這兩篇報告文學中所描寫的那種境
況。這是知識份子的悲劇，同時，也是社會的悲劇。」這確實道出
了八○年代知識份子境遇的實情。因此，知識份子問題解決的最根
本的出路是人事體制的變革。正因如此，我們才反對中體西用、西
體中用的討論，體和用應該是配套的。只有先改良體，然後才能轉
變用，那種體用分離的雙簧戲是不能進入實際操作的。要想保護知
識份子為國家、為人民做貢獻的最基本的權利，必須有相應的體制
相配套。

六○年代，某高校一位留校任教的助教，既不搞科研，又不擅
教學，被學生從講臺上轟了下來，後來在辦公室打雜。到八○年代
初，漸漸地，從系總支秘書到辦公室主任、再到總支副書記、書記，
後來又做到黨委副書記、黨委書記兼校長。而他昔日同學中的才子
們，有的因家庭出身不好，一輩子呆在鄉村中學做教師，有的拼足
老命，把校長打麻將的時間用來做學問，才掙到一個副教授。有一
年評定教授時，那位書記兼校長說，我們寧缺毋濫，名額用不完，

可以上繳一部分名額。我們學校沒有這麼多高水準的人嘛！申報博士點、碩士點時，他還振振有辭地說，我們師範院校，主要是培養中學教師，抓基礎教育。碩士點、博士點有也不多、無也不少。再說有那麼多名牌學校，難道非要我們來培養？我們的教師水準還需要提高嘛！好像別人都不行，就他一個人行。標準的武大郎心理。讓這樣的人爬上校長的位子，管理知識份子，豈不是禍國殃民？某高校的一位房產科長以權謀私，當一位化學系的講師按規定申請住房時，這位科長多次暗示他應給自己送禮。當這位講師非但不送禮，甚至還指責他不照章辦事時，他竟一拳打斷了這位不聽暗示的講師的鼻樑。雖然最終因許多教師聯合向上級申訴並在校內遊行，終於使校方不得不讓這位科長檢討，並責成他付醫藥費。但事隔不久，這位科長搖身一變，竟升上了副處長，而且具有諷刺意味的是升的還是保衛處的副處長。大道理上當然能講得通，犯了錯誤，也可以改正嘛，不能把人家一棍子打死，但情理上卻讓人難以接受。這種做法對知識份子的傷害也是顯而易見的。這樣的學校最終在競爭中江河日下，但並不影響某些領導的既得利益。

八〇年代初期和中期，一度因中央號召領導幹部要「四化」，要大膽起用知識份子，於是提拔了一批知識份子擔任領導職務。動機肯定是好的。但後來發現，那些被提拔的知識份子，不少並不是業務上的骨幹。甚至不熟悉業務，而只是某些上級的寵信，看起來已開始重視學歷，實際上還是能有利於上司的個人利益的人。這種人常常是只會迎逢巴結，業務荒疏的人，上臺以後竭力壓制骨幹。於是有人認為這比「外行領導內行」更麻煩，「知識份子掌權，比不是知識份子的掌了權，整起知識份子來整得更厲害。」這雖然不能一概而論，但也有某種事實為根據。方成就畫了一幅《武大郎開店》，來諷刺這類領導「比我高的都不要」，而這樣的現象在八〇年代也同樣是司空見慣的。這種人靠逢迎拍馬、聽話，坐上了位子。

一旦大權在握，就欺壓部下，順者昌，逆者亡。在他的獨立王國內，誰敢說他個不字！直到他退休，才有人敢指著他的鼻子大罵。這類弊端無疑都是行政管理體制造成的。吳國光的前引文章還指出：「徐××和劉俠這樣一些人，這幾年，借著落實知識份子政策的東風，入了黨，提了幹，手中有了或大或小的一點權力，反過來幹下的正是壓制人才、打擊創造精神、迫害知識份子的好事！這種現象，確實是意味深長的。」一位在美國奮鬥多年，在國際樂壇享有聲望的音樂指揮家，想回國執棒，聯繫國內某著名音樂學院時，聲稱想擔任音樂總監，並想競選院長，大展宏圖。結果是生活在我們這個國度、智商正常的人可想而知的。現任院長根本就不理睬他。那種身為知識份子的正義感甚至是廉恥之心，也在這種體制下喪失殆盡。餘下的，便是異化了的知識份子，蛻變了的知識份子，以權謀私，濫用權力，壓制人才，甚至壞事幹盡。

　　至於人才的合理流動，在八〇年代更是阻力重重。其實，依然是在中華人民共和國的地界上，依然是在科技教育戰線貢獻青春，而且是想做出更大的貢獻，何錯之有呢？關鍵是人事管理體制問題。這都是本位主義在作怪，有時還是情緒化的。如果換位考慮，他們自己的子女處於這種境地和心態，他們就理解了。同時，這種管理體制，使得不能勝任的人辭不掉，想調換環境、做出更大貢獻的人也不能放。相互鉗制。任何人處在這個位置，做這個領導都沒有辦法。可能處理問題時的態度有強硬、軟弱之分，脾氣有好壞之別，但面臨的苦惱是一樣的：別的單位都願意要的肯定是骨幹教師，能勝任工作、甚至有成就的教師。他們如果都走了，誰來幹活？不能勝任工作的人，有些有各種關係，有後臺，或者本校畢業的，也為單位做過一些工作，你把他們炒了，他們的生活怎麼辦？敲了人家的飯碗，他們怎麼能跟你有完？這時就不是講他業務行不行的問題了，完全是情緒化地要拼命了。哪位領導願意為了工作把全家

置於危險之中？多一個人吃飯又不是吃他校長、系主任的。甚至一些工作能力差的人，依仗後臺，能夠獲得各種優惠。這些無疑都是不利於調動教師積極性的，當然對敬業教師個人的發展，單位的發展，乃至整個國家教育事業的發展都是不利的。那麼，完全民主，凡事都經過公決行不行呢？回答是同樣不行。在高校裡，歷年的留校人選中，有時有許多非業務因素在起作用。上面壓下來，老教師相互攀比，你能留人，我為什麼不能留人？且不問業務，屆時就是情緒化的，而且即使是當時公平地留人了，在發展潛力上，各人是不盡相同的。有人剛留校時勢頭很好，後來就不再勤奮了。這都是人事管理制度造成的。有些學校嚴格說來合格的教師不到百分之三十。在各類評選中，要百分之七十的不合格教師去民主化地、心服口服地佩服拔尖的教師，中國人國民性的天生弱點會告訴你這是很困難的。我不行，你也不要得意。誰跟我關係好，我就同意誰。看你光靠埋頭苦幹去。那些東西算什麼？有什麼了不起的？不就天下文章一大抄嘛！這樣我也有否決權。且不要說百分之三十的骨幹教師之間，還會「文人相輕」，互相爭奪。這樣一來，現行的人事制度只能把這種搞平衡的任務放到領導層身上，領導層為了化解矛盾和實行民主，又常常讓學術委員會、或專家委員會來評議。這就需要他們來體現公正了。因為大家要來和領導層和學術委員會講理，講公平。他們身為領導和資深教授需要單位有人勤勤懇懇、任勞任怨地工作，需要有能力或有潛力的教師來幹活。但遇到單位矛盾積重難返、派系林立時，這種理照樣無法講下去。這對單位的發展無疑會產生消極的影響。可見，中國的現代化，首先應該是知識份子的現代化。倘若知識份子自己依然在搞封建幫會那一套，還有什麼資格批評世風？這就必須要通過立法，把人事制度理順。理順人事制度，是調動廣大知識份子積極性的關鍵。

　　有些很有潛力、很有能力、多少年來一直追求獻身科學事業和教育事業的知識份子，常常因人事上理不順，幹得不開心，又走不脫，意氣之下，無奈下海，又不諳水性，結果一事無成。這對科教事業和他本人都是不可估量的損失。還有一些高校教師，課餘主要精力放在第二職業上，囊中飽飽，不時還在學校裡沾人緣之光，得些許好處。國家的科教投資本來就很緊張，當然應當用在刀刃上，養一批獻身科教事業的人。到頭來給投機鑽營者鑽了空子，養著半個閒人，拿著金飯碗，再去掙外快。這些，無疑都是需要通過引進競爭機制，改善人事管理制度，才能解決，才能調動那些有能力、能勝任科教工作、具有獻身精神的知識份子的積極性。

　　八〇年代的這種現有的人事管理體制，不僅束縛了知識份子的手腳，同時也增加了國家和具體單位的負擔。畢業分配、引進人才，要由單位領導從愛人工作到小孩讀書，從住房到醫療全部安排好，逐一進行落實，煞費苦心。不去落實，在現有體制下靠個人寸步難行。小孩戶口正好在重點學校的學區，愛人正好也是緊缺人才，這種巧合也會有的，但太少了。體制不改革，單位醫療負擔日趨嚴重；體制不改革，人才不能合理流動，而對那些靠吃大鍋飯的閒散人員，領導卻奈何他們不得。不管有用沒用，你單位不能讓人餓死。科研機構和學校也背著沉重的包袱。儘管知識份子的生活問題出現在市場經濟的形勢下，但錯誤主要並不在市場經濟本身，而在於整個社會缺乏競爭擇優的機制與之配套。而體制在經濟轉軌的過程中，也缺乏恰當的法規及其有力度的執行，從而對市場進行約束。而且這種管理體制對個人的干預，有時涉及到個人生活的各個方面，嚴重的還觸犯了個人的基本自由，卻冠之以組織的名義，讓你沒有權力不把你自己的一切暴露在光天化日之下。據報紙透露，一位年青的知識份子，夜不歸宿，回單位後受到領導的盤詰，最終因

不堪忍受而自殺。[10]這個事例反映了管理體制中的封建家長制作風和「文革」的「遺韻」。我們完全有理由相信，這位單位的領導決沒有被視為犯罪。他能做個檢討已經算是認識深刻了，能挪個窩到其它單位做領導還表現了他的高風格。果真被降職了，那也只是在領導層內部鬥爭中，該領導失勢的結果。趕上有人自殺只是導火線和藉口，與事件本身關係不大。甚或即使領導層內部雖有意見分歧，但對知識份子自殺的這種「子民」（有的還是「刁民」）的抗議態度是一致的。當然時代已經不同了，畢竟還沒有哪位領導膽敢再像「文革」那樣，給這位年青的知識份子開批判會，罵他自絕於人民，自絕於黨，甚至再塑個泥人什麼的作靶子。

有一位在一家醫院工作的護士（八〇年代前期的中專也算是知識份子），因故於 1984 年與丈夫新婚後不久就離婚了。結果醫院院長夫妻為她介紹了一位比她大二十歲、喪偶、而且患間歇性精神病的主任醫生，院長夫妻的老同學。她起初自然不同意，但經不住院長夫婦輪番「勸說」，反覆做「工作」。身在屋簷下，不得不低頭。人家是院長，你的命運、檔案全在人家手中，怎麼辦？這位院長首先考慮的是他的老同學喪偶了，一人帶著幾個孩子怎麼辦？而不是這位小姐的命運將如何。把他院長的子民當人情給奉送了。這不是什麼死命令，但同樣有著不可抗拒的威嚴。結果折騰了四五年，受盡了精神折磨，總算把婚離掉了，與一個無業青年上街賣魚去了。她就像是一個八〇年代的祥林嫂，第一次守寡是不幸的，第二次則遭到了近乎毀滅性的打擊。假如介紹者不是軟硬兼施的頂頭上司，她早就拒絕了。可見在當時領導對「子民」在當時的這種公私不分的管理，雖然已比奴隸制中奴隸主把男女奴隸強行婚配好多了，但這畢竟是二十世紀八〇年代了啊！

10　據何新：《論中國知識份子的歷史地位與當代使命》轉述，《河北學刊》，1988
　　年第 6 期。

　　類似的情形發生在企業當中時，因為涉及到直接的經濟效益，官僚主義的弊端所帶來的後遺症顯得尤其明顯。而這些問題直到九○年代國營企業面臨倒閉，職工紛紛下崗後，才逐步得到改變，但國家和工人卻為此付出了慘重的代價。有一家化工企業，一位工程師引進他的母校、某化工學院研製的新技術，使工廠扭虧為盈。這時，就有人要來當廠長，享受勝利果實了。本來上級說好，廠長總體領導、那位工程師任副廠長分管生產業務的。結果，廠長認為副廠長不能做到句句聽從他的、事事向他彙報，便羅織罪名，把副廠長給趕走了。「離了你就不能活了？真是，整天目中無人。」在這位廠長看來，對錯無關緊要，損失一點也沒什麼了不起的。本來他以為那位副廠長走了，下面的幾位助工一樣能讓工廠運轉起來。想不到市場的形勢在變化，這位廠長又很固執，加之幾位助工能力有限，結果工廠瀕臨倒閉。工資靠銀行貸款下發，後來直接就發不出。青年大學生紛紛吵著要調出，工人牢騷滿腹。廠長看看呆不下去了，調到公司裡去了。他廠長撈了一筆，把廠搞垮了，只是挪了個窩，可苦了廠裡的二百多名職工了。有些人是全家揭不開鍋。這種現象在全國具有一定的代表性。到九○年代，這類問題日益嚴重時，許多單位才改變人事制度，改由民選廠長，一切從對國家、對工廠、對工人有益出發，使情況有了好轉。

　　前面講的還是矛盾很外露、很尖銳的地方。這種體制缺陷的本身同時還讓兩顆善良的心相互傷害。有的單位和領導，對知識份子確實很好，是希望他們留下來安心工作的。而知識份子本人呢？則想建功立業，施展自己的才華，到事業需要的地方。可能他嚮往的地方人緣上不一定順利，工作環境不一定很理想，甚至生活條件、工資待遇不一定很好，但他還是希望去。那裡有最適合他的專業，在那裡他能學有所用——至於事後可能碰到其它問題，那是另外一

回事──結果領導和知識份子之間相互摩擦，關係越搞越僵，弄得不歡而散。

　　張建偉等人寫的《命運備忘錄》[11]中，就專門談到中美兩國從1984年開始聯合培養的第一屆工商管理碩士不能學以致用的事。根據中美兩國政府1984年4月達成的協議，中美聯合舉辦工商管理碩士特別訓練班，四十名中國學子開始攻讀工商管理碩士學位，1986年9月完成學業後赴美實習，三十八人在十二月學成歸國。為此，國家花費了巨額的培養費。根據現代社會發展的節奏，他們的知識在十七個月內有效。十七個月後，他們必須補充新的知識，但他們在歸國十個月左右，就紛紛向新聞界呼救。十個月下來，這批畢業生中大多數人一事無成。

　　無論是中國還是美國，都對這批工商碩士寄予厚望。《美國基督教科學箴言報》稱：「他們將置身於中國現代化的先鋒行列。」「他們將處於引導中國工業及政府部門前進的路上。」一些工商界的首腦人物也聞訊來宴請他們，與他們建立聯繫。有人還把他們比作管理革命中的母雞：「孵化出中國九○年代管理革命的春潮。」但現實卻讓他們的夢破滅了。

　　管理機制和人事體制還是中國原有的，他們只能跟著舊有體制去轉。儘管沒有人迫害他們，有些領導對他們還關懷備至，但讓他們學非所用，大多數人還是感到遺憾。王川山回到遼寧省機械研究院後，院長讓他回到讀學位以前呆的設計室。盛維民回到單位，領導則讓他搞規劃和職稱評定工作，最後他自己要求回到原來的研究室。他們本人的精力，國家的投資，甚至是單位裡拿出來的培養費，全白搭，乾等著過期。在他們生活的土地上，沒有人理睬他們。這正是現行的體制使得他們被使用的效率無法提高，乃至處於被浪費

11　見徐子芳編：《中國憂思錄》，安徽人民出版社1988年版，第2頁。

的狀態。劉中天想調到能發揮作用的單位，可原單位的廠長說，這裡能養得起你，養你二十年。王海濤回到新港船廠當口譯員兼雜務。安徽巢湖地區郵電局的張小軍，也陷入了在職失業的困境。大連重型機器廠的陳憲星要到中美合資企業施展才華，還是經國務委員和市長的干預才得以通過。李覺非則據說是通過靠山走了，單位卻當了一次冤大頭，投資 1 萬多元（這在當時可是個大數字），礙於李覺非靠山的勢力，不能討回損失。這些無疑都反映了體制中的弊端。

　　用外國人評價他們的話說，他們這些人，大多數並不是想找一個薪水高、待遇厚的工作，而是想有一個能發揮作用、為國家做貢獻的機會，但事實上卻很難。一些美國人也在千方百計地找中國領導人呼籲。三十八名 MBA（工商管理碩士）畢業生中有一半人給有關部門寫過信，希望能擺脫困境。但這一切，都如石沉大海。這還是單位領導大都並非惡意而造成的後果。其實，即使滿足了他們的調動要求，就一定能使他們大展宏圖嗎？回答是不一定。我們且不說剛剛開始的這種培養方式還處在探索階段，效果有時是很難到位的，單從中國當時的狀況來看，傳統觀念的影響、中國企業的素質、工人的文化素質、心理狀態等，都使得 MBA 暫時根本用不上。將來即使用上了，也得要做相應的變通。因為這種 MBA 不是中國現實背景下成長起來的，即使學習外來先進科學，也得由適應而征服，如同佛教的傳入一樣。這叫適合中國國情。

　　既然在單位裡不能發揮自己的專長，那麼自己辦個民營科研機構，為社會服務又怎麼樣呢？應該說走出「象牙塔」直接進入市場，對於相當一部分知識份子來說，是適合自身條件的選擇。經濟的發展也需要一部分人扮演這種角色（當然不能讓全部的知識份子都去放下基礎研究）。這便是一部分科技知識份子下海並且取得成功的原因。例如四通、聯想等一批民營科技企業，就為中國高科技企業

的發展做出了積極的貢獻。但是從總體上看,民營科技企業和機構的發展,在整個八〇年代阻力重重。某些部門對他們總是看不順眼,總要想辦法把他們搞垮了事,然後大家心安理得。早在 1984 年,中共中央就在《關於科技體制改革的決定》中曾明確提出:「允許集體或個人建立科學研究和技術服務機構。地方政府要對他們進行管理,給予指導和幫助。」1986 年 9 月 1 日《世界經濟導報》以《民辦個體科研機構左右為難》為題報導:「上海市對民辦科研機構的管理政策很不統一。1984 年市政府曾發文規定:各區的民辦科研機構屬區科委管理,由區科委收管理費。而工商局卻強調民辦科研機構是『個體戶』要向工商局交管理費,否則吊銷執照。有些民辦科研機構在『清理整頓』時就因此而被作為『非法逃交管理費』處罰。政府管理部門的矛盾使得民辦科研機構左右為難,有的只能兩頭都交管理費。在對民辦科研機構的稅收政策上,上海市至今沒有統一和明確的規定,各區收稅標準各不一致,基本上都由稅收人員個人說了算,有的區臨商稅率高達百分之四十二,而有的區則根本不收臨商稅。這種『依人而治』的做法,使個體科研機構普遍缺乏安全感。」1986 年初,上海市工商局曾在一個情況反映中斷言:百分之八十的民辦科研機構存在各種問題,有的問題相當嚴重。但有關部門的聯合調查表明,在「清理整頓」中被明確定為違法的僅占百分之三‧九,百分之九十五以上並未違法。百分之三十二自動歇業的個體科研機構中,竟有三分之二是出於政策性的原因。這使人們擔心,經受了清理整頓的風險之後,個體民辦科研機構是否會被這些部門扼殺。經過清理整頓,有關部門把他們定為個體戶性質,與個體小攤販一樣被管理,結果把科研人員弄得灰溜溜的,而且只准他們搞一次性的轉讓,還不准他們搞技術產品的試產試銷,否則要「一事一報,特准放行」。有些違法違章的判定即由

此而來。這就嚴重地扼殺了科技人員的積極性，與中央精神也相違背。

許多人非常惋惜地說，許多民辦個體科研機構，為科技的普及，技術的轉讓做了大量官辦機構所沒有做的公益實業，並且在國家對所有科技開放機構免稅的當時，民辦個體科研機構仍以 16%的稅率向國家貢獻財富。但可惜的是，中國的這種民辦科技風險單位，承擔的很少是經濟和技術風險，更多的倒是政治和政策風險。

中國的科研體制的改革問題，八〇年代初就開始被提到議事日程上來了，但直到九〇年代，依然阻力重重。

三、中年知識份子的英年早逝

從 1982 年開始，中年知識份子問題日益突出。他們工作任務特別繁重，而家庭負擔（包括家務勞動和經濟負擔）也同樣繁重，工資水準又偏低，住房很緊，因此生活條件較差，健康狀況不夠好。後來一批中年知識份子英年早逝，正反映了這方面的問題。問題的關鍵在於左傾觀念的改變非常艱難，官僚主義作風和「官本位」的思想根深蒂固，不少人習慣於把知識份子看成是簡單的出賣勞力的人，甚至是天生的傻冒。加之傳統的勞動觀念，認為知識份子「工作輕鬆」。實際上，知識份子腦力勞動作為一種複雜的思維活動，夜以繼日、日新月異的創造，消耗了大量的體力和腦力，而人們對這種勞動的緊張和艱苦的真實情形缺乏足夠的認識，認為只有體力勞動，出大力、流大汗才是勞動。這就給知識份子改善待遇帶來了難度。

1982 年，各新聞媒體著力在宣傳兩位中年早逝的知識份子。一位是中科院長春光學精密機械研究所的蔣築英，1982 年 5 月 15日逝世時，年僅四十三歲。另一位是光學專家，航太工業部陝西

驪山微電子公司工程師羅健夫，1982 年 6 月 6 日逝世，終年四十七歲。

蔣築英年輕時學習刻苦，為了從事光學專業研究，遠離故鄉杭州，去做王大珩的光學研究生，與老師和同學一起研究測量裝置，以後又博覽群書，刻苦攻關，成果迭出，從不與同事計較成果歸屬，以後又兼作義務資料員，積極為有關單位排憂解難，對國家有求必應。在單位和公共場所，他能維護正義，幫助他人。在住房、工資和職稱面前，他也能做到先人後己，一切為了單位，一直工作到最後的時刻。

羅健夫，在「文革」期間就頂住壓力，鑽研技術，日夜拼搏，在成果面前，他總是把榮譽讓給別人。對別人搞不正之風，爭評職稱都表示憤慨，調資、晉升、出國、分配住房讓字當先。一切為公著想，直到癌症發作，進入生命的最後階段，他都堅持工作，反對特殊化。

這兩位科學家都體現了先人後己、大公無私的人格理想。

宣傳基本上是仿造對張思德、白求恩、焦裕祿這些早年的人格範型進行的。他們為國家的科技事業而獻身，宣傳他們，是無可厚非的。但僅僅宣傳他們，要大家都像他們那樣獻身，路子是有問題的。他們個人大公無私，先人後己，處處為國家、為人民著想，品德是高尚的。回過頭來想想，當時更應該做的，不是要大家都去為中華的崛起而中年獻身，而是應該充分珍惜他們。科學事業不同於戰場，光有犧牲精神和熱情是遠遠不夠的，不必非得用生命來換取成果不可。

好比一臺機器，與其讓它在得不到保養，在油供不足的情況下過早地喪失了功用，不如平日就很好地愛護它，供足它應該用的油，使它正常運轉。讓機器自己運轉舒坦，也讓我們得到它更多的貢獻。因此，人們要好好地總結教訓，要讓全社會都懂得知識份子

在中華崛起過程中的重要性，要像歐美和日本等國那樣尊重知識份子的貢獻。給他們以應有的待遇，才能讓他們為國家發出更多光和熱。諸如成果歸屬、職稱評審問題，都涉及到按勞分配，尊重勞動的制度問題。對於貢獻大的人，只有改善他們的生活待遇，才更有助於他們為國家、為人民做出更大更多的貢獻。整日為國家貢獻的人工資不夠用，房子不夠住，科研有困難，全家生活陷入窘境。沒有貢獻，或貢獻小的人倒坦然住進好房子，拿上高工資。這種做法對科技事業的提高沒有好處，對整個社會風氣和國家發展也根本沒有好處。需要做的，是讓他們得到應得的那份，讓他們獲得更多的、能為國家做出更大貢獻的物質條件，並且堂而皇之地顯示給大家看：你們要向他學習，你們也只有像他這樣，才能得到應有的報酬和待遇。鼓勵優秀人才做奉獻，讓低劣的人享受，不符合社會發展規律，不能形成競爭機制，時間長了，也不利於國家的科技事業的發展。只有獎勤罰懶，並且形成制度，才能有利於調動知識份子的積極性，有利於保護知識份子。

中年知識份子的困境還來自六〇年代的運動及其弊端。從經濟上講，八〇年代的老一輩知識份子，大都從小生活在小康以上的家庭，方能獲得接受教育特別是高等教育的機會，因此大都體質好。到五、六〇年代，雖然社會地位有所下降，而工資標準與社會各階層相比，依然是高的。學徒工每月只有十幾元收入，而教授的收入相當於學徒工的二十多倍。到了八〇年代，教授們的收入雖然相對下降了，但基本生活還是有保障的。華東師大中文系程俊英教授晚年感歎請不起保姆，「越活越凄涼」，畢竟已到了晚年。中年知識份子則不同。解放初期鼓勵工農子弟上大學，畢業後的分配，從各科研單位到高校，都是「根正苗紅」者優先，政治標準第一，業務標準第二。這批工農子弟，如戴厚英這樣的人，家中幾輩子都沒有讀過大學，他們接受高等教育的機會頗為難得。而他們從小的生活境

遇則相對較差，體質比較起來大抵都是一般，而且身強力壯之年又遭遇三年自然災害。畢業後拿到的是每月幾十元的新工資，而不是老教授那類的工資。加上父輩老人需要照料、撫養，甚至弟弟、妹妹從生活到學習都要他們的支持。低收入，重負擔，一遇到八○年代激烈的競爭，身體的健康就面臨挑戰。

從業務上講，由於五、六○年代從反右到「文革」，一次接著一次的運動都波及到他們。下鄉搞「四清」等，都使得他們不得不放下業務。當時過分強調政治，業務則相對淡化。科研、高校許多部門進入或留下了一批政治上突出，業務上平平的青年。到了八○年代要講業務，要講科研。中年知識份子耽誤多年，雖想奮發有為，但心有餘而力不足，這對他們精神上產生了壓力。他們不得不挑燈夜戰，為振興中華而「把『四人幫』造成的損失奪回來」。這種爭奪戰又是拼身體的活兒。

同時，由於先天不足和當時科研與課題評審制度的種種缺陷，這批人中相當多的一些人，不能獨立地承擔課題，需為老一輩作助手。這樣一來，相比之下自己的成績也顯得較少。加之有些老一輩學者有不良習氣，慣於佔用學生和助手成果，就更苦了他們。有位中國古典戲劇的研究家，在指導青年進修教師時，認為這位青年教師的文章寫得好，就在文章前端填上自己的名字，說：「不錯，寄到《光明日報》的《文學遺產》副刊發了吧！」誰知這位青年教師不同意，說：「趙先生，這是我自己寫的，只能署我自己的名字。」「你寫的？你寫的你能發表？」這位老先生很感意外地抬起頭，大概這是第一次聽到這種逆耳之言，於是氣乎乎地把這篇文稿扔到地上。青年教師低下頭去把它撿起來，嘟囔說：「不能發表也是我自己的。」這位趙先生過去留在系裡的幾位助教，長期給他當助手，寫東西。以致這幾位青年從助教到退休一個都未能評上正教授。他們的才智和成果，則大都歸入趙先生的名下了。另據霍達的報告文

學《國殤》說，北京農業大學的中年教師謝以銓，到五十三歲去世時，都沒能評上副研究員。他辛苦了一輩子，做出了許多貢獻，但因兩項重大成果和許多成果都是他的老師周明牂教授領銜的，當然影響了謝以銓的職稱評審。這位周教授還是有良心的，到謝以銓去世時還說了聲：「謝以銓為我做出了犧牲，我對不起他！」[12]在中年知識份子中，有多少像謝以銓這樣的人呢？而其中又有多少人像周教授這樣承認這一點，又有多少像趙先生那樣心安理得地攫取後輩的成果呢？所幸的是，年輕一輩已經懂得保護自己的權益了，他們不需要再做謝以銓那樣的犧牲了。

1987 年，張廣厚年僅五十，卻過早地離開了人世，而他的事業才剛剛開始。作為一名優秀的數學家，卻在北京北郊馬甸的一間隔為兩間的低矮簡陋的小平房裡，和妻子、兩個女兒一起生活了二十年。經濟上，他從 1962 年到 1967 年每月只拿到 42 元工資，還要寄給早年傷殘的老礦工父親和作為家庭婦女的母親每月 20 元。1967 年他大女兒出世時，工資才因研究生畢業提高到 69 元。他每天都要騎著自行車繞過大半個北京城到西郊科學城去上班。回到家還要買菜、捅爐子、做飯、哄孩子，而且還要精打細算、巧為安排。這是老一輩知識份子所沒有經歷過的，五○年代的一對大學教師夫婦可以在家請兩個保姆管理家務、照料孩子。

繁重的經濟負擔、高強度的腦力勞動，營養又嚴重缺乏，即使是鋼打的身子，也經不住折騰，而正是在這種環境下，張廣厚還在思考數學題目。有時即使是春節，也顧不上，只能喝點殘湯冷飯。就在他 1983 年搬入新居時，他病倒了，一病三年，直到 1987 年初去世。而就在他逝世不到三個月，他的同學和同事鐘家慶也不幸以四十九歲的盛年去世。當時，中年知識份子去世成了全國性範圍的

---

[12] 霍達：《國殤》，《當代》，1988 年第 3 期。

問題，而且在 1987 年以前就在報刊上成了議論的話題。甚至越是有才華、有成就的專家，越是從事強腦力勞動的中年人，越容易英年早逝。而那些本來碌碌無為、一直不求上進，甚至關鍵時刻還嫉妒、中傷別人埋頭苦幹的人，倒可以逍遙自在，長命百歲，他們可以評職稱，可以享受福利。

在霍達的《國殤》中，這類中年早逝的知識份子排成了個長隊，讀來讓人辛酸。有任教八年的北師大女教師徐志英，被挣足了票子，春風得意，而且買了人身、車輛雙保險的個體戶開摩托車撞死在馬路上。北京市科學技術交流中心的高級工程師高建民，歷經曲折，抵住了貧困的壓力，完成了大直徑與特大直徑無縫鋼管軋機等具有世界先進水準的設計，並申請了專利，卻積勞成疾，得了腦癌，最終在 1988 年 3 月，以四十五歲的年齡為國家的科技事業獻了身。八〇年代後期青年知識份子出國成風，社會上流行新的「讀書無用論」風潮，以及研究生退學經商等等，都與整個知識份子階層的待遇、境遇及中年知識份子英年早逝有關。這些問題暫時得不到解決，看起來沒有明顯的問題，對整個國家的發展卻有著無形的影響。

據史志英調查，到 1987 年，由於日常生活的壓力，知識份子的身心健康受到了很大的影響。諸如住房問題、照顧老人和照顧自己、子女升學問題、科研圖書資料費用、出差費用、工作調動問題、繁重的家務勞動問題、上班交通問題、醫療問題等等，均構成了知識份子的生活壓力。[13]但我認為，從根本上說只有兩個問題，一是經濟問題，一是工作環境問題。有了足夠的經濟條件，住房、照顧老人、家務、疾病、科研費用等問題自然就緩和了，乃至營養問題等，也得到了解決。工作環境則涉及專業對口問題，同一單位同一

13　見史志英：《知識份子生活和工作的心理狀態》，《河北大學學報》，1988 年
　　第 4 期。

年齡段的搭配不合理而造成內耗。或是單位內部競爭機制沒有建立得起來，導致業務骨幹積極性大受傷害。評定職稱、提薪等與知識份子切身利益相關的問題在處理上走不上軌道，導致能夠做出貢獻的人受到壓制，上竄下跳的人反而得益。若想到更能發揮自己才智的地方為國家做出更大的貢獻，又因人事制度的不合理而阻力重重。結果不得不折騰三兩年，損失最大的仍是知識份子自己。有些人由於遭遇的困難、挫折太多，科研上的優勢得不到發揮，長此以往，勢必使其中的一部分人身心健康受到影響。

　　解決問題的辦法，簡單地說，就是解決知識份子的經濟問題，最低限度要脫貧，其次要沒有後顧之憂。到八〇年代末，高校和應用性科研單位，有魄力的領導能夠通過社會辦學、使科研成果走向市場等方式解決經濟問題，以教學和應用來養科研。而基礎理論的研究部門，知識份子自己無法掙錢，又不能為掙錢而放棄科研，這就需要國家設立專門的基金對科研專案和知識份子本身予以扶持。但因當前體制的某些環節不能突破，加之攀比心理等原因在作怪，長期以來一直不能解決。從 1983 年開始，國門逐漸打開，當中國知識份子看到自然科學和人文科學與世界的差距時，憂心如焚，而知識份子待遇和科研經費又漸漸滑坡，更加重了這種危機感。報刊上登載了各種討論這種問題、提出解決問題辦法的文章，但都是紙上談兵。直到九〇年代中期以後政府再度提出「科教興國」方針時，大家首先想到的是八〇年代「尊重知識，尊重人才」方針的虎頭蛇尾，加上相關的體制與以前沒有多大區別，也就是沒有相關的得力措施與之配套，所以知識份子對此的反應總體上是冷漠的、缺乏激情與狂喜的。

　　其次，要容許知識份子在自己的專業領域內發揮才智。從八〇年代中期開始，中年知識份子分居幾十年的狀況得到了緩解，允許夫妻團聚的人道主義舉措得到了落實，但人事制度一直沒有得到改

進。知識份子辭職下海是可以的，而知識份子的流動卻一下不能放開。到八〇年代末期，不少高校和科研單位仍把人才看成是自己管理、監督的對象。有些即使不對口，寧願一輩子用不上，也不准他流向外單位去發光發熱。僵持到最後，就不只是該走不該走的問題，而是我的權力你突得破突不破的問題。某些高校領導不得力，把教師當成簡單的勞力役使，既不懂業務，又不懂全國的行情。無知地以為自己的學校就是「老子天下第一」，聲稱想走的一個不留。結果不到兩年，九百名教師一下走掉兩百多名骨幹教師。一些在校老教師痛心地說：「本來在同類院校能名列前茅，現在二十年都恢復不了元氣。」繼任者不是總結經驗教訓，對教師實施安撫政策，而是「堵」，不管你怎麼想走，一律卡死不放。這種少數領導代表政府管理知識份子的失當行為，都導致了知識份子的積極性大受挫折，造成了人才不能盡力的局面。對此，國家應該做宏觀調控。確實因高尖端科研需要，應當從大局出發，而不能片面地去維護個別領導的面子，考核領導的標準應該是能不能做到人盡其才。要允許教師在教育系統內流動，允許科研人員在科研系統內流動，讓他們到適合於他們發揮才智的地方，讓他們到人才在年齡結構、專業結構均合理的地方去。知識份子能否充分地發揮作用，才是有關領導應該追求的目標。如果僅僅網開一面，只允許下海，不允許流動，結果只能導致相當一部分知識份子流失，本來能夠獻身於科研和學術的人才由於無法施展才華，只有一條下海的路，只好忍痛割愛，放棄事業，下海折騰。這種狀況，除了對個別的有關領導毫無損失外，對知識份子個人，對國家都有損失，有時甚至是難以估量的損失。解決問題的辦法，決不是批評某個別領導，甚至處分某個別領導，而是從宏觀上，總體上放開對知識份子的舊的管理體制，真正建立「尊重知識，尊重人才」，有利於人盡其才的管理體制。

四、知識份子生存環境的多元調整

　　通常在討論知識份子問題的時候，常常把知識份子作為一個整體來看待；在討論知識份子困境的時候，主要是指知識份子的物質待遇。這種籠統的說法實際上是過去一元思維方式的繼續，用這種思維方式來看待知識份子，就會犯以偏概全的毛病。我們不能因為幾位知識份子走上行政崗位了，就說現在知識份子吃香了，讓他們當官了。因為知識份子作為高智商的社會成員，他們有參政的能力和權利，依照傳統的「團結、教育、改造」的觀念去看待知識份子，無疑是行不通的。似乎不被壓迫，知識份子就要危害社會似的。我們也不能因為有幾位知識份子下海賺了錢，特別是依靠知識的力量，去獲得了較高的收入，就覺得知識份子人人富得流了油。其中尤其有平均主義的思想在作祟。一個工人可以妒忌小學時的同學、高中畢業後分手十年的學者：你拿了洋博士學位，可咱也是為社會主義建設流了十年汗的。憑什麼你到廠裡住上房了，我就住不上？上廁所還有先來後到呢！他的同學日夜拼搏在實驗室時，他在搓麻將消遣，這些他是不比的。同時，這批得意者在八〇年代畢竟只是知識份子群體的少數。但如果說對這個知識份子群體的待遇從總體上進行調整、提高，一個也不拉下，則又是大鍋飯的體現。有人不在乎，有人如獲荒漠之甘泉，有人則受之有愧。知識份子因各人的專業、專長、能力的差異，自然是不能一概而論的。一部分知識份子難受之時，則可能正是另一部分知識份子開心之日。這當然還得撇開投機心理不談。在改革中迎接經濟大潮帶來的社會需求的挑戰往往因人而異，因學科領域的差異而異。就有些知識份子來說，他們的智力和性格已經不適合在高尖科技領域繼續工作。那樣做不僅尸位素餐，占著一個位置，吃著一份閑飯，對他自己來說，別人都

在成果頻出，自己卻活得很累，也飽受別人成就感的刺激。如果他換一種活法，把相關的專業知識運用到實際操作中去，加之自己動手能力的天賦，良好的社交能力，就會成為傑出的實幹家。在這個時候，他才能獲得成就感。但如果只是急功近利，以實業的成就論英雄，對於許多從事高尖技術的研究者和從事人文建設（表面上看起來可有可無，而實際上卻必不可少，尤其對我們的社會來說更是緊迫需要）的人來說，無疑虧待了他們。他們心力交瘁，日夜思索，從事著社會上最緊要的腦力勞動，卻得不到一般體力勞動者的報酬，在擁擠的住房中，又承擔著繁重的家務。叫他們任勞任怨，沒有非凡的意志，沒有曠世稀有的心胸是難以勝任的。而那些改革中必需的實幹家，如法律、財經等專業的，在市場經濟中直接發揮作用。一定要讓他們靜坐書齋，等待著專業知識成為精緻的過剩麵包，無疑也是坐以待斃。

因此，在八〇年代市場經濟背景下的知識份子，要改變他們的生存環境，應該多元考慮，不能籠統而論。籠統而論，又犯了大鍋飯時期一元思維模式的簡單化矛盾。普遍再去談改善，餓的依然飽不了，飽的則要脹壞了。同樣，當時有些報刊籠統地號召他們擺脫種種顧慮，奮不顧身地下海，確實顯得有些盲目，與大躍進時代大家一起大煉鋼鐵有何區別？同時，過去複雜多變的政策造成了人們的擔心，高尖技術人員和人文學者本身又確實不宜下海。面對下海狂熱的鼓動，許多人自然會有顧慮。有顧慮是正常的，沒有顧慮才是不正常的、弱智的。知識份子生活在世界上，首先是要有智慧，然後才是要有勇氣。

改善知識份子環境，知識份子自己要多思考是對的，不能都等社會來思考，但當他們認定為社會獻身的事業是正確的時候，剩下的更多地要由社會來思考了。全社會都要認同他們對社會的進步所起的不可忽視、無法取代的作用，全社會都感受到他們的貢獻。這

樣，就不至於因為他們調了一級工資心裡不平衡，至於他家老少三代擠在兩間房子裡是不管的，甚至認為是傻子命該如此。更有甚者，有人還糊塗地認為歷史上偉大的人物都是歷經艱辛，受盡挫折的。仿佛他們過著苦行僧的日子，是「天降大任於斯」的表現。天既然降大任於斯，他們受苦受難就是很自然的了。

　　有一篇文章就這樣說：「物質條件的改善總是相對的、有限的，經濟收入再多也無法從本質上界定你的人生意義和品味。從事精神活動的人如果有一個好的工作條件和環境，一定的名氣和榮譽，確實也能使有才氣的學者錦上添花，但所有這些都只是從一般意義上說的，實際上，在有些場合，某些天才人物的傑出貢獻，和他們生前優越的生活環境和人文氛圍並不發生必然的聯繫。」按照這種邏輯，仿佛「文革」迫害知識份子，八〇年代知識份子境遇困窘，倒是做了一件大好事，是社會成全了他們。如果給他們過上好日子，「飽暖思淫欲」，就會頹廢不振，不思進取。這篇文章還說：「對一個真正能站在較高歷史支點鳥瞰世界和人生的強者來說，生前某些並不優越的生活環境和並不得勢的人生境遇，倒極有可能成為他們的強勁動力。在這方面，馬克思是個典型。」這真是奴隸主的邏輯，要讓知識份子做出成績來，就得用鞭子。社會虐待他們，就是要讓他們對人類有重大貢獻。要知道，馬克思並不感謝那個「造就」他的社會，而只詛咒他們，詛咒異化的社會。難道你是想讓我們都詛咒這個社會嗎？知識份子們，當你們窮困潦倒時，貧病交加時，母親病重沒錢送醫院時，社會讓你們成就自己的時刻就來到了。「一個清醒的學者應該敏銳地覺察到，精神再生的號角已吹響。」[14]好一個「強勁動力」，好一個「精神再生」，不知道這位張先生的大文是否在這種環境下被觸發靈感的，因而產生了這種偉大、不朽的思

---

[14]　張生泉：《市場經濟與知識份子定位》，《毛澤東鄧小平理論研究》，1994 年第 4 期。

想。以我這庸人學者的體驗，在一個書房裡做學問，比趴在路燈底下讀書做學問來得方便，更有效率。

不見這位先生的高論，我們還不知道社會上還有這樣一批人，是把知識份子當畜生來役使的，也還認不得自己是誰。看了這番高論，倒有一種茅塞頓開的感覺——問題依然在於封建專制思想。劉邦用儒生的帽子撒尿，於是漢儒把經書整理好了。司馬遷受了宮刑，就把《史記》給寫完了。要解放自己，保住帽子，保住生殖器官，別去注經，別去寫《史記》。要徹底放棄傳統的重義輕利思想，不把義、利對立起來，要堂堂正正地生活，要向社會討公道。不去過那種自以為清高實際上被人視為寒酸、甚至是人家為了成全你才讓你過的生活。下海去，往南方去，出國去，跳槽去，炒股去。這些做法雖然對整個國家的科技文教發展是不利的，但在總體局面失控、知識份子待遇沒有辦法改善的情況下，確實也是一種解決問題的辦法。九〇年代知識份子待遇有所好轉，回過頭來想想，也確實與八十年代知識份子下海、跳槽等有關。假如都坐以待斃，還不與那些早逝的中年知識份子一樣的下場？

當學校沒有像樣教師的時候，大款們便會出高價讓子女上私立學校。當社會上沒有高級知識份子可供廉價使用的時候，大亨們就要出重資購買技術。社會的發展與達爾文的「物競天擇，適者生存」原則相關。從來就沒有什麼救世主，要創造人類的文明，全靠我們知識份子自己！知識份子整天埋頭抱怨、中年知識份子成堆地死去，都打動不了靠經濟規律運行的大腕們和貪官們。當你讓他們看到已沒有廉價的知識傻子的時候，他們就得出血，你就堂而皇之地與他共用所創造的財富了，而實際上你在其中的投入依然比你所得到的大得多。正如一個建築包工頭能用五萬的力資獲得一百萬的收入，他是不會去花十萬投資的，反正勞動力多的是。當所有的勞動力都拒絕賣命，把力資提到三十萬，包工頭最終也會幹的。他畢竟

坐享其成（或者也在用智能駕馭勞力），還能淨得七十萬。知識份子要自己尊重自己。在社會的總財富中，知識份子的智慧投資起到了相當重要的作用，現在要理直氣壯地多得一點由自己智慧換來的報酬。知識份子為社會所做的奉獻確實心甘情願，但並不是傻子，不是天生就下賤、廉價的。澆一澆涼水，讓賺昏了頭、脹紅了臉的大款們清醒一下，讓一部分貪官污吏知道咱知識份子也是人，不是任意役使的牲口。因此，知識份子的流失在短時間內看起來是件壞事，不利於社會的發展。從長遠看，卻是一件好事。這樣可以有利於各個階層的人都清醒一下，切身體驗到問題的嚴重性，以利於問題的解決，真正調動知識份子的積極性。當社會只給知識份子一種出路的時候，知識份子何必還在死路上走到底？在腦體倒掛時，提高待遇的呼聲儘管此起彼伏，都解決不了問題。讀了二十年書，拿了博士學位，沒有住房，工資連老婆孩子都養不活。而當他們一批批放棄原來的單位到沿海發達地區投身商海時，卻客觀上提高了商人和個體戶的總體素質。既解決了商界的發展問題，又解決了自己的生存問題，一舉兩得，何樂不為？至於科技文化教育，培養祖國的未來，那是全社會的事。這就是中國的特殊現狀，特事特辦。這不能通過人大制定法案，讓知識份子待遇提高十倍，也沒有任何一個領導來做決策。為什麼？國家還窮。儘管大款們有錢嫖妓，養情婦，蓋別墅，揮金如土，一擲千金。儘管貪官們「革命的小酒天天醉」，「喝壞了黨風喝壞了胃」。知識份子照樣連藥都吃不起。你說怎麼辦？海南的某些地方還有教委的頭兒吃空餉呢！中國的改革，本來就是「摸著石子過河」的，沒有現成的譜子去遵循。不到迫不得已，問題沒法解決。教育問題，高科技問題，都是長線問題。短時間裡看不出，時間長了出現問題時，又不是短時間可以解決的。非強刺激不可，而不是空頭大聲疾呼可以解決的。這種強刺激

客觀上會促使問題的解決，因而最終還是對國家、對人民有利的。只不過畢竟是一種消極的辦法，顯得被動而已！

如果你既沒有能力改善知識份子待遇，又要非得死死卡住他們獻身，則是一種變相的迫害，結果非但解決不了問題，反而把人們都弄得心寒，像逃避挨殺的豬似的不肯去教書，去搞科研。大家都富裕了，清貧的教師沒有人去做，人民的後代又要人去培養，自然有人願意拿出合理的教育經費，客觀上也是為了祖國的繁榮富強。官本位思想受到了市場經濟的衝擊，但有些人權錢交易，貪污腐敗，灰色收入，住大房子，濫用公車等等，依然對寒酸的知識份子中的一部分人有吸引力。「學而優則仕」的傳統觀念使得很多有門路的人都儘量往政府機關擠。而八〇年代初開始的領導幹部知識化，又給他們開出方便之門，於是很多人削尖腦袋，費盡心機也要擠進「官」的行列，這樣可以擺脫收入低微、住房狹窄、身份卑賤的困境，當然也可以避免英年早逝。雖然，八〇年代的張廣厚要比焦裕祿多得多。

而且，知識份子出路的多元化，也有利於知識份子開拓心胸。大家擠在一條官道上，文人相疏，心胸狹窄，惹事生非。秦始皇在西元前 212 年坑儒 460 多人，其主要原因，當然是秦始皇的殘暴專制，而儒生們相互告密，也是造成慘案的重要原因。五〇年代一些當政的知識份子要求嚴懲「胡風反革命集團」，也是這種心態的產物。八〇年代就有所不同，你妒忌我，想借刀殺人整治我，我可以經商發大財，讓你看得不自在。

撇開上述內容的情緒性成分不說，我認為市場經濟從總體上講是促進了中國社會向前發展的，萬事開頭難。經歷了二十年僵化的單一計劃經濟和專制，一下子轉變過來，從思想觀念上就阻力重重。對此，中國的知識份子在輿論上、思想上、謀略上做了大量的工作，是市場經濟的積極推動者。也正因如此，到頭來讓他們做出

犧牲，他們感到委屈是很自然的。同時，在轉軌的過程中，沒有現成的道路可走，要摸索。既不可能按西方資本主義的原始積累的方式進行轉換，也不可能事先提出一套嚴密的計畫，照章辦理。出現一些混亂，是在預料之中的。關鍵在於有關部門在宏觀調控上不夠得力，而既有的行政管理體制在相當程度上依然是計劃經濟時代的，這就不利於計畫與市場兩種經濟成分並存的局面。由此帶來的弊端，束縛了相當一部分從事高尖科技和文化教育事業的知識份子，甚至給他們帶來了災難性的打擊。相當一部分知識份子的利益在計劃經濟和市場經濟中兩邊掛不上。市場經濟的得益者可以直接獲利，計劃經濟的得益者又通過特權進入市場去撈。知識份子則既在海上，又被平均主義、官僚體制與人事制度捆住了手腳。這種局面當然不利於國家的長遠發展，使得國家人才短缺狀態雪上加霜。到了九〇年代，經濟在低速平穩發展，知識份子的狀況因市場不夠景氣，而相對稍有好轉，但依然不能充分調動知識份子的積極性。因此，知識份子問題在中國還依然是個問題。這樣說自然不只是從客觀上找原因，認為知識份子自身就一點問題也沒有。那些天天喊叫的人，並不是個個都受了委屈的。對於那些濫竽充數的南郭先生來說，他們既沒有能力在學術和工程等知識領域做出貢獻，又想領導層能像豢養破落戶子弟那樣，把他們供養起來，滿足他們好逸惡勞的心理，這是非常危險的。果真遂了他們的心願，他們就會成為害群之馬，自己做不出成績，卻在單位裡妒忌、傷害有能力、勤勤懇懇做貢獻的人。改革的最終目的，就是要利用市場經濟的競爭原則，把知識份子做貢獻的積極性調動起來，把獎罰分明的原則規範化、制度化。有了這種局面，害群之馬們自然就會被淘汰出局。

　　把知識份子引向市場確實有其對社會有利的一面。一些操作型的知識份子只有介入社會的經濟活動和產業活動中去，才能推動社會的發展，而不是整天地坐而論道，空談誤事。但同時，市場上的

競爭機制也同樣應該引入知識份子階層。我們通常說理論型知識份子不能介入經濟實體，不能產生直接的經濟效益，因此，以直接的經濟效益來分配報酬，讓這類科學家和思想家都去守窮是錯誤的。但這決不意味著理論型知識份子可以擺出研究的架勢，卻整日發牢騷，不去腳踏實地地進行高水準的拼搏。對於從事重大科研的知識份子來說，一要有高收入，二是要有高競爭。既不要因經濟的困頓而委屈了大知識份子，也不要因需要養一批知識份子，而允許他們成為掛長衫的衣服架子。

應該說市場經濟對知識份子改善自己的生存環境是有積極意義的。市場經濟的競爭機制終究要影響到知識份子的生存秩序，終究要使知識份子優勝劣汰，結束大鍋飯的局面。同時，經濟上的市場化和知識份子發言權的控制之間有著必然的聯繫，隨著媒體走向市場，當人們愛聽真話、聽有利於社會發展的話時，媒體就會逐步為自身的生存和發展而擺脫專制的約束。但如何使社會主義市場經濟有利於知識份子的發展，卻是一個嚴肅的課題。當然，貪污腐敗、權錢交易、假公濟私這類醜惡現象在市場經濟的土壤裡在滋長，素質低的大款發了財，便肆意揮霍，甚至為非作歹，這些確實對知識份子的待遇產生過負面影響，但我們不能因此就從根本上否定市場經濟，那是一種倒洗澡水連小孩都倒掉的做法。

平心而論，知識份子有選擇下海的權利。一部分適宜於下海的知識份子下海，對商業的發展和檔次的提高是有好處的。張賢亮這個「娘的好兒子」，在八〇年代「原諒」了娘，到九〇年代初也開始下海了，從中可以看出他很強的適應能力。到 1993 年初，他向社會發出了一份《文化型商人宣言》，要作家、文人們在經濟舞臺上手拉手地「卡拉 OK」，把毛澤東的「實踐論」思想運用到現實賺錢中來，「我們要實踐！我們要下海！」念他的「文人的一半是商人」的改革經，到 1993 年 3 月 22 日，《青年報》記者黃平就見

到他的名片上印了四個董事長的頭銜。據說在 3 月 9 日，張賢亮華
夏西部影視城等四個公司開張時，賈平凹說：「你張賢亮咋不像張
賢亮！」張賢亮笑答：「這才是張賢亮的本來面目。」好一個本來
面目，娘的好兒子在打罵的教育下終於成才了，不過成的是個商
才，而不是文才。當然還是與文化搭了邊。其它如郭蘭英創辦民間
藝術學校，組成「郭蘭英藝術團」，謝晉與有關公司聯辦相關的影
視公司，並說「下海與從事藝術並不衝突」。而已經沒有登臺走穴
風采的「劉三姐」黃婉秋雖然已成半老徐娘，開工廠建公司無疑還
是可以的。就連活雷鋒張海迪，也當上了山東東嶽實業有限公司的
董事長。而在八〇年代，下海的知識份子除了科技、經濟諸領域外，
總體上還是寥若晨星的。1985 年，三機部北京航空研究院第六研
究室副主任段永基，加入到中科院 7 名科技人員在 1984 年辦起的
四通集團公司，並擔任了該公司的總裁，走向了市場經濟，可謂其
中成功的範例。到了九〇年代，一批知識份子已經適應了經濟大
潮。這當然也是八十年代形勢發展的結果。當他們在原有的領域陷
入困境時，下海去發揮才能，未必不是一條出路。有時下海還能帶
動自己的領域發展，起碼也能提高商海的檔次。這對經濟的發展無
疑是有益的。這時，下海已沒有什麼可怕的。當然所謂沒有什麼可
怕的，也不是人人可以去趕時髦的。不習水性的人也會淹死的，水
畢竟是無情的。

　　我們說八〇年代知識份子面臨困境，不只指他們的經濟收入不
能與商人相比，因而心理不平衡。經濟問題無疑是一個嚴重的問
題，中青年知識份子總體上一直處於物質匱乏的深谷。一家三口人
擠在筒子樓，孩子小時候沒法請保姆，到十歲還和父母擠在一張床
上。孩子要休息，愛人要上班，自己不能挑燈夜戰，上菜市場去買
便宜的菜，還要討價還價，……以這種生存環境從事最繁重的腦力
勞動，為社會做出傑出的貢獻，在文明的八〇年代是太艱難了。因

此，知識份子的物質生存環境的惡劣，是全社會的恥辱，對全社會的發展極為不利，沒有任何一個政治家有權以此為榮。

但更重要的是，知識份子還面臨著精神的危機。知識份子要以社會心態來從事精神活動。一切對人類社會有益的創造性精神活動，才是他們所應該從事的。他們永遠不滿足於現實，永遠在為推動社會的發展而努力，而不是為了幾十萬元的財富去替某大企業家立傳，顛倒黑白地大肆吹捧，或是為了暴利去替黑社會組織實施科技犯罪，當然也不是為了阿諛權貴而助紂為虐。這些精神娼妓的行徑是正義的知識份子所不恥的，知識份子的貞操就在於始終捍衛自己的人格。他們通過嶄新的思想方法推動人類文明的進步。八〇年代中期以後，一批知識份子迷惘、困惑，價值觀念失衡，是需要冷靜地思考的，不能以偏激的言論簡單地發洩。其中的一批知識份子之所以一心想從政，就是認為從政活動中獲得的利益比從事科研的人更多更快，也更受人尊重，因而無心向學。假如知識份子的社會地位本身很高尚，為社會的楷模，而且由於競爭機制，一般人望塵莫及，只能羨慕、尊敬，那麼這些知識份子就會自重、自律，而唯恐自己能力不及。當知識份子雖然收入低一點，依然受到尊重，他們的情緒會大不一樣。問題是社會心態不認為知識份子是在奉獻、在做犧牲，甚至還嘲笑知識份子不識時務、迂腐。所謂「窮得像教授，傻得像博士」，正反映了他們對知識份子充滿鄙夷的心態。

如果說從事科研的知識份子靜坐書齋，有足夠的經費和待遇，就可以忍辱負重地搞自己的科研的話，那麼，從事社會工作的知識份子的工作則直接與體制相關。如果遇到了具有吏制思想的地方官員，從心底蔑視他們，就使得他們的工作根本無法進行，心靈也備受煎熬。例如律師。我國從 1978 年開始逐步恢復律師制度，但是由於不少領導官本位思想在作祟，對律師採取鄙視的態度，把他們當花瓶，以長官意志行事。某縣處理案子，不准律師參與，自己覺

得「好辦」多了，因為可以為所欲為。某縣的一位領導曾在一次會上說：「這一回，沒有辯護律師搗亂，事情就好辦了。」[15]1985 年遼寧臺安縣的三位律師為一起刑事案件替被告人辯護，竟被檢察院以「包庇罪」拘禁並遊街示眾。結果全國律師界都很憤然，多方呼籲，想法搭救，均告無效。最後中央最高層出面干預，歷經磨難，四年後方才得以平息。[16]這些事例都說明了官僚體制中的封建思想依然非常嚴重，當官的可以為所欲為，絲毫不覺得不應該。不知道長官意志要尊重法律制度，不能以為做官就可以踐踏法律的尊嚴。甚至刑事案件要他們開言才能確定處罰，親朋好友，論情就可以放過去，完全把社會和轄下當成自己的自留地。領導幹部只有尊重科學規律、教育規律和法律，才能談得上尊重知識份子。

當然，在某種程度上講，在恢復律師制度的過程中，這種情況是難以避免的。西方也曾經經歷過這個過程。但現在的問題是，中國在二十世紀七〇年代末恢復律師制度時，人類的文明進程已經到了不可藐視法律的時代，而依然有這類專制思想存在，乃至到了九〇年代也依然有類似情況出現在司法部門。一些長官一心想在案件中體現自己的意志，乃至要拿法律做人情，可見中國現代化進程之艱巨。

當然，中國的知識份子確實像張賢亮所講的，不能太脆弱，要經得起磨煉，要能歷經風雨。既然我們的社會環境中，知識份子的處境是如此艱難，必須任勞任怨，無私奉獻，才能推動中國的文明進程。但另一方面，提高全社會對知識份子的認識本身就是推動中國走向繁榮富強、文明健康的社會的有機組成部分。

---

[15]　張思之：《律師實務參考資料》，第 66 頁。
[16]　《臺安律師真相》，見《民主與法制》1985 年第 8 期，《從「地獄」之門走出來——臺安縣律師冤案平反始末》。

　　中國知識份子處境本身就反映了中國八○年代的文明狀況。要
改變這種狀況，知識份子要付出艱辛的努力。而這本來就是知識份
子艱辛的使命。

　　直面現實，不要沮喪，不要憤怒。以知識份子的神聖的職責推
動社會的發展，改變這種局面，是知識份子長期而艱巨的任務。

第六章　知識份子新時期的心態（上）

一、巴金

　　粉碎「四人幫」以後，一批老一輩知識份子開始對過去的經歷和所作所為進行反思，對自己和同輩知識份子幾十年來所受到的殘酷迫害進行揭露，也對自己在當時的背景下缺乏道德良知進行懺悔，儘管其中的許多人在「文革」中的所作所為是身不由己的，同時力圖在自己身上恢復知識份子的獨立思考精神和社會批判意識，提倡講真話，對八〇年代的現實做出發自內心的評價。巴金、周揚、趙丹等一批老一輩知識份子都不同程度地做過這方面的工作。其中以巴金 1978 年至 1986 年所寫的五集《隨想錄》較為系統。儘管有人對於《隨想錄》被評價為「一部當代文學最高成就的散文作品」不以為然，或認為該書藝術上尚不夠完善，但它確實是一部「講真話的大書」。是一個七八十歲的老人的真誠思考，以其人生的厚度使得作品有著一般人所傳達不出的渾厚感，讀後耐人深思。

　　巴金《隨想錄》的重要內容是對「文革」及五〇年代的反思。歷經「文革」的災難，人們痛定思痛。巴金和當時的許多有識之士（如朱東潤等人）都深刻地思考過「文革」的原因，憂慮文革的再度出現。「我一再勸人不要忘記『文革』的教訓，唯一的原因就是

擔心『造反派』捲土重來」。[1]巴金認為,「文革」發生的根本原因在於我們對封建觀念採取屈從的態度。這就不僅僅是林彪、「四人幫」這幾個人的問題,而且還在於我們頭腦中的封建意識。「我常常這樣想,我們不能單怪林彪,單怪『四人幫』,我們也得責備自己!我們自己『吃』那一套封建貨色,林彪和『四人幫』販賣它們才會生意興隆。不然,怎麼隨便一紙『勒令』就能使人家破人亡呢?不然怎麼在某一個時期我們會一天幾次高聲『敬祝』林彪和江青『身體永遠健康』呢?」「沒有辦法,今天我們還必須大反封建」[2]反封建必須從我們自己開始。「坦率地說,我們誰的心靈中沒有封建的塵埃呢?」[3]他還徵引明代詩人兼畫家文徵明《滿江紅》詞中對南宋秦檜的評價:「笑區區一檜亦何能,逢其欲!」一個秦檜自然是翻不了天的。在他的周圍有著一批有投降觀念的人,包括當時懦弱的皇上,有著一批構成封建腐朽的機器的成員。在讀到周予同先生的悲慘遭遇時,巴金說:「對他(指周予同)那樣一個知識份子來說,把一切都推給『四人幫』是解決不了問題的。」[4]後來陳凱歌也曾經有過類似的結論:「在我看來,『文革』是中國人民的集體創作,但我們卻非要毛澤東一人署名,加上『四人幫』。」[5]這說明大家在這個問題上已經漸漸地形成了較為一致的看法,而巴金正是較早地意識到了這一問題。

不僅如此,巴金還對自己在「文革」中的行為做了深深的自責。雖然「文革」結束後大家都咬牙切齒,痛恨這場劫難。但在當時,卻受著迷信的影響。其中一小撮人趁亂投機,而大批的人麻木不仁,

[1] 《隨想錄》第一集,人民文學出版社 1997 年版,第 30 頁。
[2] 《隨想錄》第一集,第 51-52 頁。
[3] 《隨想錄》第二集,第 15 頁。
[4] 《隨想錄》第五集,第 104 頁。
[5] 羅雪瑩:《銀幕上的尋夢人——陳凱歌訪談錄》,《文匯電影時報》,1993 年 6 月 15 日。

被人利用，相當多的人則甘願受辱。巴金認為甘願受辱是自己陷入災難的重要原因。「張春橋、姚文元青雲直上的道路我看得清清楚楚，路並不曲折，他們也走得很順利，因為他們是踏著奴僕們的身體上去的。我就是奴僕中的一個。」[6]「我自己承認過『四人幫』的權威，低頭屈膝，甘心任他們宰割，難道我就沒有責任！」[7]「幾張大字報就定了我的罪，沒有什麼根據就抄了我的家。隨便什麼人都可以到我家裡來對我訓話。可笑的是我竟相信自己犯了滔天大罪。」[8]為此，巴金不止一次地解剖自己。他根據英國小說中「奴在生者」與「奴在心者」的說法稱自己是可鄙的「奴在心者」。「我就是『奴在心者』，而且是死心塌地的精神奴隸。」「沒有自己的思想，不用自己的腦子思考，別人舉手我也舉手，別人講什麼我也講什麼，而且做得高高興興。」[9]巴金認為，自己對「文革」的反思是一種人性的覺醒，是一種大夢初醒。在《隨想錄》合訂本新記中，巴金說，五〇年代、六〇年代他不會寫《隨想錄》。經歷了接連不斷的大小政治運動之後，「在被剝奪了人權在牛棚裡住了十年之後，我才想起自己是一個『人』，我才明白我也應當像人一樣用自己的腦子思考。真正用自己的腦子去想任何大小事情，一切事物、一切人在我眼前都改換了面貌，我有一種大夢初醒的感覺。」[10]對八〇年代早期的人道主義討論，巴金也是持充分的支持態度。「講一點人道主義也有好處，至少不虐待俘虜嘛！在『文化大革命』期間有些人無緣無故地把人打死……」[11]因此，他深刻地提出「為什麼有的人那樣害怕人

6　《隨想錄》第二集，第 114 頁。
7　《隨想錄》第二集，第 133 頁。
8　《隨想錄》第三集，第 97-98 頁。
9　《隨想錄》第三集，第 46 頁。
10　《再思錄》，上海遠東出版社，1995 年版，第 124 頁。
11　《隨想錄》第五集，第 19 頁。

道主義」[12]這樣的問題，擔心那些人還繼續用反人道的行徑來對待人民，對待知識份子。這不止是巴金一個人的想法。一批在「文革」中歷經磨難的人都有類似的想法。鄧樸方 1984 年 12 月在一次題為《為殘疾人福利事業貢獻我們的一切力量》的講話中指出：「我們一些同志對資產階級人道主義的批判，往往不是站在馬克思列寧主義的立場、觀點上，而是站在封建主義的立場上去批判的。即使口頭不這樣說，實際上也是受封建主義思想影響的。『文化大革命』搞的就是以『大民主』為先導的封建關係，是宗教狂熱。大量的非人道的殘酷行為就是在那裡產生的。……」[13]該講話的第一部分第二個小標題就是「我們的事業是人道主義的事業」，這與巴金的思想在一定程度上是相通的。我們自己對於「文革」也同樣要反思，要長記性，否則再重複過去的錯誤，後果無疑是嚴重的。巴金對「文革」的反思為廣大知識份子乃至全國人民樹立了榜樣，並且具有相當的超前性。這反映了知識份子嚴於解剖自己的高風亮節和不希望歷史的悲劇重演的美好願望。巴金的這種對「文革」的反省，受到了一些人的圍攻。在《隨想錄》合訂本新記中，巴金談到《隨想錄》第一集剛出版，就受到了圍攻，責備他的一本小書用了 47 處「四人幫」，原來都為了「文革」。對於《隨想錄七十二》一文：「有人不徵求我的意見就改動它，滌掉一切和『文革』有關的句子。」巴金對此非常氣憤：「太可怕了！十年的折磨和屈辱之後，我還不能保衛自己敘說慘痛經歷的權利。」[14]從另一個角度看，這正是巴金等老一輩所擔心和憂慮的。「文革」雖然結束了，「文革」產生的土壤是不是已經剷除了呢？那批人如此反感批評「文革」，到底又是什麼用意呢？這也從反面證明巴金反思「文革」的價值。

---

[12] 《隨想錄》第五集，第 20 頁。
[13] 《人民日報》，1984 年 12 月 7 日。
[14] 《再思錄》，上海遠東出版社 1995 年版，第 124 頁。

　　在《隨想錄》中，巴金還為新時期的創作自由進行了辯護。在七〇年代末、八〇年代初，一批反思「文革」的文學作品如「傷痕文學」、「暴露文學」相繼問世。這些作品反映了十年動亂給人們帶來的傷害，也揭露了「文革」殘留下來的不正之風。於是就有一些慣於用棍子打人的人，甚至做過「四人幫」文藝路線幫兇的人，對此反應強烈。一定要把這種自由的文藝創作扼殺在搖籃裡。有的公開發表文章批判，有的則暗箭傷人，打小報告。巴金對此強烈憤慨。

　　巴金對於把這些文學稱為「傷痕文學」並大為鞭撻的人很不滿意。這些人認為這類文學是揭自己瘡疤的作品，是讓人看見了我們自己的缺點，損害了國家的名譽。這種諱疾忌醫的做法「不怪自己生瘡，卻怪別人亂說亂講。」「未治好的傷痕比所謂傷痕文學更厲害，更可怕。」[15]他還轉述了楊振寧和他的談話。楊振寧說從傷痕文學中看到祖國的缺點，有點擔心。「他的意思很明顯，有病就得醫治，治好了便是恢復健康。」[16]在看到 1979 年 3 月號《河北文藝》上發表的《「歌德」與「缺德」》後，巴金批評他們「用意無非是拿起棍子打人」，對此必須進行還擊。巴金意識到「要維護自己的合法權利，也必須經過鬥爭」[17]。從巴金自己看到的幾篇青年作者的作品看，「有的寫了他們個人的不幸的遭遇，有的反映了某一段時期的現實生活，有的接觸了一些社會問題……，總之這些作品或多或少地揭露了某一個時期我們社會生活的真實的側面。」但竟然有人跳出來反對，討厭這些作品，稱他們是「傷痕文學」、「暴露文學」，說這些作品「難免使人傷悲」，使人「覺得命運之難測，前途之渺茫」。還有人竟然停留在「文革」的歲月裡，繼續說什麼「鬥

---

[15] 《隨想錄》第二集，第 37 頁。
[16] 《隨想錄》第二集，第 37 頁。
[17] 《隨想錄》第一集，第 123-124 頁。

爭才是主流」,「寫反抗的令人感憤」。巴金氣憤地說:「『四人幫』
垮臺才只三年,就有人不高興別人控訴他們的罪惡和毒害,這不是
健忘又是什麼?」[18]他認為對於「文革」,整個中華民族絕不能健
忘。作家有權利、有責任把它們寫下來,以警示後人。「大家死裡
逃生,受盡磨難,我們有權利,也有責任寫下我們的經驗,不僅是
為我們自己,也為了別人,為了下一代,更重要的是為了不讓這種
『浩劫』再一次發生。」[19]

　　有些刊物甚至把馮雪峰在挨整期間作為交代「罪行」被迫寫下
的東西作為遺作發表,對此巴金感到非常難過。他對這種不尊重甚
至傷害作者的行徑表示強烈的憤慨:「我讀了十分難過,再沒有比
這更不尊重作者的了。」[20]

　　創作自由本身是對「文革」扼殺作家的創作自由的一種否定,
而忠實地表現「文革」,目的是在療救我們民族的傷痛,是一種對
人民赤誠之愛的表現。「除了滿身傷痕,除了慘痛教訓,我多了一
顆同情的心,我更愛受難的同胞,更愛善良的人民。」[21]「十年浩
劫造成的遍地創傷,我不能否認。揭露傷痕、應當是為了治好它。
諱言傷痛,讓傷疤在暗中潰爛,只是害了自己。但也有人看見傷疤
出血就驚慌失措,或則誇大宣傳,或則不准聲張。」[22]在巴金看來,
作家有探索的權利,有捍衛真理的權利。這些創作的自由不能被剝
奪。「我自己也是在『聽話』的教育中長大的,我還是經過『四人幫』
的聽話機器加工改造過的。現在到了給自己做總結的時候了。我可
以這樣說:我還不是機器人,而且恐怕永遠也做不了機器人。」[23]

---

[18] 《隨想錄》第一集,第 126 頁。
[19] 《隨想錄》第三集,第 88 頁。
[20] 《隨想錄》第一集,第 133 頁。
[21] 《隨想錄》第三集,第 92 頁。
[22] 《隨想錄》第三集,第 94 頁。
[23] 《隨想錄》第二集,第 32 頁。

　　從五〇年代開始，作家的創作常常受到「長官意志」的限制。所謂「兩結合」的創作方法，所謂批判「中間人物論」，所謂「高、大、全」的形象規範等，都是長官意志的體現，讓讀者感到動輒得咎。結果只是一些類型化的、概念化的人物，否則就會遇到這類的責問：「難道我們的英雄人物是這樣的嗎？」「怎麼能這麼美化敵人呢？」巴金深感這種種的約束對作家創作力的扼殺，堅決反對「長官意志」對作家的限制。「例如我的作品就不是寫給長官看的，長官比我懂得多。當然長官也可以作為讀者，也有權發表意見，但作者有權採納或不採納，因為讀者很多，長官不過其中之一。」[24]巴金還認為，作家自己的怯弱，喜歡揣摩首長的意志去寫作，同樣是弊端。創作自由首先在於作家自己要調整心態，要賦予自己以自由，要主動去爭取自由。自己一日不改變自己的奴性心態，創作就不可能有真正的自由。

　　1982 年「我從日本回來，有人緊張地告訴我，某某『首長』做了報告，某某『首長』講了話。有人擔心地問我：『你看會不會收？』我笑笑。……奇怪的是有些作家喜歡伸起頭辨風向，伸起鼻子聞聞空氣中有什麼氣味，以便根據風向和氣味寫文章。」[25]巴金在回顧他自己年輕時作為一個窮學生在巴黎寫小說時的情景，沒有長官和上級的管理。「今天在探索了五十年之後我雖然傷痕遍體，但是掏出來給讀者的仍然是那一顆燃燒的心，我只能寫我自己心裡的話，而且是經過反覆思考後講出來的話。我從小就喜歡李商隱的一句詩：『春蠶到死絲方盡』。」[26]直到 1984 年底，他還明確表示，他的作品絕不害怕「被什麼領導在講話中點名批判。」[27]他對某些

---

[24] 《隨想錄》第二集，第 43 頁。
[25] 《隨想錄》第二集，第 51 頁。
[26] 《隨想錄》第二集，第 52 頁。
[27] 《隨想錄》第五集，第 15 頁。

長官意志粗暴干涉創作的做法極為反感。巴金的這種態度，不是平白無故的高調，而是針對新時期文藝界面臨阻撓時的一種強烈的反應，從中體現了一位老作家捍衛真理的勇氣和膽識。在粉碎「四人幫」初期，輿論上，特別是某些權威人士跳出來對一些文學作品提出激烈的批評，甚至無限上綱，干涉作家的創作自由給作家帶來了很大的壓力。這時，巴金站出來為作家說話，指責那些批評者包括權威人士嘰嘰喳喳：「一會兒說這本書讀後叫人精神不振，一會兒批評那篇小說替反面人物開脫，或者說這部作品格調不高，或者說那篇小說調子低沉。還有人製造輿論，說要批判某某作品，使作者經常感到威脅。」[28]

　　1979 年 4 月，巴金去日本前，兩位受輿論壓力的女作家向巴金傾訴，巴金以自己的經歷現身說法，勸她們不要緊張。巴金本人從 1929 年發表《滅亡》開始，到「文革」期間電影《英雄兒女》的底本小說《團圓》，一直處於被責罵的境地。直到1979年，還有人說他「思想複雜」。對此，巴金毫不畏懼，勇敢地站出來伸張正義。《隨想錄》的大部分文章都是這種思想的產品。他強調，文藝的發展需要百花齊放，「而不是一花獨放，更不是無花開放。」[29]諶容的小說《人到中年》剛出版時，有些省級刊物要批判它，個別文藝「長官」點它的名。後來越來越多的讀者出來辯護，才算作罷。巴金認為：「一部作品最好的裁判員是大多數的讀者，而不是一兩位長官。」[30]對於在艱苦條件下任勞任怨、鞠躬盡瘁的中年知識份子，對於海外華僑的愛國情懷，都應該給予充分的理解。巴金高度讚揚了諶容「說真話的勇氣」[31]。在 1982 年，諶容、張潔等在國

28　《隨想錄》第二集，第 70 頁。
29　《隨想錄》第二集，第 75 頁。
30　《隨想錄》第二集，第 92 頁。
31　《隨想錄》第三集，第 100 頁。

內外有一定影響的作家遇到的非議一直持續著，他們當中有人痛苦地向巴金發問，巴金對他們的遭遇頗感震驚。「好像在用盡氣力要衝出層層的包圍圈似的。我知道事情比我想像的更嚴重，但是我想也不會有什麼大不了的事情。」[32]特別是張潔，在遭受打擊時，讓巴金尤其意外。「我太天真了，我以為像她這樣有才華、有見識、有成就的作家一定會得到社會的愛護。」[33]巴金得出一個結論，人言依然可畏，文明社會應該愛惜人才，應該愛惜作家。

　　1979 年，沙葉新《假如我是真的》發表以後，引起了廣泛的迴響，它反映了社會上迎奉巴結的不正之風，以至讓騙子鑽了空子，非常具有現實意義。直到今天，此風愈演愈烈，我們更深切地感到了它的價值。對於這種現象進行諷刺的文藝作品也見怪不怪了。但在當時，卻遭到了強烈的反對，不准公演。包括有些致力於改革，做出很大貢獻的領導，他們自己在撥亂反正中盡了很大力，也認為這類戲的演出，說明作者對三中全會以後的成就視而不見，會產生一定的消極影響，於是評定《假如我是真的》「對於三中全會以後的現實來說，不夠真實，不夠典型」[34]，而且還會產生不好的社會效果。而巴金則多次為該劇辯護。這說明巴金在獨立地思考、根據自己的思想講話了。巴金認為，應當受到譴責的不是沙葉新及其《假如我是真的》，「應當受到譴責的是我們的社會風氣」[35]。就在人們爭論該劇該不該公演的時候，類似的情況又由於社會風氣的不能好轉而繼續發生。1980 年 9 月 23 日，上海《解放日報》上刊出「又一騙子騙得某些領導團團轉」[36]，巴金認為騙子「比我們

---

[32] 《隨想錄》第三集，第 132 頁。
[33] 《隨想錄》第三集，第 132 頁。
[34] 胡耀邦：《在劇本創作座談會上的講話》，1980 年 2 月 12～13 日。
[35] 《隨想錄》第二集，第 104 頁。
[36] 《隨想錄》第二集，第 105 頁。

聰明，我們始終糾纏在『家醜』、『面子』、『傷痕』之間的時候，他看到了本質的東西。不寫，不演，並不能解決問題。」[37]這種新騙子的不斷出現對巴金刺激很大。他認為騙子行騙是嚴重的社會問題，有著社會的土壤，必須通過文學進行深刻的揭露。「騙子的一再出現說明了我們社會裡存在的某些毛病。」[38]不能諱疾忌醫，雖然《假如我是真的》不准公演，「可是騙子不肯退出歷史舞臺，所以電視劇和電視小品又出來了。」[39]正因如此，文學就有揭露的必要。

到 1985 年，依然有人會因創作自由犯「自由化」的錯誤。他勸這些作家放下心來，「不會有人打小板子了。」[40]「坐在達摩克裡斯的寶劍底下，或者看見人在旁邊高舉小板子，膽戰心驚地度日如年，這樣是產生不了偉大的作品的。」[41]這當然只是巴金自己長期的一個美好的願望，事實情況遠沒有這麼簡單。

巴金這種為創作自由的辯護既讓我們感動，又讓我們感到慚愧和悲哀。一個八十多歲的老作家，能在他的風燭殘年，為文學界呼號，為「文學的春天」鞠躬盡瘁，這是能夠感天動地的偉大壯舉。而我們中青年知識份子，卻在無奈的環境中畏手畏足，顯得老氣橫秋，暮氣沉沉。長此以往，中國的文學事業如何振興得起來？假如人人都像巴金那樣，為正義而抗爭，「文革」的慘劇又如何能夠重演？文學事業又何愁不能繁榮昌盛？整個國家又何愁不能振興？

與反思「文革」強調創作自由相聯繫的，是巴金在《隨想錄》中還強調人格的獨立性，提倡講真話。巴金還在《隨想錄》中反覆

---

37 《隨想錄》第二集，第 105 頁。
38 《隨想錄》第二集，第 3 頁。
39 《隨想錄》第三集，第 2 頁。
40 《隨想錄》第五集，第 70 頁。
41 《隨想錄》第五集，第 72 頁。

提倡知識份子講真話，要全社會尊重知識份子。對於「文革」，巴金一直慚愧，認為自己軟骨頭。大凡經歷過「文革」的人都能感到，巴金老人是過於自責了。當時的情形，容不得你反抗，除非一死了之。但是，如果我們回過頭來想想，假如大家都有錚錚鐵骨，「文革」這樣的悲劇也不可能發生。因此提倡講真話是反思「文革」的必然結果，也是創作自由的必要前提。只有人格獨立了，不屈從於任何惡勢力，才能講真話。講真話是巴金貫穿《隨想錄》始終的一條紅線，其中專門以「真話」列題的文章就有 5 篇。

在懷念趙丹的文章中，巴金稱頌了趙丹作為藝術家的人格。在趙丹逝世的前兩天，即 1979 年 10 月 8 日的《人民日報》發表了趙丹「在病床上」寫的文章《管得太具體，文藝沒希望》。文中最後有這樣一句話：「對我，已經沒什麼可怕的了。」巴金對此頗為欣賞，頗有共鳴，稱頌道：「他講得多麼坦率，多麼簡單明瞭。」[42]一個藝術家到了臨終時，才說「對我，已經沒什麼可怕的了」，提起來無疑是件讓人心酸的事。在「文革」期間，當一些藝術家在挨鬥中自殺、受辱時，趙丹曾想到要求毛主席給他發一面「免鬥牌」。直到臨死，才能說「沒有什麼可怕的了」。巴金說：「可能他講得晚了些，但他仍然是第一個講（真）話的人。」[43]趙丹反對「管得太具體」的想法，同時也是許多人的心裡話。

在講真話問題上，巴金同樣做了深刻的自我檢討。他回顧了自己在十年浩劫中講的大量假話，心裡感到不安。「回顧了我這一生，在這十年中我講假話最多。講假話是我自己的羞恥，即使是在說謊成為風氣的時候我也有錯誤，但是逼著人講假話的造反派應該負的責任更大。」「在那樣的日子裡我早已把真話丟到腦後，我想的只是自己要活下去，更要讓家裡的人活下去，於是下了決心，厚起臉

---

[42]　《隨想錄》第二集，第 107 頁。
[43]　《隨想錄》第二集，第 112 頁。

皮大講假話。」[44]「有時我受到良心的責備,為自己的言行感到羞
恥。」[45]讀了這段話,一位正直、坦率、童心未泯的老人的形象凸
現在我們眼前,讓我們深受感染。

巴金多次強調要講真話。和許多青年作家交流時,巴金高度讚
頌青年作家「不是為寫作而寫作」、「瞧不起『文學商人』,那些看
『行情』、看『風向』的『作家』。」[46]「新的一代作家不像我們,
他們不懂得害怕,他們是在血與火中間鍛煉出來的。」[47]新一代與
老一代相比,總體氣氛畢竟大不相同。新時期與「文革」相比,畢
竟有了質的突破。但年輕一代同樣會面臨新的困難。不過連巴金老
人都無所畏懼,在呼號吶喊,年輕一代無疑更應該無所畏懼。

1981 年,因為巴金在此前不斷鼓勵講真話,鼓勵反思「文革」,
引起了一些人的不滿,整個文藝界空氣也緊張起來。「人們說冷風
又刮起來了。」「有人在我面前顯得坐立不安,講話有些吞吞吐吐,
或者縮著脖子,或者直打哆嗦。」「於是關於我的謠言就流傳開來。
有人為我擔心,也有人暗中高興,似乎大颱風已經接近,一場災禍
就在眼前。」[48]巴金對此則無所畏懼,決心用真誠報答讀者。

巴金在提倡講真話,提倡捍衛真理的同時,還主張知識份子的
人格應該得到應有的尊重。這本身也是一種講真話。這主要是針對
長期以來社會上歧視知識份子、甚至迫害知識份子的現象而說的。
巴金在八〇年代中期提出這個問題,是發人深省的。在「文革」結
束後不久,隨著「尊重知識,尊重人才」政策的實施,社會風氣在
總體上確實一度好轉。但時隔不久,又舊病復發。吹毛求疵,找知

---

[44] 《隨想錄》第三集,第 112 頁。
[45] 《隨想錄》第三集,第 113 頁。
[46] 《隨想錄》第二集,第 116 頁。
[47] 《隨想錄》第二集,第 117 頁。
[48] 《隨想錄》第三集,第 31 頁。

識份子的岔子，認為知識份子天生會「翹尾巴」。所以，1985 年 9 月，巴金在病中還專門寫了一篇《再說知識份子》。

在文章中，巴金指出，儘管輿論上還是「尊重知識」的聲音，似乎這個問題已經不成問題了。「不過向來瞧不起知識份子的人多數還是堅持己見，『翹尾巴』論就是從他們嘴裡嚷出來的。『知識份子政策』到今天還不能完全『落實』，也就是由於這類人從中作梗。他們說：『為什麼要這樣尊重知識份子？我想不通。』」巴金認為，知識份子是在社會上賣命的人，他們辛勤地工作，理應得到尊重。可是有人卻奴役他們，生怕他們不聽話。「我要你替我賣命，就得對你客氣點，做個笑臉，說兩句好話，讓你心甘情願，鞠躬盡瘁，死而後已。」巴金談到，有好些先進的知識份子、優秀的科學家在困難的條件下辛勤地工作，患了病非但不休息，反而加倍努力「寧願早日獻出生命」。「這樣的知識份子在別的國家也很少見。」[49]對於這樣的知識份子，本來應該尊重他們。「但是『翹尾巴』論者卻又有不同的看法，『要他們賣命還不容易！拿根鞭子在背後抽嘛！』『四人幫』就是這樣做過的。結果呢，肯賣命的人都給折磨死了。」[50]這番話意味著，對於某些人來說，雖然「文革」已結束九年了，但對知識份子的態度卻不曾改變。對於知識份子，有些人總是想辦法「對付」他們。「自己不懂，也不讓別人懂」，「那些人就是害怕知識份子的這一點點『知識』，擔心他們不聽話，惟恐他們興妖作怪，總是挖空心思對付他們，而且一代比一代厲害。」[51]

改善知識份子的境遇，不是把知識份子當猴子耍，也不是把知識份子當小孩哄，不能只是到了需要他們的時候就給點優惠的待遇。巴金認為，領導層與知識份子要肝膽相照，共同為國家、為人

---

[49]　《隨想錄》第五集，第 65 頁。
[50]　《隨想錄》第五集，第 65-66 頁。
[51]　《隨想錄》第五集，第 66 頁。

民盡心盡力。「用恩賜的優惠待遇也收買不了人心。我們說肝膽相照,應該是互相尊重,平等對待,我為你創造並保證工作和生活的條件,你毫無保留地獻出自己的聰明、才智,都是為了我們的國家和人民。大家同樣地精神舒暢,什麼事都好辦了。」[52]

五集《隨想錄》記載了一個八十餘歲的老知識份子的一片赤誠的、滾燙的心。一個出身於清朝末年,經歷過八十個春秋的老知識份子對社會、對人生、對知識份子的一種清醒的認識。這是巴金拿著一生的人生經歷在評價現實。無怪乎人們稱《隨想錄》是一部「力透紙背、熱透紙背」的「講真話的大書」。這部書雖然出自巴金的筆下,但它卻道出了一批與巴金一樣的經歷、一樣的心腸的老一輩知識份子的心聲。

二、周揚與胡喬木

周揚與胡喬木,兩人在人生經歷方面有一定的類似之處。他們都在 1937 年到達延安。周揚作為上海地下黨的成員,作為左聯的黨團書記,到延安後又擔任了文協主任、延安大學校長等職,算是出道較早。五〇年代到「文革」前曾經作為中央在意識形態方面的權威。胡喬木則從 1941 年開始擔任毛澤東的秘書,中央政治局秘書,五〇年代兼任中宣部副部長等職,地位同樣很高。中國古代說「宰相門前三品官」,胡喬木在毛澤東身邊工作,就有了獨特的地位。據于光遠回憶,胡喬木有一次竟然要教育部長錢俊瑞派中宣部部長陸定一去當北大校長。[53]可見他處於毛澤東秘書的位置,在當時也是很有實權和影響的。到了新時期,周揚雖然還是理論權威,

---

[52] 《隨想錄》第五集,第 68 頁。
[53] 李輝:《往事蒼老》,花城出版社 1998 年版,第 322 頁。

還在意識形態方面發揮作用，但昔日的地位，已基本上為胡喬木所取代，即使他自己也不得不屈從於胡喬木的威力。兩人的輝煌時代，就像是兩朵鮮花，周揚盛開在五○年代到七○年代末，八○年代初頂多只能算是二度梅短暫一現。胡喬木則盛開在新時期。而今兩人都已故去，作為官方知識份子的代表，他們的是非功過只能留待後人評述了。

周揚到延安以前是一個理論家、文學評論家和翻譯家，寫過評論，翻譯過文學作品和理論著作，後來在黨內是理論權威。1938年以後，「周揚的理論論文、批評文章越來越少，講話和報告越來越多。全國解放後，周揚完全以文藝界領導人的身份露面了。就是八○年代復出之後，周揚雖然常常懺悔反思，但基本的面貌仍沒有變化，還是黨的理論權威的形象。」[54]當然，新時期周揚的權威性，已經大不如前了，過去是毛澤東在他上面主導。在新時期，周揚按照組織原則要聽從胡喬木的，這是周揚所不樂意而又無可奈何的。

在新時期，經歷了深刻的反省，周揚早年的思想重新抬頭，在脫離了毛澤東個人的影響和時代的壓力後，周揚重新強調人性和人道主義問題。在仕途的抱負與個人文藝觀之間的交織與衝突中，他過去常常為了適應政治需要而壓抑自己的個性，經歷了「文革」的劫難後，他做了深刻的反省，既有了一定的醒悟和懺悔，又常常不自覺地沿續過去的做法，在政治活動中把作為文人的私怨帶了進來。他當年與胡風、丁玲等人的矛盾和激化就是在這個過程中表現出來的。直到新時期胡風、丁玲等人平反，周揚依然不甘願為他們徹底解決問題。這在某種程度上說，也許是人性的弱點，但程度如此強烈，無疑還涉及到個人的心胸問題了。

---

[54] 朱輝軍：《周揚現象初探》，《文藝報》，1988 年 10 月 8 日。

　　新時期周揚對過去自己曾經參與迫害一些知識份子表示懺悔，總體上是真誠的。作為一名文藝界的管理者，從 1942 年以後，許多有才華的作家都因他執行極左路線而倒在他手下。這是值得他反思、悔悟的。以他的身份，以他多年的思維習慣，他能提出人道主義和異化問題，是需要有理論勇氣的。是「文革」的經歷使他的良知甦醒了，他發現自己的性格被異化了，成了政治的機器，麻木不仁，專擅權術，被官場政治同化了。「文革」十年的經歷對他打擊很大，讓他思考了許多。過去他一貫教訓人，指責人，而「文革」結束後，他想到要恢復個性，要反思、道歉。他希望不要再搞階級鬥爭，不要再搞運動。袁鷹認為：「按照他的想法，『文革』後應該是更加寬鬆寬容的局面，不能再搞運動，要真正貫徹雙百方針。」[55]

　　周揚過去非常佩服毛澤東，以毛澤東為自己的信仰。他的政治地位與他的能力相關，更與他對毛澤東的信仰有關。毛澤東去世以後，他沒有了偶像，於是再回歸自我。以他多年扮演的角色，要想完全拋開過去的影子也是很困難的。到他因人道主義文章惹上麻煩，受到了角色中人胡喬木的批評，並要他接受新華社記者的採訪，表示承認錯誤。「談話見報後，他非常懊悔。」[56]過去他也經常挨批評，但他能接受批評，並且再去批評別人，甚至整別人。梅志曾經批評他說：「他有這個本事，運動開始時有他的責任，但一轉過來又領導運動，借此打擊異已。這可是在運動中見真功夫。」[57]雖然毛澤東常批評他下不了手，跟四條漢子有千絲萬縷的聯繫，但其實他還是下了一些手的。有時他還對一些關係很好的人說，我如果不和你們鬥爭，我就要和你們一樣了。到了八〇年代，時代不一樣了，對象也不一樣了。五〇年代與八〇年代自然不同，特別是周揚

---

[55] 《往事蒼老》，花城出版社 1998 年版，第 347 頁。
[56] 《往事蒼老》，第 284 頁。
[57] 《往事蒼老》，第 254 頁。

本人，從極左政策的執行者、支持者，到「文革」極左政策的犧牲者，經過了「文革」的挨整，並有了深刻的反思。同時，胡喬木畢竟不是毛澤東。毛澤東逝世以後，周揚已從巨人的影子下走了出來，想回歸自我。胡喬木要對他頤指氣使，讓他再回到左傾路線那裡，他自然是不會服從的。過去他與胡喬木共同在毛澤東手下，總體地位比胡喬木高，是中央在意識形態領域的代言人。在二次文代會籌辦時，胡喬木挨批評，毛澤東要他們聽周揚的。胡喬木自然是不服氣的。多年來兩人關係一直微妙。但此時不管周揚服不服，胡喬木已成了意識形態領域的警官，成了他的領導，由不得他周揚去想、去做了。於是，思想解放與胡喬木的約束，在周揚心中形成了激烈的衝突，最終生了大病。當然周揚受到最大刺激的直接導火線，還是後來的一些具體幹部的言詞刺激。如在廣州期間，中宣部的一個幹部「態度很不好」，要他就「反精神污染」表態。後來文聯的幹部向擔任文聯主席的周揚談學習「反精神污染的體會」，對方態度強硬，說是「長期的任務」。自此以後，周揚就失語了。[58]

在對自我回歸的歷程中，周揚經歷著自己對自己的考驗。過去他是給黨中央檢討，以此法過關；八〇年代他要向文藝界受害者檢討，更重要的是自己對自己的一種感情上的過關。既是給別人一個交代，也是給自己一個交代。其中雖有新時期環境的壓抑和孤立感（因那些被他打擊的人平反以後對他不滿）的因素，但同時我們也要看到他本人人格的力量在起作用。

儘管新時期的周揚與五、六〇年代相比已有了根本的不同，但在丁玲等人的平反問題上，周揚還是把私人的恩怨帶了進來，而且一直解不開疙瘩。丁玲早年與周揚關係不錯，兩人都是湖南人，都是左翼文學的代表，曾經同時被毛澤東賞識。據丁玲丈夫陳明回

---

[58] 《往事蒼老》，第 348 頁。

憶：「在延安時候，丁玲提到周揚，總是『起應』，很親熱的，並沒有什麼隔閡。」[59]「有一次丁玲到黨校開會，回來告訴我，散會回來時過河溝，因為下過雨，很不方便。那時周揚是騎馬，丁玲步行，周揚就是先騎馬過去，然後，下來伸手拉丁玲。但他沒有勁，沒有拉住，結果丁玲落在水裡，兩個人都樂了。丁玲對我說：他真是書生，一點手勁也沒有。這雖然是小事，但可以說明當時兩人的關係還是正常的。」[60]據丁玲 1948 年 6 月 14 日日記：「周揚挽我在華北搞文藝工委會，心甚誠⋯⋯他比較願用我，但他對我的寫作卻有意的表示冷淡。」[61]1948 年丁玲寫完《太陽照在桑乾河上》後，交給周揚看，周揚對稿子中的暴露內容、非革命性傾向，如「地主家的女兒如何漂亮，貧農家裡怎樣髒」等，向有關領導做了彙報，並阻撓出版，後來因胡喬木等人過問，才得以出版。

而周揚則認為，他與丁玲的矛盾是路線上的差異。周揚在「文革」結束後曾經回憶說，當時延安有兩派，一派是魯藝為代表的周揚派，一派是以丁玲為首的文抗派。「我們魯藝這一派人主張歌頌光明。而文抗這一派主張要暴露黑暗。」[62]這方面的因素當然是有的，但在毛澤東身邊爭寵等其它因素也是有的，在此基礎上形成的個人私怨更是不可抹殺的。

由於過去周揚作為一個政治的機器，「只用人不關心人」[63]。每次運動一來，他都丟卒保車，保護自己，並借運動打擊異己。所以「文革」後他要不斷地向一些人檢討。有些人認為他是真誠的，也有一些人認為他的檢討輕飄飄的，好像自己挨過整了，就贖了罪

59　《往事蒼老》，第 261 頁。
60　《往事蒼老》，第 263 頁。
61　《新文學史料》，1990 年第 3 期。
62　趙浩生：《周揚笑談歷史功過》，《新文學史料》，1979 年第 2 期。
63　林默涵語，見《往事蒼老》，第 309 頁。

似的。但對於丁玲，他則並不懺悔。他說：「過去的事我認為不能推到我一個人身上。」[64]「文革」結束後，周揚曾對丁玲女兒說：「現在你媽媽的歷史疑點可以排除，但污點還是有的。」第四次文代會前夕，丁玲兩次要求恢復黨籍，周揚、夏衍都反對。丁玲的徹底平反是周揚 1983 年倒楣以後，1984 年由胡喬木批的。即使如此，周揚看到文件後還說：「這件事為什麼事先不和我商量一下，我還是宣傳部的顧問嘛。」[65]此時此刻，周揚還是忘不了舊怨。李輝說：「即使到了『文革』之後，在他頻繁地表現出難得的反思和懺悔時，仍然沒有淡忘與丁玲的隔閡。」[66]這是許多人所不滿和難以理解的。如果說周揚執行左傾政策與當時的大背景有關，那麼泄私憤則是周揚的心胸決定的。由此可見，周揚的悲劇與他的性格也有著一定的關係。

八〇年代周揚談人性、人道主義和異化問題，是他回歸自我的一種表現。袁鷹說周揚「一方面是文人，他早年學習日本文藝，作為理論家，人道主義貫穿始終。另一方面，他長期領導文藝工作，黨性和黨的紀律約束了他。他的責任感，使命感，需要將對立的矛盾統一起來，就只能壓住內心屬於自己的想法、個性，或者不願意去談，或則不便談。」[67]早在 1937 年，周揚的《論〈雷雨〉和〈日出〉》一文中說：「能夠動搖這個基礎（指周樸園的社會基礎），徹底毀壞封建勢力，把人性解放出來的就只有下層人民。」[68]1938 年以後，他作為文人的角色漸漸淡出，作為文藝界領導的角色逐步顯露，明顯地出現了一個轉折。對於這個轉折，朱輝軍認為：「周揚

---

64 《往事蒼老》，第 268 頁。
65 《往事蒼老》，第 267 頁。
66 《往事蒼老》，第 230 頁。
67 《往事蒼老》，第 350 頁。
68 《周揚文集》，第 204 頁。

自己也並不見得非常願望發生這種轉折，但這由不得他。」[69]時代的壓力、受毛澤東的影響、角色的變化等，都是他轉變的原因。因此，他後來受命於毛澤東時，不能不批王實味的「人性論」。即使如此，到 1946 年他寫了《『五四』文學革命雜記》時，還對人性論有所肯定。因此，作為學者，周揚是承認人性論的；而受命於毛澤東作「黨的理論權威」時，又不得不批判人性。在毛澤東去世、八〇年代思想解放運動開始後，人道主義思潮洶湧澎湃時，他便立即沖到了思想解放的第一線。儘管挨了批評，還是堅持己見。1984 年春天，法國共產黨《人道報》代表團來《人民日報》訪問，提出一定要見周揚。周揚說：「我這個人一直信奉人道主義。」這確實反映了他的心聲。

異化問題也是周揚早已研究過的。1963 年，中蘇關係惡化，周揚在《哲學社會科學工作者的戰鬥任務》一文中開始批判異化問題，講異化概念的「對立統一」，他講自然思維都有異化問題。據王若水說這是毛澤東確立過的。毛澤東確立異化問題，可能更多的是出於批判蘇聯的政治考慮。而周揚提出這個問題，既反映他作為知識份子的個人思考，與當時的政治背景也正好合拍。這可以說是一種巧合。中蘇關係不惡化，或者中蘇之間沒有利害關係，反異化就會放到另一個背景來考慮了。因此，到了第二代領導人的時代，周揚的異化思想被放到新的背景下來審視，加之當時對社會主義異化問題的思考，客觀上對「四項基本原則」的堅持是有影響的。其實，客觀地講，八〇年代的社會主義與六〇年代的社會主義確實是有著明顯的不同。但在一部分對社會主義缺乏十足信心的背景下，批判反異化的政治策略就可以理解了。據龔育之回憶，異化問題挨批後，周揚寫了一封說明情況的信，他關心那封信是否送到了

---

[69] 《周揚現象初探》，《文藝報》，1988 年 10 月 8 日。

上面。他認為自己一輩子跟著黨，追求革命，千辛萬苦，千回百折，不能說是反對四項基本原則。[70]這倒是實話。據王元化《為周揚起草文章始末》回憶，周揚《關於馬克思主義的幾個理論問題的探討》中關於人道主義、異化問題是由王若水起草的。王元化說，在討論過程中，「周揚還對我們說過，王若水對於人道主義、異化的說法有些偏頗的地方。他說馬克思主義不可沒有人道主義，但是人道主義不能代替馬克思主義。他認為在我們社會裡是可以通過自我完善來解決異化問題的。我在定稿時按周揚意見，將王若水所寫的部分刪去了約四五百字。」[71]以周揚一生的信念，他是不可能反對共產黨的領導，反對走社會主義道路的。就是在討論人道主義和異化問題時，他對於過去的一些思想，包括對毛澤東的評價，對《在延安文藝座談會上的講話》的評價，依然是有禁區的。

按理說，周揚當時已參加革命四十多年，而且一直在中央高層，對於反異化問題，作為一名政治家，即使是文人政治家，也不會幼稚到不明白、想不通的地步，而且也不可能不明白動機與效果是兩回事。但是，此時的他確實已經擺脫了六〇年代的思維方式來思考問題，是用八〇年代的邏輯去思考的。他對鄧小平思想的精神未能吃透，與後來胡耀邦、趙紫陽犯了類似的思想錯誤。因此，他不能被認同在八〇年代也是必然的。藍翎說：「他是帶著許多問號死去的，最後也沒有找到答案。」[72]對於八〇年代批評他的人道主義和「異化」問題的看法，他到死也沒有想得通。

從人生上講，按照周揚兒子周艾若的說法，周揚是個悲劇人物，沒有最後那一幕，他的人生便不完整。人道主義、「異化」要了他的命。其實他自己就是被異化的人，「異化」早已奪走了他的

---

[70]　《往事蒼老》，第 377 頁。
[71]　《文匯讀書週報》1998 年 2 月 21 日。
[72]　《往事蒼老》，第 384 頁。

才華，最後他又以身殉「異化」，成了人道主義和異化祭壇上的祭禮。[73]而周揚一生的最大貢獻也許正在於此。「文革」以前，他的那些極左行為，對知識份子的傷害，用張光年的話說，就是「嬰兒殺戮」的工作。[74]「文革」以後的這種人性、人道主義和異化問題的思想，朱輝軍認為是卓越的、有意義的。「周揚在這個問題上的最卓越的獨到的貢獻，是指出了必須克服我國經濟領域、政治領域和思想領域的異化現象，才能實現人的價值，提高人的價值。這一見地的理論價值和其社會意義一樣是巨大的。」[75]如果說周揚對大半生的極左思想和行為慚愧的話，晚年的他實在是想回歸自我有所建樹的，沒想到受到胡喬木的果斷打擊。周揚為此受到了很大的刺激，也在「文革」罹難的基礎上進一步體驗到了五、六〇年代受他迫害的人的心態，旋即一病不起，成了植物人，最終抱憾而死。

胡喬木在「文革」早期就被「凍」起來了，因此沒有受到太大的衝擊。這種經歷對於胡喬木來說，也許不是件好事。因為他作為新時期的理論權威，對「文革」認識不深刻。儘管如此，新時期的胡喬木，畢竟還不能算是周揚的對立面。他的行為有開明的一面，也有左傾的一面。與周揚比起來，胡喬木的思想要更接近鄧小平思想。據張光年回憶，早在 1953 年籌備第二次文代會時，胡喬木曾主張採用蘇聯制度，主張取消文聯，要求作協會員重新登記，對於「長期不寫東西的掛名者，不予登記。」[76]這種觀點受到了毛澤東的嚴厲批評，認為不利於團結老一輩、有貢獻的作家，於是以周揚取而代之。這件事說明胡喬木還務實。

---

[73] 參《往事蒼老》，第 394 頁。
[74] 見《往事蒼老》，第 275 頁。
[75] 《周揚現象初探》，《文藝報》1988 年 10 月 8 日。
[76] 《往事蒼老》，第 277 頁。

與周揚居高臨下的領導者形象相比，胡喬木為人相對謙和。他能關心知識份子，關心科學文化事業。胡喬木 1982 年請錢鐘書改詩，1989 年去看望、請教施蟄存先生，以及當年促成丁玲《太陽照在桑乾河上》的出版等等，都反映了胡喬木沒有周揚那麼大的官氣。許多知識份子如沈從文、沈祖芬、聶鉗弩等人回憶說，他們與胡喬木素昧平生，胡喬木竟能以文會友，一見如故，給予種種的幫助。他不但尊重作家，而且還身體力行，積極寫作。魏巍說：「在新詩方面，他是有研究、有追求、有實踐的，這我早知道；不過他的政治生涯把他這方面的才能幾乎掩蓋了。」[77]

據舒乙回憶，巴金要籌建現代文學館，胡喬木也出過很大的力。1985 年 3 月 26 日的現代文學館開館典禮上，胡喬木主動向胡風問好，並向胡風表示敬意和慰問。[78]對於社會科學事業，他也曾傾注很大的心血。在為鄧小平起草的重要講話中，他認為中國不僅自然科學、技術科學落後，社會科學也同樣落後。[79]

對於有真才實學的人，胡喬木也不是以居高臨下的態度去褒貶，而是充滿著崇敬。據程中原回憶：「喬木同志在談話中一再提到張聞天獨立思考，堅持真理的精神，語氣和神情充滿著欽佩和尊重，流露出一種自歎不如的真情。」[80]

1986 年冬天，「北大的學生有一些愛國活動」時，胡喬木曾經找他當年在清華的校友、北大教授季羨林暸解情況。季羨林說：「青年學生是愛國的。在上者和年長者唯一正確的態度是理解與愛護，誘導與教育。個別人過激的言行可以置之不理。」「他完全同意我

---

[77] 《我所知道的胡喬木》，當代中國出版社 1997 年版，第 344 頁。
[78] 《我所知道的胡喬木》，第 270 頁。
[79] 《我所知道的胡喬木》，第 364 頁。
[80] 《我所知道的胡喬木》，第 380 頁。

的說法，說是要把我的意見帶到政治局去。」[81]無論結果如何，胡
喬木的態度應該說是誠懇的。

在新時期的思想解放運動中，胡喬木也是有著一定的積極態度
的。在 1976 年的天安門事件平反時，他主張報導一定要確立其性
質，「完全是革命行為」，從中可以看出胡喬木本人的觀點。胡喬木
1979 年 1 月初在中央宣傳部的一次講話[82]，引發了史學界歷史發展
原動力的討論，對於打破階級鬥爭的思維模式、破除個人迷信和個
人崇拜是有益的。正如「文革」中的劉少奇對自己「文革」前的一
些極左行為和搞個人崇拜有深切體驗和反省一樣，「文革」中的胡
喬木心靈深處也是受到一定的觸動的，只不過感受不一定那麼深罷
了。儘管後來討論人道主義問題時，胡喬木仍以階級鬥爭的思維模
式來討論問題、批評別人。但 1979 年的這次講話還是因他個人的
地位而產生了相當的影響。1982 年 6 月 25 日胡喬木在文聯的一次
會議上說「文化藝術是一種社會文化現象」，而不宜提「黨的文學」，
「不能把文學這種廣泛的社會文化現象納入黨所獨佔的範圍，把它
說成是黨的附屬物，是黨的『齒輪和螺絲釘』。」[83]他並且引用史
達林給比爾‧別洛采爾科夫斯基的一封信的話說：「文學藝術是一
種廣大的社會事業，不能夠用黨的概念去衡量。」他認為黨員作家
有黨性，涉及到世界觀的問題，但文學無所謂黨性。他以此修正了
毛澤東的《在延安文藝座談會上的講話》中對列寧的引文。他認為
自己是為政治服務的。「我這個人，說實在的，只會為政治服務，
我一輩子就是為政治服務。」[84]但他並不強求文藝為政治服務。他
主張文學應有政治傾向性，要為人民服務。為人民服務比為政治服

---

[81]　《我所知道的胡喬木》，當代中國出版社 1997 年版，第 484 頁。
[82]　參《三中全會以來─重要文獻選編─》上，人民出版社 1982 年版，第 38-39 頁。
[83]　《胡喬木文集》第二卷，人民出版社 1993 年版，第 533 頁。
[84]　《胡喬木文集》第二卷，第 540-541 頁。

務範圍更廣一些。他認為孔子的所謂怨，就是指暴露，「就是皇帝不是正面人物的戲，慈禧太后她也是看的。我們的胸懷難道比慈禧太后還要狹隘嗎？」[85]而胡喬木過去在左傾思潮影響下，對此也曾經是很左的。據唐達成回憶：「一次胡喬木來給文聯作協的幹部做文藝整風的總結報告，我負責做記錄。他提到了關於英雄人物的討論，批評我們這種可以寫缺點的意見，是『天下烏鴉一般黑』的理論。」[86]相比之下，胡喬木八〇年代顯然有了明顯的進步。在 1979 年 8 月 29 日與中國社會科學院文學研究所的人員談話的時候，胡喬木對政治干涉文藝問題有所批評，反對把文學史寫成「充滿各種政治事件、口號的文學史」[87]。

這種寬容的思想同樣體現在他對工具書和著作的注釋等技術工作的要求上。1984 年，他反對對著作的注釋議論多、斷語多，要盡量客觀。到 1986 年末 1987 年初，他又提出辭書的釋文，特別是百科全書，不要使用宣傳性、頌揚性的詞語，也不要使用黨的文件、決議中論斷性的語言，而要用客觀陳述的方法，以保持釋文的客觀性和穩定性。[88]

同時，我們還要看到胡喬木人生的另一面，即他在反對人道主義、異化問題上的態度。這是與周揚相聯繫又相比照的。新時期的胡喬木已經取代了周揚當年的位置。胡喬木做中國社會科學院院長時，周揚做副院長，顯然已經退居到胡喬木之下。周揚做文聯主席，而意識形態領域總體上歸胡喬木負責。這是很自然的。周揚五、六〇年代排斥、打擊過一大批知識份子，再由他來全面負責，許多人會有怨氣。同時，第二代領導核心對過去毛澤東時代的人也是有選

---

[85]　《胡喬木文集》第二卷，第 539 頁。
[86]　《往事蒼老》，第 353 頁。
[87]　《往事蒼老》，第 67 頁。
[88]　逄先知《永遠懷念胡喬木同志》，引自《我所知道的胡喬木》，第 101-103 頁。

擇的，它本身就反映了鄧小平時代比毛澤東時代的進步，儘管周揚
本人試圖以新面孔出現。

　　周揚關於人道主義和異化的文章《關於馬克思主義的幾個理論
問題的探討》，1983 年 3 月 7 日在中共中央黨校首先向學員做了報
告。周揚自感反響不錯。報告主持者王震在結束時「和他握手說講
得很好，還問周揚異化是哪兩個字，是什麼意思。」但胡喬木在得
知周揚講話的內容後，立即決定討論會延長兩天，並指示中宣部理
論局迅速組織人力在大會上批評周揚的觀點。「3 月 10 日胡喬木找
郁文、夏衍、王若水到周揚家，提出了意見。由此逐步升級，掀起
了一場清除精神污染運動。」[89]3 月 16 日《人民日報》發表後，引
起了領導層的高度重視。鑒於周揚的地位和影響（雖然已比不上胡
喬木，但影響依然很大），胡喬木專門寫了《關於人道主義和異化
問題》的文章，以示代表中央澄清理論上的是非。胡喬木認為，人
道主義問題，作為倫理原則和道德規範，是有價值的，如反對中世
紀神權、封建專制的文藝復興時期的人道主義，現代反對法西斯主
義和其它恐怖主義、反對種族歧視、維護婦女和兒童的權利的人道
主義、以及社會主義的人道主義等。而作為世界觀和歷史觀的人道
主義則是錯誤的，有人以此來「補充」馬克思主義，提出「人是馬
克思主義的出發點」，認為社會主義也有異化，胡喬木認為是資產
階級的歷史唯心主義的，因為那是以抽象的人、人性、人的本質等
概念為出發點。這就混淆了馬克思主義同資產階級的人道主義、歷
史唯物主義同歷史唯心主義的界限。兩者是根本對立的，有人以青
年馬克思的觀點立論，胡喬木認為那不屬於馬克思主義。胡喬木認
為，我們要宣傳作為倫理原則和道德規範的社會主義人道主義，反
對資產階級的人道主義。

---

[89]　王元化：《為周揚起草文章始末》，《文匯讀書週報》，1998 年 2 月 21 日。

關於異化，胡喬木認為馬克思主義只是把異化作為表述特定的歷史時期中某些特定現象的概念，而並沒有把它作為基本範疇、基本規律、作為理論和方法來使用，因此它不是「辯證唯物主義和歷史唯物主義的基本範疇之一」。以異化來批評資本主義是正確的，而提出社會主義的異化問題，則是把兩種社會混為一談，把社會主義社會中的種種消極現象納入異化公式，認為是社會主義制度本身造成的。如個人崇拜、以權謀私，欺壓群眾等，被看成「政治異化」、「權力異化」。其最終的目的，實際上在於推翻社會主義制度，或錯誤地認為社會主義自身會產生異己的力量推翻自身。因此，胡喬木認為這是思想戰線的精神污染，會「誘發對社會主義的不信任情緒」，與四項基本原則是背道而馳的。一場學術問題的討論，最終通過政治措施堅決地被平息了下去。

與此同時，胡喬木還作為中央意識形態的領導，對周揚進行批評，要他做出檢討，並且專門安排新華社等新聞單位記者同周揚談話，通過新聞向世界宣佈，周揚已做出檢討。從周揚內心講，他是不肯檢討的。但他處在這個位置，要保住位置，就得接受胡喬木的批評，同時又想保留自己的意見。新聞界報導他檢討的消息，實在有違他的心願。這使他大受刺激。對此，許多人對胡喬木大為不滿，認為他不是實事求是的態度，而是玩弄權術，搞欺騙。於光遠說：「胡喬木到他（指周揚）那裡好幾次，說服他見記者。周揚開始不見，後來還是見了，結果馬上就說他檢討，弄得周揚很被動。他就是受了胡喬木的騙，可見本質不是一個厲害的人。」[90]在常念斯1995年發表的文章中說：「近十五年裡，喬木與周揚、王若水的對立，我看恐怕喬木是有錯誤不當之處的。喬木反對提『馬克思主義人道主義』，在理論上，恐也未必對。」[91]韋君宜也說：「最後幾年，文

---

[90]　《往事蒼老》，第 322 頁。
[91]　《我所知道的胡喬木》，第 366 頁。

藝界發生了不同意見。喬木對一些問題的意見和文章,我不能認同,
就越來越少去找他了。」「我懷念著當年的胡喬木。」[92]胡喬木的做
法既出於自己的立場觀點,又為了自己有個交代。如果不是周揚本
人在這個問題上有反覆,那麼,胡喬木這種差強人意的做法,完全
是憑自己的意願脅迫周揚就範,自然是讓人反感的。這在某種程度
上說也是一種角色對人的異化。據龔育之說,到事後的春節期間,
胡喬木在龔育之等人的建議下,曾寫了一首小詩送給周揚夫婦:

> 誰讓你逃出劍匣,誰讓你
> 割傷我的好友的手指?
> 血從他手上流出,也從
> 我心頭流出,就在同時。
>
> 請原諒!可鋒利不是過失。
> 傷口會癒合,友情會保持。
> 雨後的陽光將照見大地,
> 更美了!擁抱著的一對戰士。

　　從詩中可以見出胡喬木不無追悔之意。其它人的勸告與指責,
周揚本人後來的病情,都對他有所觸動。

　　韋君宜說她懷念過去的胡喬木。當周揚主管意識形態時,胡喬
木是相對開明的。包括對丁玲的同情與支持。這當然也不能說沒有
一點私人感情在起作用。延安時期,胡喬木就一直支持丁玲。張光
年說 1952 年「在文藝整風期間,喬木在丁玲的合作下,直接主持文
藝界整風,使周揚處於無所作為的局面,我想他是不大高興的」[93]。
這種微妙的關係多少是起作用的,儘管總的說來兩人關係還不錯。

92　《中國作家》,1993 年第 2 期。
93　《往事蒼老》,第 272 頁。

　　胡喬木的晚年，事業上是得意的，但在生命的最後階段也曾感到失落。據胡喬木夫人谷羽回憶，胡喬木在 1992 年去世前不到一個月，曾寫了一首詩贈給谷羽，其中有「此生回顧半虛度，未得如君多建樹」的話。[94]這「半虛度」正道出了他的一種心聲。據谷羽在同一篇文章中回憶，胡喬木病危時，陳雲派秘書向他轉達三句話：「喬木為主席做了很多工作；為黨中央和中央領導同志做了很多工作；為中央紀委做了很多工作。」[95]作為一名官員，他是勤勤懇懇、任勞任怨、盡心盡職的。但作為一名知識份子，他的心中也會有一定的悵惘和遺憾。

三、胡風

　　胡風自從 1955 年因三十萬言書被打成反革命後，被逮捕、判處重刑，以後每上訴一次便加刑一次，直到「文革」被判處無期徒刑。胡風本人先是被關在監獄裡，但伙食始終較好。這是「胡風反革命集團」中的其它成員所得不到的，後來又批准夫人梅志相伴，梅志可以外出採購。在大部分被羈押的時間裡相當於軟禁。甚至 1960 年全國饑荒時，胡風還能在獄中吃上魚肉，這便是毛澤東的處理風格。胡風和梁漱溟雖在精神上遭受打擊，而物質生活卻一直不錯。

　　「文革」期間，胡風在四川受監時，得知周揚、何其芳等整他的人被拎出來示眾後，頗感意外，「但我連拍手稱快的心情都沒有」[96]，同時他反對這樣對待周揚。「像這樣地批周揚他們，是言過其實，難以服人。」[97]「文革」的這種結局，從某種程度上講，

---

[94]　《我所知道的胡喬木》，第 427 頁。
[95]　《我所知道的胡喬木》，第 444 頁。
[96]　梅志：《胡風傳》，北京十月文藝出版社 1998 年版，第 687 頁。
[97]　《胡風傳》，第 690 頁。

正是周揚等人當年邏輯推動的結果，而胡風則堅決不去「以牙還牙」，罵他們是黑幫。當項目組讓他揭發周揚時，胡風說：「這個我辦不到。他們可以昧著良心將我判刑，我可不能給他們胡亂編造。」[98]

毛澤東去世以後，胡風的境遇日漸好轉。1976 年底，胡風從監獄被帶到重慶公安局招待所裡時，廣播正播送毛澤東《論十大關係》，當聽到「胡風」兩個字時，先是一驚，很害怕，後來聽清內容是「胡風、潘漢年這樣的人不殺，……不是沒有可殺的罪，而是殺了不利……一顆腦袋落地，歷史證明是接不起來的，也不像韭菜那樣，割了一次還可以長起來，割錯了，想改正錯誤也沒有辦法。……」胡風這才定下心來，苦笑著說：「怕搞錯那就是知道可能錯了……」[99]這說明胡風心裡始終不服。

後來中央項目組、「上海師大大批判組」要他的交代材料，要他揭發「四人幫」。這種滑稽的事讓胡風感到好笑──「四人幫」得意時，「妾在深宮哪得知！」到 1977 年《人民日報》上發表署名「上海人民出版社大批判組」的文章《「四人幫」與胡風集團同異論》時，胡風非常氣憤：「這樣不分青紅皂白地談問題，還有實事求是可言嗎？這算什麼大批判！……」梅志則勸他「安心養病吧……活著比什麼都重要。總有一天……」，[100]說明他們始終對未來抱著希望。

1977 年底，胡風的兒子曉山參加恢復高考制度的第一次考試並被內蒙古師院錄取，《中國青年報》還做了報導。這是過去無法想像的，反映了轉機的預兆，給胡風增添了不少信心。1978 年底，胡風讀了「十一屆三中全會公報」以後，精神為之一振，看到了前

---

[98]　《胡風傳》，第 692 頁。
[99]　《胡風傳》，第 729 頁。
[100]　《胡風傳》，第 732 頁。

途和希望，並喝啤酒祝賀。1979 年，四川省接公安部電話通知，釋放胡風去成都。從此，胡風逐步獲得自由。

1985 年 3 月，胡風在為「巴黎圖書沙龍組織」和瑞士《二十四小時》書寫《我為什麼寫作》時這樣寫道：

> 為了抒發自己的真情實感而寫；
> 為了表現人民大眾的生活困苦、希望和鬥爭而寫；
> 為了反映社會歷史的發展動向和革命的勝利而寫；
> 為了有益於人民解放、民族解放和人類解放而寫；
> 也為了探求文學發展的規律、闡明它內含的精神力量而寫。
>
> 《文藝報》，1985 年 4 月 20 日

這樣一個懷抱馬克思主義文藝思想信念的人，竟然在黨內文人的內哄中成為犧牲品，不禁讓人噤若寒蟬。

一場反胡風運動，當然不只是毛澤東的個人問題，也不只是領導層的問題。除了周揚依仗毛澤東為靠山，繼續香港論爭，舊帳新算，抓住胡風不放外，知識份子內部，人品問題、宗派問題、以及像舒蕪那樣「反戈一擊」、出賣朋友、助紂為虐等行徑也是很關鍵的。胡喬木作為毛澤東的秘書，也可能影響過毛澤東對胡風問題的決策。早在 1952 年，天藍就向胡風提出了「依靠胡喬木同志就是依靠真理」[101]的忠告，話雖說得偏激，但無疑事出有因。

梅志曾經這樣描述 1985 年 3 月 26 日，在現代文學館開館儀式上胡風和胡喬木的見面：「胡喬木和胡風握了手，問候了幾句。看到三十年未見的胡風現在是老態龍鍾、疾病纏身，完全和過去精神勃勃的胡風判若兩人，胡喬木心中不知作何感想！」[102]梅志言下之

---

101 《胡風傳》，第 774 頁。
102 《胡風傳》，第 774 頁。

意，對五〇年代反胡風運動中的沉冤與八〇年代平反的曲折，胡喬木是有責任的，正是你們這幫人把胡風變成了今天這個樣子！

平心而論，反胡風運動中，周揚、胡喬木確實是有責任的。但他們恐怕也未曾預料到後來的事態會發展到那個樣子。包括喬冠華及其圈子裡的人，雖認為胡風「臉朝著天，狂妄之至」。但也依然和周揚、胡喬木一樣，希望胡風過了這一關。後來胡喬木見了胡風，我想心裡多少是有觸動的。不知喬冠華晚年可曾回顧過胡風等人的命運歷程？

八〇年代的胡風平反，為知識份子上了一堂課。後來人道主義問題不能帶來胡風式的災難，除了大氣候已有新的變化外，前車之鑒確實起了不小的作用。到了八〇年代，歷經運動的中國社會靠幾個極左人士已掀不起大浪來了。

四、梁漱溟與馮友蘭

梁漱溟與馮友蘭年齡相仿，同為傳統文化的守護者，不同的是梁漱溟曾是馮友蘭在北大讀書時的老師，始終強硬地堅持自己的觀點，保持人格的獨立性。而馮友蘭則曾經到美國留學，50 年代後屢遭批判，「文革」後期一度與「四人幫」妥協、跟風，後來為人所詬病。到新時期，馮友蘭便回歸自我，發表了自己獨立的見解，與梁漱溟殊途而同歸。

（一）

梁漱溟早年在北京大學任教時，就曾在楊懷中先生家與毛澤東相識。1938 年又曾專門到延安訪問，與毛澤東有過關於階級鬥爭的爭執，但他們總體的合作是愉快的。抗戰勝利後，梁漱溟作為一名民主人士，曾對國民黨的內戰行徑表示譴責。不過，1949 年 2

月 13 日，梁漱溟又在《大公報》上發表《敬告中國共產黨》，要求
用政治方式解決內戰，反對以武力求統一。解放後經毛澤東、周恩
來一再邀請，梁漱溟終於願意參與政協，但表示不當官，留在外面。
他曾一度成為毛澤東的座上客。1953 年 9 月 11 日，梁漱溟在中央
人民政府會議上因提出工人農民生活有九天九地之差，希望重視農
民問題，受到毛澤東的嚴厲譴責。梁以其倔強的性格，與毛澤東頂
撞，並引發全國性的批判。這雖是一次打擊，客觀上卻使他在反右
時格外小心，避開了一場劫難。他在「文革」時受到的衝擊也較輕
微，而且得到毛澤東、周恩來的過問。此後在反對把林彪寫進憲法，
反對批孔、指責《毛選》五卷《批判梁漱溟的反動思想》編纂者的
失實等問題上，雖有驚悸，並受到批判，但作為老運動員，均能平
安過關。

　　在新時期，梁漱溟積極思考「文革」及其根源，率先提出了否
定「文革」問題。主張法治，反對人治。在 1977 年 2 月 22 日的《毛
主席對於法律做如是——訪問雷潔瓊同志談話記》中，梁漱溟批評
毛澤東蔑視法制，採用專制的人治。他認為民國初年有法政專門學
校，而毛澤東改用「政法」，「正謂無產階級專政為主」，與歐美立
憲，「憲法高於一切」不同。他認為，法制對於人治來說，是一大
進步，而「文革」期間法律卻形同虛設。他還引用了《毛澤東選集》
第四卷《論人民民主專政》中的話：「你們獨裁。可愛的先生們你
們講對了，我們正是這樣。」[103]以此證明毛澤東的獨裁和人治。他
舉例說：「在毛主席領導下，毛主席就是至尊無上。他要解決黨內
修正主義，解決劉少奇，不依據憲法，黨章，就發動文化大革命，
把群眾發動起來，先解決彭真。」[104]公民本來是有自由的，居住的
地方不受侵犯，可「文化大革命」一來就抄家。據此，他提倡憲政，

---

[103] 《梁漱溟全集》第七卷，山東人民出版社 1993 年版，第 429-430 頁。
[104] 《梁漱溟全集》第七卷，山東人民出版社 1993 年版，第 457 頁。

反對專政。1977 年 5 月 15 日，他在《今後國內政治局面之預測》一文中寫道：「過去幾十年即是毛主席人治的時代，如我預測，今後則將是法治之代興也。」

在 1978 年 2 月 15 日召開的全國政協五屆一次會議的小組討論會上，梁漱溟發出了否定文革的先聲。「我的經驗是，憲法在中國，常常是一紙空文，治理國家主要是人治，而不是法治。」他認為毛澤東為解決劉少奇的問題，寫了《炮打司令部》的大字報，從下邊開始，「把熱情有餘的娃娃們鼓動起來，發動了史無前例的『文化大革命』既不符合黨章，也不符合憲法，「搞得天翻地覆，國無寧日。結果被衝擊的就不單是劉少奇，還有其它許多人，非中共的都有。倒的倒了，死的死了，好大一攤子！而不是人們常說的『一小撮』！」這自然是人治，「憲法也限制不了他的行為」。毛澤東的權威把他從人變成了神，成了偶像，結果釀成大禍。其次，「中國的歷史，上個世紀不用說，本世紀以來雖有過多種報紙上的憲法，但從總體上看都沒有真正施行過，法統、法制、法治，種種法的觀念從上到下，大家都非常淡薄。而對於人治，卻是多年來所習慣的。」說到此處，梁漱溟話頭一轉，對未來的中國法治建設充滿了信心。「我想認真而嚴肅地指出的是，中國歷史發展到今天，人治的辦法，恐怕已經發展到了盡頭，像毛主席這樣具有崇高威望的領導人，今後也不會很快就有，即使有人想搞人治，困難將會更大。再說經過這種實踐，特別是『文革』十年血的教訓，對人治之害有著切身的體會，人們對法治的願望要求更迫切了。……中國由人治漸入了法治，現在是一個轉捩點，今後要逐漸依靠憲法和法律的權威，以法治國，這是歷史發展的趨勢，中國前途的所在，是任何人所阻擋不了的。」[105]臨了，梁漱溟得出結論：「二、三十年來的中

---

[105] 均見《回憶梁漱溟》，灕江出版社 1991 年版，第 192 頁。

國，全靠毛主席的人治，而非法治。」[106]「今後應該尊重憲法，多靠憲法而少靠人，從人治漸入法治。」[107]這在思想尚未解放、領導層的一些主要領導提出「兩個凡是」的當時，確實是需要極大的勇氣的。一個思想僵化，長期受環境同化的人是無法產生這樣的思想的。這與梁漱溟長期保持思想的獨立性有關。正因如此，梁漱溟自然就受到了措詞激烈的批評。在政協小組學習會上，就有不少人批判他「惡毒攻擊毛主席」，「全盤否定『文化大革命』」，「攻擊階級鬥爭，攻擊無產階級專政」，甚至是「污蔑英明領袖華主席」等等，不一而足。到四月間他身體不適在家休息後，五月、六月又在直屬組接受一次次的批判。經過一個暑假的休息，其間由於鄧小平指出了『兩個凡是』的錯誤、組織了真理標準問題的討論，以及鄧小平提出撥亂反正，解放思想的主張等，直屬組開始秋季學習時，才不再提梁漱溟「人治與法治」的發言的錯誤了。到年底的十一屆三中全會，徹底否定「文化大革命」、停止使用「以階級鬥爭為綱」的口號，這與梁漱溟一貫的思想便趨於一致。直到這時，梁漱溟才真正感到自己是第二次解放。

　　在新時期，梁漱溟還反思了毛澤東的「階級鬥爭」學說。梁漱溟認為，「文革」的結果，與毛澤東一貫堅持階級鬥爭學說有關。毛澤東「既在思想言論上過分強調階級鬥爭，更以其不可抗的權威而勵行之，以致造成不少災難和罪惡，令人痛心、長歎息！」[108]早在 1938 年 1 月梁漱溟訪問延安時，就曾與毛澤東有過關於階級鬥爭的爭論。在梁漱溟看來，「我夙昔所見老中國社會，特如明清兩代的數百年以來，貧富貴賤上下流轉相通，階級分化不明不強。……

---

[106]　《梁漱溟全集》第七卷，山東人民出版社 1993 年版，第 460 頁。

[107]　《梁漱溟全集》第七卷，山東人民出版社 1993 年版，第 456 頁。

[108]　《試說明毛澤東晚年許多過錯的根源》，《梁漱溟全集》第七卷，山東人民出版社 1993 年版，第 520 頁。

然而毛主席卻不理會這些。」「而毛澤東臨到晚年暴露其階級偏見亦加倍荒唐錯亂，達到可笑地步。」「例如他說『千萬不要忘記階級鬥爭』；『階級鬥爭一抓就靈』；『階級鬥爭要年年講，月月講，天天講』……如此等等。試問：此地果真有階級對峙，自然就有階級鬥爭，避免不得，何須叫喊千萬不要忘記呢？這顯然在加工製造階級鬥爭，逞其主觀謬想，荒唐錯亂，可笑亦復可哀！」他認為「破四舊」、「無產階級文化大革命」是「無風起浪，製造階級鬥爭」的結果。[109]

在新時期，梁漱溟繼承了他過去所主張的身體力行的人生觀。他把儒家孔門之學看成「體認人的生命生活之學」，認為孔子「為學生講說時當指示其各自反躬體認實踐，默而識之，毋妄談，庶幾有所得，而少胡說亂道，自誤誤人。」[110]在1980年與艾愷的談話中，梁漱溟認為中國傳統的儒家思想在現代人的心中「沒有什麼保留」[111]。他認為未來的世界，是中國文化的世界。早在二〇年代《東西方文化及其哲學》的末章中，梁漱溟就說：「在世界未來，將是中國文化的復興」，到艾愷1980年訪問他時，他依然認為將來的世界文化，還是中國文化的復興。[112]這種看法，後來季羨林等人都在強調和堅持。

梁漱溟的這些思想，反映了他作為一個思想家的個人見解，他對階級鬥爭學說的濫用和人治觀念的批評，無疑是很精闢的。不過，他的許多主張和他那提倡中國傳統思想改造中國社會的見解和反躬修己的儒家精神一樣，在現實社會中操作起來未必能夠遂意，

[109] 《試說明毛澤東晚年許多過錯的根源》，《梁漱溟全集》第七卷，山東人民出版社1993年版，第520-521頁。
[110] 《梁漱溟全集》第七卷，山東人民出版社1993年版，第498頁。
[111] 《梁漱溟全集》第八卷，山東人民出版社1993年版，第1140頁。
[112] 《梁漱溟全集》第八卷，山東人民出版社1993年版，第1142頁。

也許從政治家的角度會有不同的看法。但梁漱溟思想存在的權利和價值，無疑是不可否認的。

（二）

在老一輩知識份子中，馮友蘭新時期的人生態度和學術態度，也是別具一格的。馮友蘭從五〇年代開始，被毛澤東稱為唯心主義哲學家，屢遭批判，雖沒有被打成右派，但「文革」劫難，自然難以逃避。他以古稀之年被關押、批鬥、打掃院落、運送垃圾，寒冷時以麻袋裹身，甚至生病亦不得就醫。後來據說毛澤東專門提到他講唯心主義哲學，並同時提到，對於知識份子，要尊重他們的人格。這才使得他的待遇有所好轉。對於1973年馮友蘭捲入「批林批孔」運動的事，海內外人士曾多有非議，但隨著時光的推移，人們則逐步予以寬容和理解，而馮友蘭自己做了自覺的反省。從此以後，在整個八〇年代，馮友蘭對於學術、對於社會和人生的認識都進入到無拘無束的自由境界，在他人生的最後一程，放出了燦爛的光輝。

對於馮友蘭在「批林批孔」中批判孔子的做法，許多知識份子在當時就不以為然。在「文革」結束後，有關部門就他作為「梁效」寫作班子的「顧問」，及其在批林批孔中的言行，進行了審查。有人還專門寫了文章，對他進行了措辭激烈的批評。有人甚至認為「四人幫」是「跟在一位腦後拖著一條封建長辮的中國資產階級教授屁股後面跑」[113]，這話當然是過激的。現在回過頭來想想，馮友蘭當時確實是有意跟上去的。他在1974年9月14日《光明日報》上發表的《詠史》二十四首後記中說：「就是說，要緊跟上去。」「我們現在的兩條路線鬥爭是以前路線鬥爭的繼續。所以我們還繼續用法家、儒家這兩個稱號。」詩中還露骨地大肆吹捧江青，如第十一首：

---

[113] 王永江、陳啟偉：《再評梁效某顧問》，《哲學研究》，1978年第3期。

「則天敢於做皇帝，亙古反儒女英雄。」這顯然是為江青奪權製造輿論。在「反擊右傾翻案風」過程中，他曾發表題為《孔老二的「撥」和鄧小平的「扭」》的文章，把鄧小平和孔子聯繫起來批。1976 年，他又發表題為《天安門廣場幾個蒼蠅碰壁》，說清明節在天安門廣場上的人是「碰壁蒼蠅」、「害人之蟲」。這也說明這次他跟得很緊。人們可以寬容他的做法，但不能抹殺事實。

馮友蘭的批孔，實際上反映了中國的一部分知識份子在「文革」中的一種可憐相，而不是可恨。其它如楊榮國等人，也可作如是觀。1972 年，馮友蘭在給回國訪問的昔日學生的贈詩中，有這樣的話：「若驚道術多遷變，請向興亡事裡尋。」這說明他因時事變遷，而不斷自我否定的無奈。對於五〇年代到「文革」的經歷，馮友蘭有不堪回首的感慨：「總起來看，我在解放後所有的經歷是很曲折的，所走的道路是很坎坷的。因之，在哲學和哲學史工作上也有反覆，這就是那些曲折和坎坷在學術思想上的反映。」[114]我們固然可以稱頌在這個問題上有節操的知識份子，固然可以埋怨馮友蘭的批孔做法，但他後來那觸及靈魂的反思，確實是真誠的，也是難得的。

馮友蘭自己做了深刻的檢討。他在 1981 年的《三松堂自序》中，在表露出無奈的同時，承認自己是「嘩眾取寵」，認為做人做學問，要「修辭立其誠」。[115]這對於一個年逾八旬的老人來說，確實是一個打擊。從五〇年代開始，他一直小心謹慎，批判自己，修正思想，從來沒有獲得過肯定。他是大陸 1949 年以後遭到批判最多，持續時間最長的哲學家。「批林批孔」時好不容易以攻為守，在否定自己中得以過關，卻同樣帶來了麻煩。當時的中央領導，如胡耀邦也曾過問：「馮友蘭為什麼還不能出來？」[116]總算到了 1980

---

[114] 《三松堂全集》第一卷，河南人民出版社 1985 年版，第 291 頁。
[115] 《三松堂全集》第一卷，河南人民出版社 1985 年版，第 176 頁。
[116] 《馮友蘭先生年譜初編》，河南人民出版社，第 574、579 頁。

年，恢復了他家的電話，這在當時是恢復正常政治權利的標誌。1982 年經胡耀邦批示，教育部批准他出國開會探親。但據他自己後來說：「無論如何，經過『四人幫』這一段折騰，我們解放以來所得到的政治待遇都取消了，我又回到了解放初期那個時候的情況。」[117]到了此時此刻，依然還不忘政治待遇，無怪乎「批林批孔」時，他要靠上去。這種心態，引起了不少人對他的批評。不過，在生命的最後階段，馮友蘭確實進入到無所顧忌的自由的境界了。

馮友蘭的批孔行為曾經受到許多臺港學者如傅偉勳、劉述先、韋政通等人的措辭激烈的批評。傅偉勳 1987 年認為，馮友蘭晚年的坎坷命運，「一方面顯示大陸學者的悲劇象徵，令人同情；另一方面又暴露了他那學術生命的脆弱性格，沒有真正抓住中國哲學的真髓，亦即『生命的學問』，令人歎息，對於我們後輩來說，馮友蘭是最好的『反面教材』。」他還說：「我敢斷言，馮氏的學術生命止於文革之前，他已無法改變他的學術坎坷。」[118]劉述先更為偏激，他甚至說，馮友蘭批孔的文章「得到毛澤東的讚許，使得馮欣喜欲狂。批林批孔終於在全國攪得轟轟烈烈。馮這種無聊文人幫閒的行動，不意竟變成了罪惡的幫兇，整得許多人家破人亡。」[119]他們由於對大陸的「文革」缺乏切身體驗，是很難理解當時大陸一些知識份子的境遇和行為的。

相比之下，大陸的學者特別是馮友蘭的學生對此評價總體上要寬容得多。他們對「文革」有深切的體驗。馮友蘭早年在北大讀書時的老師梁漱溟，在馮友蘭批孔的當時，就曾寫短信批評、質問他。[120]宗璞的回憶，則說是 1985 年梁漱溟給馮友蘭的信中指責他

---

[117] 《三松堂全集》第一卷，第 183 頁。

[118] 《馮友蘭的學思歷程與生命坎坷》，《當代》，第 13、14 期。

[119] 劉述先：《平心論馮友蘭》，《當代》，第 35 期。

[120] 見《梁漱溟研究集》，廣西師範大學出版社 1994 年版，第 406 頁。

獻媚江青，並且「來書竟無上款」，馮友蘭很不滿意，回信指責梁
漱溟「妒惡如仇之心有餘，與人為善之心不足」，不符合「忠恕之
道」。[121]1980 年梁漱溟對美國芝加哥大學學者艾愷評價馮友蘭時還
說：「他好像是儒家，是發揮中國傳統思想，可其實呢，他的為人
是老莊的，老子一派。不像儒家，忠於自己，一定要很正直，本著
相信自己的道理，很忠實，不隨風轉舵。」[122]雖然語氣委婉，無疑
是包含著不滿的。季羨林在 1990 年 12 月 3 日的《生命不息睿思不
止──悼念馮芝生（友蘭）先生》一文中，稱馮友蘭「仰不愧於天，
俯不怍於地。」「晚節善終，大節不虧。」[123]言下之意，認為馮友
蘭的「道術多變」並未影響他的大節。李澤厚在接受採訪時也說：
「當時的大環境很複雜，對人不能太過苛求。看一個人的一生，必
須看他最重要的貢獻，而不是看他一時的行為。」[124]李澤厚還以海
德格爾為例，主張對馮友蘭的評價不能因人廢言，把學術和人格分
離開來評價，儘管他同時強調不贊成分離。李澤厚認為：「學術與
人格之分離，乃近現代世界性常見現象（是否應該如此，乃另一問
題，我本人不贊成分離）。海德格爾之例尤為突出，……但海氏哲
學及其價值仍不因之而完全喪失，馮亦然。馮較之海，處境遠為惡
劣，主（心理）客（政治、社會）情況亦遠為複雜。」[125]李慎之在
《紀念馮友蘭先生》一文中，對他「批林批孔」、「評法批儒」的行
徑雖不認同，但還是做了維護：「回想那天昏地暗，狂風暴雨挾排
山倒海之勢以來的歲月裡，舉神州八億之眾，能不盲從苟同而孤明

---

[121] 見《對〈梁漱溟問答錄〉中一段記述的訂正》，載《光明日報》，1989 年 3 月 21 日。

[122] 《梁漱溟全集》第八卷，山東人民出版社 1993 年版，第 1152 頁。

[123] 《解讀馮友蘭·學人紀念卷》，第 18 頁。

[124] 《中國時報》1990 年 11 月 27 日記者電話採訪李澤厚。

[125] 《鵝湖月刊》十六卷第 9 期，轉引唐亦男文，見《馮友蘭研究》第一輯，國際文化出版公司 1993 年版，第 457 頁。

獨照者，屈指有幾人？」「我們又何能求全責備於氣血已衰的八十老翁。」「我寧願把先生個人的遭遇，他的痛苦和悲哀，看成是全體中國知識份子和中國人民的痛苦和悲哀。大家都是過來人，誰又能說不是呢？」[126]傅偉勳在馮友蘭去世之後，也能對馮友蘭做重新評價。「在不說話的自由都沒有的處境下，要求馮友蘭保持『清風亮節』現在想來恐怕不太公平。」「我對他晚年的表現所做的苛求，今天『蓋棺論定』，應該收回。」「包括文革在內的中國近現代歷史變遷，如此錯綜複雜，我們千萬不能針對個人去做歷史的以及道德的評價，我們必須從多種角度去多次考察整個事件，整段歷史的前因後果，來龍去脈。『馮友蘭』本來是個為人單純的哲學家，他一心一意所要做的，也不過是開發動用內外資源，打開一條中國思想文化的現代化道路。他萬萬沒有想到，自己這麼一個性格單純的學者，只因極端愛國，終於不知不覺捲入政治旋渦，變成現代中國（大陸）知識份子的苦難象徵。馮氏剛剛仙逝不久的今天，我們不僅應該悼念他，也同時應該悼念中國近代史上由於愛國而遭受苦難的無數人民。」[127]這種轉變，包含了傅偉勳後來在大陸學者的影響下，對大陸及其「文革」有更多的瞭解，對馮友蘭有了更深入的研究。

牟鐘鑒說批孔時期，「馮先生一時變了，他不再是人們熟悉的持有獨立學術見解、不斷受到批判的馮先生，而成了極左政治的追隨者和賞識者，他的形象恰在這個時期受到了嚴重的損害。」不為尊者諱，就事論事，雖則嚴肅批評了馮友蘭的這種行為，同時又對馮友蘭的自我批評做出了公允的評價。「然而他沒有垮下去，也沒有文過飾非，為自己辯解，他認真檢查自己，不是過去的假檢查，而是誠懇的檢查，並且是他一生中最重要也是最後一次自我反省。

---

[126] 《融貫中西通釋古今》，《讀書》，1991 年第 2 期。
[127] 轉引單純：《理解馮友蘭》，見《解讀馮友蘭·學人紀念卷》，海天出版社 1998 年版，第 225 頁。

他把這次反省的結果寫進《三松堂自序》，向社會公開自己的錯誤。他願意向社會貢獻出自己的精神遺體，並且在別人予以解剖之前，先自己解剖自己。」[128]他批評臺港學者對馮友蘭的尖銳批判「在大陸學者看來就有點『說風涼話不牙痛』的味道。」並說「在『文革』時期一度喪失自我之後，帶著病弱高齡的身體，能夠及時爬起來，向世人做出誠懇的自我反省，使自己的思想躍入一個新的境界，做到這一點的只有馮友蘭。」[129]

這些大陸學人大都是馮友蘭的學生和朋友，有為尊者和師長諱的動機，但基本態度確實是理智的，甚至讓人聯想到司馬遷為李陵的辯解。馮友蘭女兒宗璞的辯解也同樣可作如是觀。宗璞回憶她1985年曾對梁漱溟為父親辯解說：「我們習慣於責備某個人，為什麼不研究一下中國知識份子所處的地位，尤其是解放以後的地位！……中國知識份子既無獨立的地位，更無獨立的人格，真是最深刻的悲哀！」[130]宗璞在《向歷史訴說》中說：「開始批孔時的聲勢浩大，又是黑雲壓城城欲摧的氣氛。很明顯，馮先生又將成為眾矢之的。燒在鐵板下的火眼看越來越大，他想脫身，想逃脫燒烤——請注意，並不是追求什麼，而是為了逃脫！——哪怕是暫時的。他逃脫也不是因為怕受苦，他需要時間，他需要時間寫《新編》。那時他已年近八十。我母親曾對我說，再關進牛棚，就沒有出來的日子了。他逃的辦法就是順著說。」[131]馮友蘭在新時期雖然已經八十開外，卻依然力求為祖國的文化建設奉獻自己的才智。1982年9月到母校哥倫比亞大學接受名譽博士學位時，馮友蘭曾經做了一首

---

[128] 《試論「馮友蘭現象」》，《解讀馮友蘭·學人紀念卷》，海天出版社1998年版，第155頁。

[129] 《解讀馮友蘭·學人紀念卷》，第154頁。

[130] 《對〈梁漱溟問答錄〉中一段記述的訂正》，載《光明日報》，1989年3月21日。

[131] 《馮友蘭先生百年誕辰紀念文集》，清華大學出版社1995年版，第12-13頁。

詩：「一別貞江六十年，問江可認再來人？智山慧海傳真火，願隨前薪作後薪。」他自己解釋是取意於《莊子‧養生主》的薪火相傳，從中反映了強烈的文化使命感。1985 年，他在答《中國哲學史新編》責任編輯問時曾這樣描述自己當時的工作心態：「情不自禁，欲罷不能。這些感覺，大概是那個自發的動力在發生作用吧。」「凡是任何方面有成就的人，都需要有拼命精神。……至於傳世之作，那就更不用說了。」[132] 據李中華回憶，在 1984 年底，馮友蘭還積極參與中國文化書院的籌辦，並且力主弘揚中國傳統文化，實現思想文化的振興，並且走向世界。馮友蘭說：「中國傳統有四千年的歷史，但到近代衰敗了，有人甚至連這點家底也不要了，這是敗家子。」「我們要振興中華，拿什麼去振興？首先就要把思想、文化振興起來，人有了精神才能積極做事。我們從事文化事業的人，要向女排學習。中國女排志氣不小，她們沖出了亞洲，走向了世界。中國文化也要衝出亞洲，走向世界。」[133]

在《三松堂自序中》中，馮友蘭指出：「中華民族的古老文化雖然已經過去了，但它也是將來中國新文化的一個來源，它不僅是過去的終點，也是將來的起點。將來中國的現代化成功，它將成為世界上最古也是最新的國家。……新舊接合，舊的就有了生命力，就不是博物館中陳列的樣品了；新的也就具有了中國自己的民族特色。新舊相續源遠流長，使古老的中華民族文化放出新的光彩。」[134]

馮友蘭早年留學美國，學習西方知識，回國後又從事民族文化建設，可以說是高瞻遠矚的。和他同時代及後來者還有陳寅恪、宗

---

[132] 《三松堂全集》第十三卷，河南人民出版社 1994 年版，第 492-493 頁。
[133] 引自李中華：《豐厚的遺產永恆的紀念》，《解讀馮友蘭‧學人紀念卷》，第194 頁。
[134] 《三松堂全集》第一卷，河南人民出版社 1985 年版，第 345 頁。

白華、錢鐘書、包括朱光潛等人，都能站在世界文化的大背景下重視並致力於民族文化事業的發展，確實值得中青年一輩重視。在新時期，由於歷史原因和個人原因，有些提倡民族文化的學者對西方文化和全球文化缺乏總體瞭解，對民族文化的看法視野很受局限，甚至犯夜郎自大的毛病。有些新時期有機會出國的學者，出國後視野開拓了，觀念更新了，則深感過去我們的思想僵化、觀念教條，並且厭及和尚，恨及袈裟，對幾千年優秀的傳統文化，在不做深入研究的情況下，就簡單地斥之為腐朽的東西。這兩種錯誤傾向的學者無疑都需要借鑑二十世紀初開始成長起來的大師的有益經驗，開拓視野，在世紀文化的大背景下研究和發展民族文化。如果說馮友蘭等一批二十世紀的大師們主要完成了讓世界文化走進中國的艱巨任務，那麼，二十一世紀中國學者的任務，則主要是讓中國文化走向世界，與國際接軌。這種任重道遠的工作，需要一代代青年學者具有強烈的敬業精神和文化使命感。

在第五冊《中國哲學史新編》中，馮友蘭著重闡發了張載的「仇必和而解」，認為「仇必和而解」是一種以統一為主的辯證法。這種說法，正是對五○年代以來鬥爭哲學的反思與糾正，也是冷戰結束前後馮友蘭對世界的看法。在《新編》第七冊中，馮友蘭更是反覆申論他的和解思想，認為這種「仇必和而解」的思想代表了中國哲學和世界哲學的未來，代表了人類社會的未來。

在第六冊中，馮友蘭還對毛澤東早有觀點、中國學術界已成定論的太平天國和曾國藩的評價發表了自己的看法。馮友蘭在大陸學術界50年代以來第一次提出了否定太平天國的觀點。他認為曾國藩鎮壓太平天國非但無過，而且有功。如果太平天國運動成功了，中國將要倒退幾個世紀。因為「洪秀全要學習並搬到中國的，是以小農平均主義為基礎的西方中世紀神權統治」。曾國藩鎮壓了太平天國，主觀上如何是一回事，從客觀上看實際上阻止了中國的中世

紀化，「阻止了中國的一次倒退」，是有功勞的。當然曾國藩也不是完全正確的，他曾推行一套以政代工的方針，違背了西方國家近代化以商代工的自然道路，又延遲了近代化。馮友蘭由「文革」的經歷而思考了史學界僅片面強調「造反有理」，並以此來評價農民戰爭的說法，而以「現代化」、有利於社會的進步和發展為近現代史發展的評價標準。這就為太平天國及一系列的近代事件和人物評價開闢了一個新的思路。

在第七冊《簡編》中，馮友蘭突破了對當代人、事的顧慮，從中表現出他的遠見卓識和理解勇氣。他在對毛澤東的評價中，既大體符合了 1981 年《中共中央關於歷史問題的決議》，又有自己獨特的見解。馮友蘭認為，毛澤東「在中國現代革命中，立下了別人所不能立的功績，也犯下了別人所不能犯的錯誤」，他把毛澤東思想分為三個階段：「第一個階段是科學的，第二個階段是完整的，第三個階段是荒謬的。」這類看法，使得他的第七卷長時間在大陸得不到正常出版，但他本人對此已無所顧忌。他晚年多次提到當年引入《新原人》自序中所期許的張載的話：「『為天地立心，為生民立命，為往聖繼絕學，為萬世開太平。』張橫渠語，此儒學之通也。」[135]這也是他抗戰時期的抱負，八〇年代重提此論。故有人說他八〇年代是由過去喪失自我而回歸自我。1977 年，馮友蘭的夫人任載坤去世，馮友蘭作的挽聯中有「從今無牽掛，斷名韁，破利鎖，俯仰俱不愧，海闊天空我自飛。」反映了他晚年立誓保持獨立人格和自由學術精神的心情。

馮友蘭晚年還從一個學者的角度，積極思索社會現實，發表自己的獨立見解。他要提高社會的文化水準和道德水準，要繼承『五四』的民主和科學傳統，並對社會上的不正之風予以抨擊。據劉鄂

---

[135] 1988 年為吉林人民出版社出版的《儒學辭典》題詞。

培回憶，1985 年 5 月，馮友蘭曾對當時社會上的「不正之風」及
其解決的辦法提出意見，認為要治本，而不是治表。所謂治本「關
鍵在於提高社會道德水準，提高人的精神境界」[136]。1989 年初《北
京大學校刊》採訪馮友蘭時曾作如下報導：九十四歲的馮友蘭認為
「對於時下盛行的『厭學風』，馮先生十分關注。他反覆告訴記者
『厭學風』和『文革』中的『讀書無用論』一樣，責任不應歸於青
年人，而應歸於社會環境。」「十年動亂，有人認為『知識越多越
反動』，把知識份子當作『臭老九』看待。動盪過去以後，這『文
革』遺留下來的風氣始終未從根本上改變。十年改革，我們只注重
眼前的經濟發展而不重視教育，造成十分嚴重的『腦體倒掛』等現
象，這種環境和原因必然會導致青年『厭學』。現在國家領導人也
承認了改革中最大的失誤是對教育重視不夠。所以要解決『厭學』
的根本途徑還是通過改變社會環境來解決。」「『五四』的口號是民
主與科學。現在『五四』過去了七十年，科學的重要性大家都承認
了，但是到目前，什麼叫民主，人們沒有弄清楚。所以，『五四』
的任務沒有完成。紀念『五四』就是要完成『五四』未竟的事業，
繼續發揚民主、科學精神。」[137]1989 年春，馮友蘭在回答《中國
青運》記者的提問時，認為繼承「五四」傳統，不但要尊重科學，
更要有「科學精神」，強調民主，不但要「少數服從多數」，而且
要「多數容忍少數」[138]。從這些意見中，我們可以看到九十高齡
的馮友蘭，依然對民族、國家和社會做出深刻的思考，表現了「匡
時濟世」、「經世致用」的儒家風範。同時，又不同於過去隨風向而
動，把學術思想看成政治的附庸的做法。

---

[136] 《解讀馮友蘭學人紀念卷》，海天出版社 1998 年版，第 105 頁。
[137] 1989 年 4 月 5 日《北京大學校刊》，引自《三松堂全集》第十三卷，河南
　　人民出版社 1994 年版，第 806-807 頁。
[138] 《中國青運》，1989 年第 2 期。

　　馮友蘭新時期給我們留下的遺產是多元的。無論是在人生態度上、治學態度上，還是治學精神上都是如此。例如「《新編》中最突出的一點，是對於漢朝統治和漢朝的哲學，特別是春秋公羊學，做了新的評價。以前我沒有認識到漢代哲學的真正價值，有輕視的傾向。現在認識到漢代哲學是了不起的，……」[139]一位畢生獻身於哲學的哲學家和哲學史家，到了九十歲時，對基本學術觀點尚且有這樣的修正，可見在學術上有深刻的認識，產生傳世之作是多麼不容易。在晚年的一些回憶文章中，馮友蘭多次強調他早年所奉行的「為學術而學術」，反對「為做官而學術」、「為政治而學術」。[140]

---

[139]《三松堂全集》第十三卷，第 493 頁。
[140] 見《我所認識的蔡孑民先生》，《人民日報（海外版）》，1988 年 1 月 9 日。

第七章　知識份子新時期的心態（下）

一、新三級大學生的成長及心態

所謂新三級，主要指 1977 年恢復高考制度後最先進入高校深造的 77 級、78 級、79 級學生。其中有 1966 年以來的十年動亂耽誤了的一代青年，當然也包括新成長的應屆高中畢業生，更廣義地還包括在這三年間做研究生的那些人。雖然由於歷史原因，他們中的絕大多數人曾失去了讀書的黃金時間，但作為人才，他們當中有許許多多智慧超群、毅力非凡的人，在新時期的思想解放運動中，在科技教育和文化藝術領域，在體制改革過程中，在發展經濟的大潮中，發揮了無法忽視的重要作用。作為中國社會發展進程中過渡時期的人物，他們的作用是承前啟後的，也是無法替代的。有人稱他們為中國建設現代化國家的第一代的「黃埔軍校」生。沒有他們，中國知識界、文化界、科學界以及經濟界、企業界在新時期要想走向世界，向未來過渡是不可想像的。他們走進大學校門本身就是在參與社會的變革。正因如此，二十年後出現了一些著作專門研究新三級大學生。

（一）

恢復高考制度對整個社會和整整一代人的深刻影響，在幾十年後也許看得更清楚。這首先是國家擺脫貧窮落後的迫切需要，所以

鄧小平復出後首先就抓教育和科技。1977 年 5 月 24 日,鄧小平在
一次談話中指出:「同發達國家相比,我們的科學技術和教育整整
落後二十年。科研人員美國有一百二十萬,蘇聯有九十萬,我們只
有二十多萬,還包括老弱病殘,真正頂用的不很多。」「要經過嚴
格考試,把最優秀的人集中在重點中學和大學。」並明確提出「尊
重知識,尊重人才」。[1]

　　但執行起來依然很困難,在 8 月 4 日教育部向國務院報送的《關
於 1977 年招生工作的意見》依然維持了過去工農兵學員的推薦辦
法,即「自願報名,群眾推薦,領導批准,學校複審」的十六字辦
法,其中雖然提到「重視文化程度」,但考核方法依然是「採取口
試、筆試等多種形式進行,提倡開卷考試,獨立完成」,並說「不
要憑一次考試決定棄取」。只是在落實周恩來 1972 年指示的問題
上,建議招收占總人數 1～5%的應屆高中畢業生。按照這個尺度,
大批有才華的青年依然無法進入高校,也無法提高學生的素質,無
法形成學習科學文化知識的風氣。

　　在 1977 年 8 月 3 日至 8 日的科學教育工作座談會上,武漢大
學的查全性在 8 月 6 日下午強烈要求改進招生辦法,提高新生品
質。他認為學校要有「合格的原材料」,矯正招生制度中的不正之
風,提高學生學習的積極性。後來吳文駿、王大珩、汪猷、溫元凱
等人也都積極發言,支持對現行招生制度的改革。鄧小平根據他們
的意見,果斷地決定推遲當年招生,改為招考制度。這一決定在中
國當代史上具有偉大的歷史意義,特別是對於後來的新三級學人。
為了保障教育和科學方面的撥亂反正,鄧小平 8 日在座談會上還專
門談了對「兩個估計」的看法,調動知識份子的積極性問題,體制
和機構改革問題,以及教育制度和教育品質等問題。後來,鄧小平

---

[1]　《鄧小平文選》(1975～1982),第 37-38 頁。

親自圈改的擇優錄取「主要看本人表現」，實際上是把「唯成分論」拋到了一邊，這對於那些一來到這個世界上就帶著與生俱來的原罪的「五類分子」子女來說，無異於脫胎換骨。這是後來否定成分論的一個重要開端，也是淡化「以階級鬥爭為綱」的一個重要開端。廈門大學 78 級學生林雙川，作為有海外關係的子女，在 1978 年與哥哥同時考上大學，對此感觸尤深。「我們和改革時代有著先天的、血緣的關係。人和人生而平等的看法，人無權挑選父母而有權選擇道路的看法，應該通過公平競爭選拔人才的看法，都是改革開放的最了不起的思想成果。」[2]

恢復高考的消息一經傳出，人們連夜打電話、寫信，把它傳遍了全國各地。一時間，大江南北，天山腳下，知青們在草原的帳篷，西北的窯洞，紛紛找出陳舊發黃的教科書，埋頭苦讀，有的連一天的假期都沒有，硬是挑燈夜戰。也有一些人是在惡劣的環境中長期不懈努力，有人甚至以讀書為自己的精神支柱，時刻等待著機會的到來，結果取得了優異的成績。他們從秧田裡、鍋爐旁走向了時代的前列，走上了社會舞臺的中心。如果說當年知識貧乏的「知識青年」走向農村、牧區能「大有作為」，那是一種諷刺，而現在新三級學人才真正走在時代的前列，肩負起歷史的重任。

對於新三級的學生，特別是其中的老三屆和後繼的下放「知青」來說，招生考試確實使他們絕處逢生，從某種程度上說是挽救了他們。社會需要他們成才，他們自己也渴望成才。每個人都以非常神聖的態度來對待高考。他們把參加高考看成是崇高的人生理想的追求。艱苦的環境的磨練使得他們珍惜時間和機會。二十年後，當人們看到一批批當年「知青」因文化素質問題而被社會淘汰、下崗時，恢復高考制度對於那些考上大學的同齡「幸運兒」來說，意義就更

---

[2]　鍾岩：《中國新三級學人》，浙江人民出版社 1996 年版，第 99 頁。

重大了。二十年後，許多新三級的大學生回憶當年的情景時，會用「簡直不敢相信自己的耳朵」、「做夢也沒有想到」、「我們整整一代人得救了」、「感謝鄧小平」等語言來表達他們當時的心情。

在恢復高考二十年以後的 1997 年，在中國社科院歷史所工作的、已入知天命之年的郭方，寫了一篇題為《冬日陽光燦爛》的回憶文章，文中談到 1966 年 6 月「文革」開始、學校停課後，高考隨之也就被廢除了。「我十年的青春歲月是在北大荒、內蒙古和山西度過的。生活艱苦，勞動繁重，而更感到沉重的是精神苦悶和前途迷茫。」即使如此，仍然常常回憶起讀書的歲月。常常「把背下來的文章，詩詞，英語單詞，數學公式，歷史人物與年代等抄在一個個手掌大的小本或紙條上，藏在身邊或炕頭，趁歇工或晚上拿出來默讀，補充，偶爾在哪見到一本舊書就突擊閱讀，與好學的同伴得空就『填空互補』。」「終於我和幾千萬同代人一道，趕上了第一場關係國家命運的改革：恢復高考。」「現在回憶起來，覺得那幾個冬日的陽光分外燦爛。那時已年近三十歲的我又坐在北京一所中學的教室裡，書寫著一張張試卷。」「我邁進了北京大學的校園，後來又以第一名的成績考取了碩士、博士，到過牛津、倫敦、巴黎求學，也進一步領會了治學的艱辛。但我最懷念的還是在陽光燦爛的冬日參加的那次高考，這不但使我，也使我們國家開始了『新的一課』。」[3]

其實當年恢復高考制度的阻力不亞於今日的改革。改變原有的招生制度是當年毛澤東親自佈置的，1971 年由姚文元、張春橋修改、定稿所謂的《全國教育工作會議紀要》對知識份子的「兩個估計」也是經過毛澤東的圈閱的，這在提出「兩個凡是」的當時，要想推翻「兩個估計」，恢復高考制度，真正把教育搞上去，可謂阻

---

[3] 《冬日陽光燦爛》，《人民日報》，1997 年 11 月 21 日。

力重重，不可思議。而鄧小平以他政治家的氣魄，堅定地把它扭轉過來了。那些「靠關係」，「唯成分論」、「讀書無用論」等不正確的觀念，一下子得到了扭轉，整個社會風氣發生了變化。雖然隨著時間的推移，一些不正之風同樣在侵襲招生制度，但崇尚公平競爭，憑本事吃飯，的確影響了新三級。尤其在當時，恢復高考制度本身，就是對「文革」的一種直接否定。

恢復高考制度的意義不僅在於從中挑選了一批優秀的人才，解決國家人才的青黃不接的局面，而且通過對幾十萬人的選拔，調動了幾千萬人去學習和重視科學文化知識，在國內造成一種空氣，一種尊重知識的積極性，尊重人才的空氣。它向社會展示了一種公平競爭的價值尺度。無論是考生，還是監考、閱卷者，都把這種考試看作是一種神聖的行為。這對扭轉由「文革」帶來的是非不分的狀態是非常必要的。同時，恢復高考制度本身，與中國改革開放、實現現代化的總體戰略緊密相聯。因此，恢復高考對「新三級」來說，不僅僅是他們個人的發展契機，也是整個中國發展的契機。他們個人的命運與國家的命運緊密相聯。把握歷史的機遇，不僅是他們個人的機遇，而且每個個人又匯成了整個社會發展的機遇。由新三級培養起來的可貴的競爭意識在社會中產生了重要的影響。

（二）

新三級也是非常爭氣的一代。儘管由於十年的荒蕪，他們浪費了人生最寶貴的光陰，儘管由於國內科學技術落後國際水準二十年，使得他們在成才道路上有一種難以彌補的劣勢，絕大多數人只能成為過渡時期的人物，但是他們非常珍惜來之不易的機會。社會和艱苦的生存環境磨練了他們的意志，培養了他們獨立思考的能力。他們爭分奪秒、渴望成才。他們以非常虔誠的態度在做學問，這種態度把中老年知識份子的積極性與希望也點燃了起來。

有人說：「機遇大概只對兩種人有作用，第一種人生命力特別旺盛，總是有更高的追求，第二種人便是沒有退路，沒轍了，只有背水一戰。我想新三級人大都得兼此兩種素質。」[4]具體說法也許還可以再推敲，但說他們有追求、有毅力，有抱負，對於大多數新三級的大學生來說，這種評價應該是中肯的。幾年的「上山下鄉」，使他們荒蕪了學業，甚至身心受到了一定的摧殘，也使他們瞭解了中國的國情，鍛煉了意志。這對於他們日後走上工作崗位，特別是領導崗位，提供了難得的體驗。北京林業大學 77 級學生張啟翔說：「在艱苦的環境裡，我的靈魂得到了洗滌，……我們把理想帶進大學。」後來，理想又「重新植根在中國建立社會主義市場經濟這一文明進步的時代潮中。」[5]只是他們付出的代價太大了，生活差一點毀滅了他們。他們經歷了「文革」，並盲目無知地匯入了這一潮流，自身卻又是受害者。他們歷經了艱辛，有太多的東西需要反省。有人甚至還做過造反派，爬上過革委會的領導層。當社會發展到新時期的時候，他們往往懷抱著高度的社會責任感和強烈的歷史使命感。上了大學以後，他們對世界的瞭解日漸增加，有些人日後還出國深造過，現代西方的社會文明對他們有著太多的震撼。而中國的現實又有著太多的封建痕跡，使得他們在思想上難以拓展，影響了他們與愚昧抗爭的能力。

儘管改革開放本身帶來了一系列的新問題，某些封建意識依然在一些方面有相當表現，在改革進程中各人的想法又有著一定的差距，但改革本身，在中國社會的發展史上，無疑是非常重大的事件。而新三級學人正處在這一偉大事業的前端，擔負著開路先鋒的作用。他們生活在一個不斷打破陳規陋習的時代，他們的學習，為日

4　鍾岩：《新三級學人》，浙江人民出版社 1996 年版，第 26 頁。
5　《中國新三級學人》，第 96-97 頁。

後參與改革奠定了基礎。從思想僵化到改革開放經歷了一個艱難的歷程，而他們正是改革開放的第一支勁旅。如果說科學文化、教育、管理體制等與國際接軌是新時期的一個努力的目標，那麼，新三級正是中國知識份子向這個目標邁進過程中走出了關鍵的第一步。它糾正了極左的偏見，讓人們認識到掌握屬於全人類的先進科技和管理是中國人民獲得幸福的必由之路。

（三）

　　從新三級大學生成長起來的知識份子，雖然曾經在富有朝氣、銳意進取、充滿幻想的歲月裡，捲入了一場政治的動盪，但新時期總算給他們帶來了拓展自我、施展才華的希望。許多中老年知識份子所力不從心的、或因多年來思想僵化而放不開、做不來的事務，歷史地落在了他們的肩上。「傷痕文學」的出現和發展，正是一批以當時新三級大學生為主的青年人創作的。1978 年 9 月，一位老作家曾意味深長地說：「這樣的作品還是讓青年同志來寫吧！」

　　1979 年，清華大學化學化工系 77-2 班學生提出的「從我做起，從現在做起」的口號，反映了新三級大學生關注現實、嚴於自律的情懷。他們爭分奪秒，努力拼搏，有的後來成了科學家和思想家，有的則成了有見有識的實幹家。在新時期開頭的幾年裡，整個社會日新月異，新的視野，新的價值標準，由思想解放運動而帶來的令人激動的事，一件接著一件，讓人目不暇接，刺激了人們的創造欲和上進心。

　　在長期封閉的「文革」歲月，我們都聽慣了資本主義的人民正生活在水深火熱之中，而我們則是「形勢大好，不是小好，而且越來越好」、「到處鶯歌燕舞」的謊言了。等到國門大開，我們才發現，我們與西方之間的距離更大了，我們的國民經濟已經到了崩潰的邊緣。在這種背景下，鄧小平果斷決定改革開放，主張向西方學習，

學習他們的科學技術和知識經驗。當年的山東大學 78 級學生，理學博士、中科院研究員、博士生導師郭雷曾經這樣說：「除了那些被人家封鎖的領域，『國內領先』已不是我們追求的目標。我們要的是國際一流，是與世界一流的同行對話。」[6]他們往往在世界的大背景中思考中國的命運，由此確定對待西方的態度，要學習、要借鑑。中央財政金融學院的 79 級學生王廣謙，就曾強調經濟領域的借鑑：「比如說我國進行改革開放，實行市場經濟運行機制，其中一些技術性的東西基本上是西方來的。西方的微觀經濟學有助於我們觀察剖析經濟的運行和經濟的組織結構。」[7]

當然，這批人中的大多數人的黃金歲月被耽誤了，其中相當一部分人在中小學缺乏系統教育，這使得他們難以達到科學和社會發展的頂端。但同時，歷史又提供給他們以機遇，使他們成了承前啟後的中堅力量。周之良教授曾經說：「這批人現在受到了學弟學妹們的挑戰，遇到了新的壓力。更年輕的學生們所處的是更新的時代環境，他們的視野更開闊了，人才交流的條件更加開放，所以，在新老交叉學科方面，他們具有了更多的優勢……但是不能說新三級落伍、不起作用了，而是再搞新學科已來不及了。」[8]

往事如煙。而今，許多當年的新三級大學生成了著名的大學教授、研究員、高級工程師、博導、院士，有的成了著名的企業家，有的則成了省、部級領導幹部，也有的雖然艱苦奮鬥，卻與成功失之交臂。總體上說新時期的社會發展，給他們提供了很多的機遇，讓他們在大風大浪中得以鍛煉成長，而他們自己也給新時期灌注了嶄新的活力。

---

[6] 引自《中國新三級學人》，第 71 頁。
[7] 《中國新三級學人》，第 105 頁。
[8] 《中國新三級學人》，第 75 頁。

二、留學生的處境及心態

　　新時期伊始，中央有意推動社會的發展，重提「四個現代化」的藍圖。由於「文革」的動亂，國內的人才出現了青黃不接的局面，對國際上的先進技術更是隔膜。這一點，即使堅持「兩個凡是」的華國鋒也是心知肚明的，只不過感受不一定非常深切罷了。鄧小平以他政治家的氣魄，敏銳地感覺到從全球的視野看待中國的發展的重要性，並且到發達國家進行訪問，看到了中國當時科學文化技術落後的現狀，主動提出率先抓科學、文化、教育問題。1977 年 5 月 24 日，鄧小平說：「現在看來，同發達國家相比，我們的科學技術和教育整整落後了二十年。科技人員美國有一百二十萬，蘇聯九十萬，我們只有二十多萬，還包括老弱病殘，真正頂用的不很多。」[9]到 1977 年 8 月 8 日，在科學和教育座談會上，談到科學技術的發展時，鄧小平第一次正式提出了留學生的派遣問題：「派人出國留學也是一項具體措施。」1978 年 7 月 7 日，中國在與西方世界隔絕了近三十年後，在美國科技代表團訪問中國期間，雙方達成了互派留學生的協定，這使得許多中國的青年學生從此改變了人生的歷程。它是知識界的一項重大事件，也是中國在「文革」結束後的改革開放歷程中的重大事件。僅在 1978 年，中國政府就向世界二十八個國家派遣留學生四百多名。從此，中國學生到西方留學的大門再度正式打開。

　　近代意義上的中國人遠渡重洋留學，始於 1847 年。當時一位叫容閎的中國人，由香港的瑪禮遜教會學校校長勃朗先生帶到美國學習，於 1854 年冬天從耶魯大學畢業回國。他希望能通過西方的

---

[9] 《鄧小平文選》（1975～1982）人民出版社 1983 年版，第 37 頁。

教育使祖國強大起來，便勸說朝廷官員曾國藩等人奏請朝廷派人出
國學習。從 1871 年開始，清政府同意並實施了四年派遣一百二十
名十二至十五歲的幼童出國學習的計畫，中國系統的留學工作從此
開端。後因朝廷的命官陳蘭彬、吳嘉善的無知阻撓和上奏，這些學
生於 1881 年大都被迫回國。其中除六人抗命不歸外，六十多人中
斷了大學學業，不少人還處於中學階段就不得不停學，真正完成學
業的只有兩人。儘管如此，這批人中還是出現了傑出的人才，如鐵
路專家詹天佑、地質學家吳仰曾、電報總局局長唐無湛、曾任總理
的唐紹儀和曾任外長的梁敦彥等。

　　從此，中國的留學事業有了一個開端，後來又有了赴歐洲的留
學生。特別是 1875 到 1878 年間，清政府派遣了四十多人前往英、
德、法等國學習海洋和造船工藝。嚴復和中日甲午海戰中殉國的林
曾泰、劉步蟾、林永升、黃建勳等人，都是其中的留學生。與此同
時，清政府還鼓勵官員出國考察，期限以三年為度。十九世紀末，
張之洞又大力宣導留學日本。辛亥革命和「五四運動」的革命家與
文化革命幹將，許多便出自留日學生，如秋瑾、鄒容、陳天華、黃
興、宋教仁、廖仲愷、胡漢民、汪精衛、于右任、陳獨秀、李大釗、
魯迅、周作人等，當然其中也有人後來成了賣國的漢奸。從 1909
年開始，又有庚子賠款的留美學生，計三批，約一百八十八人。梅
貽琦、趙元任、竺可楨等優秀科學家曾在其列。從 1911 年辛亥革
命開始，清華大學連續十多年派出了一千多人出洋留學。1912 年
又出現了赴法勤工儉學運動。蔡元培、汪精衛及中共革命家蔡和
森、趙世炎、周恩來、陳毅、聶榮臻、鄧小平等均曾留法勤工儉學。
後來由於二戰，特別是中國的抗日，留學生逐年減少。1941 年留
學人數只有五十七人。到二戰結束後的 1946 年，公費留學生總數
才升至七百三十人。後因朝鮮戰爭爆發，東西方陣營的對壘，向西
方派遣留學生的工作在大陸中斷了二十九年。大陸留學生一度只赴

蘇聯和東歐，後來也因中蘇關係惡化，「文革」等因素而漸告中止。到 1978 年 12 月 26 日，首批留美學生離京赴美，中國向西方派遣留學生的工作才又恢復。[10]

　　新時期重新打開國門，讓知識份子出國學習、交流，對於中國科學文化教育逐步走向世界，意義是非常重大的，其成績需要獲得高度的肯定。假如國門再關閉二十年，中國與世界的差距是不可想像的。當年，一批海外留學人員回國服務，為新中國的科技文化教育事業做出了不可磨滅的貢獻。新時期，正是新一代留學生把世界再一次帶進了中國，為中國的科學文化事業逐步走向世界做出了貢獻。強尼說：「理工科專業的中國留學生，不但成為美國科技領域不可忽視的力量，而且廣泛地進入了美國實業界。」[11]陳沖獲得奧斯卡獎，也算是新時期留學生的一項貢獻。有些人還用眼睛盯著諾貝爾獎。但是，我們也要看到，在留學生的派遣過程中，依然有很多問題。有些問題隨著時間的推移得到了糾正，但付出的代價畢竟太大了。有許多產生負面影響的事件長期沒有得到糾正。提出這些問題，意在進一步推動留學生事業的發展。

　　在早期，一個非常現實的問題是，由於歷史的錯誤，許多學子的黃金時代被耽誤了，等到他們出國深造時，許多人已經到了四十多歲，甚至接近五十歲了，已經過了創造的最佳年齡。儘管這些人加倍地努力，而且也取得了一定的成績，卻難以有重大的突破。也正因如此，西方學者一度認為中國學者基礎差，一旦取得一些成績，便歎為奇觀。在相當長的一段時間裡，中國留學生一直在追求「中國人就是不比別人差」，還是一種「脫差」的調子。當中國地質科學院研究員許志琴年屆不惑在法國獲得博士學位時，「回到房

10　參見強尼《留學美國》等書。
11　《留學美國》，江蘇文藝出版社 1996 年版，第 63 頁。

間，撲倒在床上痛哭起來」。她曾經在下放、丟掉專業的狀態下虛
度歲月，「想起逝去的年華，她抱起冰冷的石頭，在荒山野嶺失聲
痛哭……」[12]這是一種無奈而又不甘心的傷感，它超出了個人努力
的能力。

對於大多數的中國青年，特別是那些上山下鄉，歷經磨難的青
年來說，到歐美留學本是連夢都不該做的。後來高考制度恢復，一
批政審過關，外語成績優異或是有一些工作經驗的青年教師陸續可
以出國。也許從學術角度看，早期的留學生（主要為訪問學者），
可能大多數沒有學術前途，但畢竟國門打開了。這為億萬青年打開
了希望之門，實現了成材之夢。到 1981 年 1 月 14 日，國務院批轉
了教育部等七個部門關於自費出國留學的請示，並公佈了相關的暫
行規定。但實際上，自費留學（主要為美方相關基金資助），從 1979
年就開始了。國內的輿論傳媒有時喜歡用「國際頂尖科學家」和「攻
克國際某領域的重大難關」這類說法來形容歸國留學生及其成績，
帶有相當的盲目性。新時期的中國留學生中，確實不乏聰明刻苦的
人士，但因過去的事業基礎工作條件以及一部分留學生的年齡過大
等因素的限制，相當一部分還不能很快取得重大成績。我們與國際
學術前沿還有一定的距離，加之科學的成就是需要一個努力的過程
的，回國貢獻的留學生又因當時生活待遇和工作條件的種種不如人
意之處，許多人奮鬥的雄心受到了嚴重的挫折。

出國以後，留學生們明顯地感到知識結構和思維方式的落差。
「一位曾在國內參加過農村經濟改革設計的經濟學家，來美國某大
學進修前，曾雄心勃勃地準備用半年時間把西方最新的經濟理論
『解決』了。等他到了美國，從圖書館借了一堆書回去一讀，才發
現自己因缺乏基本訓練，根本讀不懂現代西方經濟學著作。從此，

12　《無盡的旋律》，中國友誼出版公司 1992 年版，275 頁。

說話做人都謙虛了不少。」[13]而許多有一些名氣的中國學者，則因語言和接受能力等問題，無法與西方學者進行深入的溝通，也無法大量地閱讀一流的專業著作，回國後認識到自己幾斤幾兩，狂傲之氣收斂了許多。

當時對舊體制不滿意的留學生較多。一些部門領導對留學生是否專業對口並不注重，對留學生到底如何也不關心，關鍵是要讓他們回來，要有足夠的回國人數，可以作為工作的業績，作為宣傳的內容。這種形式主義的工作作風確實害死人。其實，留學生在外也是有三六九等的，有人在外鬼混幾年，自己都不知自己幹了些什麼，結果回國的留學生魚龍混雜。對那些學無所成的人，不予重視當然沒什麼不當的，而那些有真才實學的人才，卻也受到了嚴重的遏制。回國以後，「在舊的體制裡，制定政策的人總是把政策對象化，於是就強調用低級簡單的行政手段──『管、長、壓』，結果卻是抽刀斷水水更流，本來不願走的也走了。」[14]許多留學生受專業和課題的制約，有時需要稍做滯留，而國內的某些行政部門，根本不管強行勒令會讓留學生的學業功虧一簣的事實，要求他們限期回國，否則便課以罰款除名等措施。八〇年代後期留學美國南加州的秦堅就曾指出：「現行規定將留學生年限限制的太短太死。就美國而言，由於實行學分制，一個研究生從入學到畢業取得學位所花時間要受很多因素的影響，如學校系科資助狀況，導師情況等等。因此，美國的大學最多只有一個年限（如南加州大學的機電系博士學位必須在十年內做完）一刀切地規定年限對留美不符合實際。」[15]而制定政策的人卻不理會這些。久而久之，讓那些有真才

---

[13]　強尼：《留學美國》，江蘇文藝出版社 1996 年版第 147 頁。

[14]　《風物長宜放眼亮──中國留學生參觀彙報團代表訪談錄》，《世界經濟導報》，1988 年 9 月 26 日。

[15]　《關於留學生政策的幾點思考》，《世界經濟導報》，1988 年 9 月 26 日。

實學的人膽戰心驚，結果是採取更為嚴厲和粗暴的管理措施，而不是從自身的體制和管理方式上去找原因，尋求解決的辦法。

　　給予留學生以充分的信任，消除職能部門與留學生的敵對狀態，是新時期制定留學生政策的關鍵。在不少留學生因種種原因沒有按時回國，許多人加以斥責時，錢學森作為老一輩留學生和科學家做了積極的分析。他認為這種滯留不歸的現象是正常的，他們就是新時期的錢學森，在祖國需要的時候，在他們能發揮專長的時候，他們會回來的。當一部分優秀人才回國後確實有遭到埋沒的危險時，當他們回來後可能會用非所學、甚至與別人搶飯碗時，當國內一些科研條件還跟不上時，讓這些精英暫時儲存在國外，並獲得進一步的培養和發展，對國家的長遠利益確實有利而無害。關鍵是當時的一些制定留學生政策的人不懂行，缺乏遠見。留學生普遍的心聲是：「中國人永遠都是中國人！中國人無論到哪裡都是中國人！」這也應該成為國家制定留學生政策的一個基本立足點。「任何採取收縮管制的方法，除了反映自信心不足的心態，還隱含了兩個荒謬的假設：首先是不自覺地承認中國沒有吸引力，留學生只有靠嚴管才會回來；其次是這些精英學了那麼多東西，自己仍然判斷不了該不該回來，而非要有人去幫他『思想』。」[16]秦堅說：「國家應該有充分的理由相信，絕大多數留學生是愛國的，都有一腔報國熱情。因此，我們不能認為我們國家的『人才外流』問題已經嚴重到非限制留學人數、留學時間、期限和限制家屬出國才能控制的地步。另一方面，這個政策使廣大留學生人心浮動，不能安定，挫傷了留學生的積極性，以至於對國家的政策不信任甚至失望。並且，還成為國際上一小撮反華分子攻擊我國的藉口。」「留學生問題的根本和關鍵在國內。教育、科技體制不改革，不從根本上大幅度提高

16　《風物長宜放眼量》，《世界經濟導報》，1988 年 9 月 26 日。

和改善國內知識份子的工作待遇和生活待遇，不真正徹底解決國內普遍存在的『人才浪費』問題，真正的『人才外流』才會出現。」[17]

　　當時有關政策的制定者常常關心的是留學生回不回國的「面子」問題，而留學生本人關心的是「裡子」問題，是實質性的，回國以後能否發揮作用、能否人盡其才的問題。有些留學生反映，這在文科留學生方面表現得尤其明顯。曾在美國華盛頓大學留學的林至敏，曾寫了一篇《從文科學生回國後處境看留學生政策》的文章，文中認為國內一方面是人才奇缺，另一方面人才積壓。當時流行的看法是：「經濟學混亂，哲學貧困，法律學幼稚，歷史學危機，政治學白癡。」話雖說得重了一些，確實道出了當時社會科學不景氣的狀況。林至敏還認為：「國內還沒有系統吸收在國外的文科留學生的計畫，更有甚者，國內仍有人公開或不公開地將文科和理工科學生區別對待，認為後者能解國家之需，前者卻可能成為國家之虞。」[18]文科留學生的地位和作用得不到重視，中國社會科學落後的局面就很難改變，隨之而來的，自然就是文科留學生回國後不應遇到的問題。為此，林至敏主張，國內要儘快採取相應的措施，廢除不利於留學生回國的規定。一位在國外拿到博士學位的學者，又攻讀了教育管理學方面的博士學位，試圖回國後能在高校管理方面發揮才智。國內高校的領導選拔是上級領導的事，而不是「專業對口」問題。當然，學校管理問題，在國內的工作經驗是非常重要的，但體制使得人為因素在高校領導的任免上占了太重的比例。

　　在新時期，還有一些留學生反映一些駐外使、領館的工作人員態度，國內有關部門的態度，常常影響著留學生的情緒。據一位留美回國工作的留學生1988年回憶，1987年大興安嶺特大火災發生

---

[17]　《關於留學生政策的幾點思考》，《世界經濟導報》，1988年9月26日。
[18]　《從文科學生回國後處境看留學生政策》，《世界經濟導報》，1988年12月5日。

時，北伊利諾大學的中國留學生立即緊急籌款和募捐支援災區，但總領事館分管該學區的工作人員卻說：「我們現在還沒有接到上面的通知，我們不知道你們能否這麼做，也不能幫你們將款子轉給災區。」讓他們代管一下捐款也不行。這位工作人員也許只是出於觀念上的原因，對此謹慎從事，但作為祖國的特使，對此事的冷淡態度會影響到留學生們的情緒。1988 年 7 月，這位留學生應邀到里茲大學訪問時，因英國食宿昂貴，便與中國駐英大使館教育處聯繫，但對方卻以非常生硬、教訓的口吻來質問：「你哪個單位的？」「誰告訴你這個電話的？」然後，隨意一句「你來吧。」就讓這位留學生拖著行李走了六個多小時，結果還是不給他住。一次，國家教委的一位老司長到北伊利諾大學看望中國留學生，並做了關於四個現代化方面的報告。當問到「我們在這裡所學的東西回國能用得上嗎？」這位老司長聽了哈哈大笑：「我怎麼知道你學了些什麼，我怎麼知道用得上、用不上呢？」結果許多美國教授對此印象很壞，系主任專門找到那位問話的留學生說：「你問了一個非常好的問題，卻得到了一個非常糟的回答。」[19]假如體制改變了，這類官僚作風的人是不應該在這類崗位上起作用的。

這位留學生還回憶另一位留學生的遭遇。中國民航把同一座位的機票賣給了兩個人，結果要他退票，還得交出一定數額的退票費。更不要說由於退票和重新買票而帶來好多天的坐臥不安，真是豈有此理！回國想找一個合適的部門工作，結論是：「在美國盡可能多學幾年也無壞處。國內的體制和社會機制跟不上來。」[20]

新時期的留學生歸國後，在工作上、生活上受到了嚴重的挫折，積極性大受傷害，常有一種壯志未酬的感覺。加上國內同行的妒嫉心理在當時體制下得到縱容，稍有成績，就會有人蜚短流

---

[19] 蘭石：《也談留學生問題》，《世界經濟導報》，1988 年 12 月 5 日。
[20] 《也談留學生問題》，《世界經濟導報》，1988 年 12 月 5 日。

長，專門利用輿論挫傷人的積極性，以期達到讓大家「都一樣」的目的。

當然，對於許多人來說，出國是目的，留學可能只是手段。長期受著禁錮和過著貧窮日子的中國人，一旦有出國的可能時，很多人都千方百計地向外擠，有人試圖通過與來華的外籍人士、海外華人結婚，甚至以冒險偷渡等方式到發達國家去。靠當廚師、教氣功、甚至賣淫過活。有許多自費留學、甚至公費留學的學生，由於經歷「文革」，所受的磨難較多，一心想在國外安逸地過日子。也有人為了能出國深造，在單位歷經九九八十一難，到處燒香磕頭裝孫子，搞得焦頭爛額，到頭來即使在國外找不到合適的工作，也決不想再回國受氣了。面子問題當然也是其中的一個因素。甚至有人明明知道回國或許可以幹一番事業，但想到在國外至少自由，也就無奈地不願回國了。有些留學生在國外雖然面臨著生存的壓力，如失業貧困，甚至饑餓等，但一想到單位的某些領導使得他們的人格受到踐踏，便咬牙忍耐。特別是一些因父母在反右、「文革」中遇害和自己慘遭迫害而造成心靈瘡傷的八〇年代初期出國的留學生，常常對過去念念不忘，充滿仇恨，反映了歷史的陰影。這雖然不值得稱道，但也不能簡單粗暴地對待，而應該引起有關部門認真的反省。另有一些在國內各種人事關係中遊刃有餘的人，自我感覺良好，一旦在國外到處碰壁，則感覺到了西方世界嚴酷的一面。實際上，西方世界依然是西方世界，只是中國知識份子自己的感覺不同。

也有一些留學生在國外經歷坎坷後，回到國內時帶著良好的自我感覺。魯迅所批判的假洋鬼子和錢鐘書《圍城》中所刻畫的那些狹隘、空虛、愛慕虛榮的留學生，在新時期依然存在。

在留學生中一些高幹子女的不良表現，當時也產生了一些消極的影響。「有的高幹子女確實表現很好，但遺憾的並不是都這樣。有相當一批高幹子女帶頭爭取改變留學生身份，爭取在美的永久居

留權。這批人往往學業上不爭氣,在歪門邪道上卻打先鋒,知名的政治離心分子中不少也屬高幹子女。」「前不久一位幹部在洛杉磯出差時面晤其在美的女兒,當聞及其女有儘快回國打算時,就在眾人面前對其女兒說:「急著回去幹什麼,呆在這兒多好。」[21]

儘管如此,留學生對國內的影響總體上是積極的。許多留學的知識份子,即使是暫沒有回國,許多人也在用自己的成就給國內帶來了積極的影響,或交流資訊,或回國講學。更重要的是,思想觀念發生了很大的變化,對國內的社會變革產生了積極的影響。一位在國內要不斷向領導彙報思想的留學生到國外晃了半年以後,突然醒悟過來,說:「我憑什麼要向他們彙報我的思想。」[22]有些十幾歲就出國的留學生,出國讀書一段時間,回國探親後覺得國內情形「慘不忍睹」,「怎麼會是這樣?」這種態度固然有消極隔膜的一面,也可看出國內外的差距。從長遠的角度看,留學生對中國科學文化教育乃至整個社會的發展會起到積極的作用的。我們有充分的理由相信,出國學習的人越多,國內社會越是向前發展,回國奉獻的人就會逐年增加,中國與世界的距離就會逐年縮短。長此以往,留學生會成為促進中國社會不斷走向繁榮富強不可或缺的生力軍。

三、文學作品中的知識份子形象及心態

新時期的文學,首先反映了幾十年來知識份子所面臨的悲慘命運,把昨天的痛苦拿出來剖析,目的在於警示當代和後人,引起世人的重視。中傑英《羅浮山血淚祭》,寫一群大學教授在羅浮山的遭遇,謳歌了一批知識份子熱愛科學、追求真理的情懷。其中從大

---

[21] 宋雅傑:《對留學生管理的若干想法》,《世界經濟導報》,1988 年 9 月 26 日。
[22] 強尼:《留學美國》,江蘇文藝出版社 1996 年版,第 137 頁。

洋彼岸歸來的陳贊教授，被打斷幾根肋骨，流放到羅浮山，風雨交加的夜晚慘死在破廟中的一副擔架上。宗璞《三生石》中的梅理庵教授被作為反動學術權威批鬥，即使身上插著瓶子，也不能倖免，最後喪命於造反派的拳打腳踢之下。王蒙《布禮》中的鐘亦誠，因為一首歌頌冬小麥的詩作而罹難，經受了二十多年的煉獄般的生活。梅汝恍《真理與祖國》中馮自文、樂美琪，因為在人口問題上持有不同見解，而被指責為販賣帝國主義的馬爾薩斯的人口論，並被打成右派，經歷了許多苦難。張國凱的《我該怎麼辦？》則以第一人稱敘述了女主人公的家庭悲劇。因被告知丈夫自殺而跳河遇救，三年後與恩人結婚，「文革」結束後兩個丈夫都平反歸來，使她不知所措，反映了「文革」給知識份子家庭帶來的災難。

　　新時期文學中有相當一部分作品謳歌了作為社會精英的知識份子為事業而奮鬥的敬業精神。這對於長期以來一直把知識份子視為被改造的對象的中國當代，是非常了不起的，五〇年代以來，知識份子一直被視為資產階級和小資產階級的，是改造的對象，是歷次運動鬥爭的對象，人們的頭腦中逐步形成了一種錯誤觀念，認為知識份子作為被教育者，理應受到卑視。因此，新時期開始謳歌知識份子，是了不起的舉動。徐遲新時期第一篇正式發表的報告文學《哥德巴赫猜想》成功地、極其感人地塑造了陳景潤這個形象，駁斥了極左思潮對知識份子的污蔑和誹謗，為新時期替知識份子正名開了道，並對全社會尊重知識、尊重人才產生了重要的影響。僅憑這一點，徐遲就足以在文學史上留下英名，並且尤其值得知識份子階層珍惜。這樣說當然並不意味著要抹殺新時期撥亂反正的作用，但徐遲的藝術成就及其創作的勇氣，無疑是非常重要的。

　　《哥德巴赫猜想》發表後，徐遲又接著發表了歌頌李四光的《地質之光》。此後，有一批報告文學積極讚美知識份子，如黃宗英的《大雁情》謳歌了植物學家秦官屬這樣一個具有高遠的志趣、堅強

的毅力和不屈的鬥爭精神的人物形象；陳祖芬的《祖國高於一切》
中的王遠豐，為了祖國的利益而犧牲了異國戀情，國格是深切感人
的。接著，一批小說開始塑造知識份子形象。這在五、六〇年代是
不可思議的。從一定程度上說，這也可算是突破了長期以來不准正
面謳歌知識份子的禁區，如陸文夫《獻身》中的盧一民、張賢亮《靈
與肉》中的許靈均、王蒙的《布禮》中的鐘亦民、魯彥國《天雲山
傳奇》中的羅群等。諶容《人到中年》中的陸文婷，為了事業，默
默地奉獻自己，後來因超負荷運轉而倒在手術臺上。這些作品在歌
頌知識份子的美德的同時，實際上已經溫和地暗含著對社會以不公
平的待遇對待知識份子的譴責，目的在於激發社會各階層對知識份
子給予一定的同情和理解，特別是對當時漸露端倪的中年知識份子
的生活待遇問題，提出了令人深省的問題。

　　當然，這種歌頌的作品，也有一個從不成熟到成熟的過程。這
不僅表現在作品的藝術技巧上，而且表現在作品的思想深度上。有
些作品謳歌了知識份子如何鑽研科技，如何進行科學管理，為國家
為人民拋灑熱血，其精神固然是可嘉的，但不少作家對國內科技和
國際先進科技之間的距離，以及在改革進程中所面臨的困難，缺乏
深切的瞭解，因而在作品中表現出了明顯的圖解痕跡和理想化的色
彩。粗粗一看尚能引人振奮，細細一想，又感到它們顯得幼稚、簡
單。不少作品表現知識份子在歷經劫難之後，能以民族大業為重，
不計前嫌，當然是很可貴的，反映了知識份子的襟懷。但是僅有這
些是不夠的，知識份子同時更應該有清醒的頭腦，反思「文革」的
深層原因，要在獻身社會的同時捍衛正義，而不能糊裡糊塗地愚
忠。張賢亮《靈與肉》中許靈均放棄了出國定居的機會是可以理解
的，但他決心廝守在一片黃土地上做一個牧馬人，多少有些不思進
取的味道。至於汪浙成、溫可鈺的《積蓄》中，葉如瑩夫婦為了不
失掉中國知識份子的國格與人格，不惜把一年的辛苦積蓄變成了一

桌宴請美籍華人的陪席。面子是保住了。但這種打腫臉充胖子的做法，卻讓人感受到他們活得很累、很痛苦，心理上也很脆弱。其它如魯彥周《天雲山傳奇》、張賢亮的《綠化樹》和《男人的一半是女人》中，羅群、許靈均、章永璘等人，雖歷經坎坷與苦難，都無怨無悔。這種心理可能是可以理解的，但確實是不值得稱道的，因為它只能助長這種現象的繼續存在和反覆出現。愛國主義固然是必要的，但不適宜停留在淺層次和情緒化的層面上，顯得很蒼白。「歸來」詩人梁南《我不怨恨》的詩中還這樣宣導：

> 馬蹄踏倒鮮花，
> 鮮花
> 依舊抱著馬蹄狂吻；
> 就像我被人拋棄，
> 卻始終愛著拋棄我的人。

這種激情有餘，理性不足的詩歌出現在當時，當然需要給予一定的理解，但從總體上說，還是缺少深刻性。甚至有人感到，讀了這樣的作品，會使人聯想到「給他左臉頰一掌，他不但不抗議反而將右臉頰也湊上來的聖者；去拉薩的路上的匍匐而行磕等身長頭的朝聖藏民。」[23]有這樣的思想存在，隨之也就產生了對它們的批評。因此，從八〇年代初，又陸續出現了對知識份子人格的弱點給予坦誠地剖析的作品。這也包含著對新時期早期有類似弱點的作家的性格的剖析。

巴金在反思「文革」時，曾談到知識份子包括他本人「任人宰割」的心理，是知識份子自己屢遭不幸的重要原因之一：「我準備給『剖腹挖心』，『上刀山、下油鍋』，受盡懲罰，最後喝『迷魂湯』，

---

[23]　汪冰：《走向祭壇》，《文藝評論》，1989 年第 3 期。

到陽世重新做人。」[24]這在某種程度上有助紂為虐之嫌。真正像梁漱溟這樣以「三軍可以奪帥，匹夫不可以奪志」的精神正面頂撞的人，實在太少了。也正因為太少了，知識份子的悲劇才惡性循環。

在《雜色》中，王蒙以對「嚴冬的四顧」作為對於「春的讚歌」。小說中寫曹千里先是受胡風事件牽連，1957 年反右運動中又被定為「中右」，文學院畢業後先到中學任教，再轉小學，再插隊勞動，最後到公社任文書和統計員，長期被困在戈壁灘上，他騎著一匹老且瘦的馬去邊遠牧場統計一項毫無意義的數字，一路感傷，在命運的打擊下顯得無奈，日漸猥瑣。王蒙的另一篇小說《相見時難》，寫翁式含軟弱退讓，情緒低落，消極地度過了「文革」的坎坷。女友藍佩玉從美國回來參加她父親的追悼會時，繼母又挑撥這對戀人的關係，而翁式含則消極地對待人生，避開矛盾。

諶容的《獻上一束夜來香》，則刻畫了一個毫無主體意識、怯懦、順從的李壽川的形象，他戰戰兢兢地度過了無主體的生活。他在單位受沈處長支使，在家則對老婆唯唯諾諾。在年近花甲的時候，突然有了一次主體意識，買了一束童年時代所喜歡的「夜來香」花，被新來單位工作的女大學生齊文文拿了放在兩人一起辦公的桌上，共同觀賞，引起非議。他受到刺激，精神完全崩潰，最終竟一病不起。陸文夫的《井》中的女工程師徐麗莎，也是由於社會環境的壓力和懦弱、忍讓的性格弱點最終走上自殺的道路。劉振華的《推理案》寫汪西仲當年在議論蓋房子時說了句「紅磚不如青磚」便嚇得兩個星期吃不下飯，怕人說他反對紅專道路，一連寫了五次交心材料。後來因撿到一元錢找不到失主而惶惶不可終日，進退兩難，嚇得直想哭。吳若增《長尾巴的人》中的趙家有總覺得自己屁股上有一條尾巴，因而膽顫心驚，不敢見人，甚至連談戀愛結婚也不敢，

---

[24] 巴金：《再論說真話》，《隨想錄》第二集，人民文學出版社 1997 年版，第 96 頁。

但那尾巴卻是根本不存在的。馮驥才的《啊！》中的吳仲義，雖然僥倖地逃過了反右鬥爭，但在七〇年代的深挖中，還是未能倖免，從一個有才華、有思想的青年知識份子，變成了自私膽小、周旋於官場上的卑鄙小人，其自尊和自信受到了嚴重的傷害，心靈也已被扭曲。

隨著時代的不斷向前發展，因知識份子自身的軟弱性和體制所造成的悲劇還在新的社會背景下重演。石言的《漆黑的羽毛》寫我國最早學遺傳工程的一位女大學生陳靜，長期以來一直被困在一個縣養豬場而不能歸隊發揮所長，直到「漆黑的羽毛」的秀髮中已經出現了銀絲，還在等待縣委書記有朝一日能夠覺悟，讓她調入家科所。陸文夫的《井》中，徐麗莎作為年富力強的女工程師，在事業上屢有建樹，卻因封建殘餘和傳統習慣勢力和思維定勢的傷害，投井自殺。

至於經濟大潮對知識份子社會處境和經濟待遇所帶來的新的衝擊，更是當時社會所關心的熱點，在作品中也屢有表現。江灝的《紙床》中，向小米作為一個模範教師，因教學成績突出，而由小學進入中學任教，深受學生及家長的歡迎，她的業務才能得到了社會的承認，在事業上可謂令人羨慕，但七平方米的住房讓一家三口難以安居。最後向小米只能把女兒的骨灰盒放在一張紙疊成的床上，滿足了女兒生前希望有一張自己的床的渴望。向小米在權勢在手的教育局趙副局長和暴發戶倒爺的學生面前，感到無助、貧困和屈辱，揭露了金錢和權力對知識份子的欺壓。

上述這些還是寫知識份子消極、軟弱、無能的一面，還有一些作品則揭露了知識份子守舊、欺詐的一面。劉索拉的《你別無選擇》，寫一位賈教授一生刻板、拘謹、守舊、一生平庸，從無創新，終身守著本本教條，反對創新，並通過政治權力將創新者逐出學院。李曉的《繼續操練》，則寫一位王教授以出國名額為誘餌，讓

自己的研究生把成果讓給他。而與王教授爭做系主任的李教授則灌
醉王教授的研究生，唆使他翻臉，以搞臭王教授，自己當上系主任，
後來又過河拆橋，讓那位研究生背著「出賣導師」的惡名，不能通
過論文答辯。其它如趨炎附勢、爭名奪利的高級知識份子的醜陋性
的一面，都在一些作品中受到了抨擊。

在王毅的《對照檢查五重奏》中，與王教授有類似之處的滿益
生，身為研究室主任、黨支部委員，卻利用權勢竊據別人的論著成
果，強佔兩處住房，鑽營出國。在整黨過程中，口頭上大唱高調，
要做一個優秀的共產黨員，要認真對照檢查，對自己的問題卻隻字
不提，乃至文過飾非、明目張膽地歪曲事實，內心裡還在咒罵：「沒
事找事，偏偏整什麼黨？他媽的！」這種市儈習氣，正反映了官場
上的知識份子敬業精神為自私自利的品性所取代。趙長天的《門外》
寫榮德醫院副院長凌青一方面為人正直，能上門質問有打擊報復之
嫌的市委副書記兼市紀委書記，另一方面也不得不枉費心機，為這
位副書記的兒子內科醫生陸大力出國進修問題張羅，並在陸大力答
辯會上陷入既想幫他解圍，又想堅持原則的矛盾。張欣的《免開尊
口》寫一位醫院五官科汪主任，「年輕時也是眼裡容不得沙子，原
則性咬得死死的」，但嚴酷的現實卻衝擊著他的原則性。寇里安個
外線電話，要送兩臺利時達石英鐘，還趁著主管科長來五官科治療
的機會。寇里得不到好處，護士便輪流「生病」，班排不齊，這使
得他逐步由迷茫、困惑而匯入世俗潮流中了。為寇里私設小金庫，
他原諒醫生鮑光虎為得平價兌換券而給一般紅眼病人開先鋒黴
素，甚至容忍鮑光虎進一種叫阿克拉黴素的既過期又無用的藥。對
有正義感愛提意見的女青年大夫查國萍也日漸厭煩起來，反映了隨
波逐流的知識份子的軟弱、無能、甚至日漸墮落。這還是把社會看
成是染缸，知識份子因不能自律或身不由己地被同化了，因而失去
了獨立人格。實際上，歷次運動的發生，從反胡風、反右、到「文

革」等等，周揚、胡喬木們難辭其咎，陳伯達、姚文元們罪惡滔天，甚至郭沫若們也曾推波助瀾。「在任何一個『效忠』運動中，知識份子總是擠在最前列。『語錄』是誰所編？『第一張馬列大字報』是誰所貼？『效忠』的理由是誰講得最充分、最透徹？老實地承認是知識份子。」「在歷次運動中，被整的多半是知識份子，而整人的也多半是知識份子，即知識份子整知識份子，而且其整法之無情、之厲害、之殘酷、之惡毒，比之工人、農民的整法有過之而無不及。為了往上爬，不惜踩著同行鮮血淋淋的殘軀。為了保全自己，不惜栽髒陷害，出賣朋友。講假話、編假證明成了家常便飯。逆來順受的奴性，自欺欺人的阿Q主義，打著各種旗號的利己主義，都達到了極至。」[25]與知識份子懦弱性格相關的是，新時期的許多作品中，還描寫了傳統文化的劣根性和社會環境的某些弱點對知識份子的戕害。王蒙的《名醫梁有志傳奇》抨擊了「聰敏致禍、愚傻得福」社會弊端。梁有德做事慢條斯理，說話結結巴巴，因而仕途能夠通達；而梁有志因從小太聰明而被看成是不祥之物，正因才華橫溢而左右碰壁。但是，當梁有志對前途感到絕望、意志消沉、打麻將不務正業時，卻官運亨通，在他一竅不通的醫院當上了院長。而醫道高深的醫學專家張一得，卻難免有驕傲自大之嫌，不可能當上院長。知識份子的能力被痛苦地鉗制著，得不到正常的發揮。程乃珊的《當我們不再年青的時候》，塑造了秦韻佳這樣本來富有個性的人物，卻不得不壓抑自己。她喜愛漂亮的衣服，卻不能不強迫自己放棄這種愛好。她戀愛時，領導警告她說那對象是在政治上不要求進步的人，她便只得強迫自己把心愛的人忘掉。就這樣，她一次次地否定自己，忍氣吞聲，成為一個異化的人。她的這種性格完

---

[25] 童慶炳：《拷問自我——關於知識份子題材作品的再思考》，《文藝報》，1989年2月18日。

全是環境所扭曲的。我們可以想像，她本人也以扭曲的人格融匯到環境之中，對他人的正常人格形成壓力。

　　總的說來，新時期文學中對於知識份子的表現，經歷了一個變遷。作家們從早期的控訴政治運動給知識份子帶來的悲劇，和歌頌知識份子的愛國情懷與敬業精神，以及呼籲改變知識份子的生活條件，開始轉向對於知識份子自身的審視和剖析知識份子的人格弱點，抨擊知識份子中的一些醜陋、卑鄙的靈魂。這種由頌揚、同情向審視和鞭笞的變遷，標誌著中國知識份子在新的歷史時期自我認識的深化，促使知識份子逐步走向成熟，真正地捍衛了自身的尊嚴與利益，最終以獨立的人格促進國家走向文明富強。因此，這種對知識份子的批評與審視，無論對知識份子還是對於整個社會，意義都是重大的。

結　語

　　從 1976 年到 1989 年的整個新時期，中國的知識份子逐步走出
了反右擴大化以降，特別是「文革」時期的陰霾。在這個歷程中，
肅清極左思潮的荼毒，將知識份子從「臭老九」的被改造的地位解
放出來的路途跋涉，是艱難而又曲折的，而知識份子自己為自己的
解放起到了積極的作用。他們不僅推動了自己的解放，而且推動了
整個社會的發展。在改革開放的進程中，他們積極參與真理標準問
題的討論，參與對「文革」的深刻反思。在新時期前期，許多作家
所創作的文藝作品雖然在藝術性方面大都很粗糙，文學價值平平，
但這些作品在思想解放運動的非常時期起到了先鋒作用，為撥亂反
正，振奮人心，調整價值取向，推動全社會走向現代化建設，起到
了獨特的作用。
　　儘管中國的知識份子在過去歷經磨難，而且處在前路漫漫的社
會轉型時期，但他們中的大多數人依然能夠冷靜、客觀地反省過
去，面向現實，放眼未來，責無旁貸地擔當起現代化進程中的歷史
使命，深刻地思考現實的社會問題和未來的現代化道路問題。雖然
這種思考相互之間有很多分歧，有些想法客觀上並不切合實際，但
是我們應該看到，中國知識份子中的絕大多數，都是立足於對社會
有益、為社會奉獻的角度去思考問題的。在他們的身上，中國古代
知識份子的「國家興亡，匹夫有責」、「先天下之憂而憂，後天下之
樂而樂」的優良傳統得到了充分的體現。在經濟轉軌的過程中，中
國知識份子從社會待遇到經濟待遇，都經歷過一定的坎坷，生存環

境幾經周折，一度惡化。可以說，知識份子的群體在整個新時期，能夠顧全大局，忍辱負重，做出了很多的奉獻。在改革開放的征途上，他們揮灑了自己的血汗，許多人生活貧困，有的甚至英年早逝。

在新時期，知識份子的超前意識和社會發展的現實之間，也常常因差異而發生摩擦，但這種超前意識本身在推動著社會的進步。社會的發展需要一定的超前意識，許多當年存在的知識份子與社會和體制之間衝突的問題，現在回過頭來看看，已經不成為問題，但在當時卻無法達成一致。從某種程度上說，這是一種歷史的必然，但在當時卻以尖銳衝突的形式表現了出來，而這種解決本身也包含著知識份子在衝突中的積極推動。

當然，中國的知識份子在思想上並不是鐵板一塊的。由於經歷的不同，世界觀的差異，也有一部分知識份子與大多數知識份子在思想的總體方向上是有很大差異的。其中有極少數知識份子還是極左餘孽，他們與先鋒派知識份子有時雖然同樣都在發牢騷，但目標卻截然相反。同時，老一輩知識份子、中年知識份子、青年知識份子在心態上也有一定的差異。這在一定程度上是由他們的經歷和處境決定的。總的說來，在新時期，中國絕大部分知識份子的心態是健康的、積極的。

新時期的中國知識份子經歷了艱難地走出夢魘的跋涉。這既是他們自我心靈不斷超越的跋涉，也是他們作為個體在社會中的跋涉，更表明了整個中國社會在現代化歷程中的跋涉。

1999 年 11 月初稿，
2000 年 10 月修改。

後　記

　　這本書原是某出版社叢書約稿中的一本，在 2001 年 3 月我去韓國以前就對校樣做了一次校對，由於總是湊不齊，出版社拖了下來。後來看到其中有人的書已經在其他出版社出版，於是也想到單獨出版，也算是保存了當時對這個問題思考的原貌吧！

朱志榮

2006 年 6 月 13 日

主要參考文獻

1. 鄧小平：《鄧小平文選（1975～1982）》，人民出版社 1983 年版。

2. 鄧小平：《鄧小平文選》第三卷，人民出版社 1993 年版。

3. 《鄧小平論統一戰線》，中央文獻出版社 1991 年版。

4. 周恩來：《周恩來選集》下卷，人民出版社 1984 年版，第 160 頁。

5. 沈寶祥：《真理標準問題討論始末》，中國青年出版社 1997 年版。

6. 戴煌：《胡耀邦與平反冤假錯案》，中國文聯出版公司 1998 年版，第 188 頁。

7. 王學典：《20 世紀後半期中國史學主潮》，山東大學出版社 1996 年版。

8. 黎澍：《再思集》，中國社會科學出版社 1985 年版。

9. 黎澍：《論歷史的創造及其它》，湖南人民出版社 1988 年版。

10. 趙德昌：《知識份子問題研究》，山西人民出版社 1989 年版。

11. 《宣傳動態選編》（1981），中共中央黨校出版社 1982 年版。

12. 《三中全會以來—重要文獻選編—》，上、下，人民出版社 1982 年版。

13. 巴金：《隨想錄》第一集～第五集，人民文學出版社 1997 年版。

14. 李澤厚：《中國現代思想史論》，東方出版社 1987 年版。

15. 楊尚昆等：《我所知道的胡喬木》，當代中國出版社 1997 年版。

16. 胡喬木：《關於人道主義和異化問題》，人民出版社 1984 年版。

17. 李輝：《往事蒼老》，花城出版社 1998 年版。

18. 王元化主編：《新啟蒙》叢刊，第一冊～第四冊，湖南教育出版社 1988-1989 年版。

19. 王元化：《清園近思錄》，中國社會科學出版社。

20. 王元化：《清園論學集》，上海古籍出版社，1994 年 12 月版。

21. 王元化：《文學沉思錄》，上海文藝出版社 1983 年版。

22. 王元化：《思辯隨筆》，上海文藝出版社 1994 年版。

23. 胡適：《胡適自傳》，江蘇文藝出版社 1995 年版。

24. 中國社會科學院近代史所編：《紀念五四運動六十周年學術討論會論文選》（一），中國社會科學出版社 1980 年版。

25. 傅偉勳：《從西方哲學到禪佛教》，三聯書店 1989 年版。

26. 蔣夢麟：《現代世界中的中國——蔣夢麟社會文談》，學林出版社 1997 年版。

27. 邱志華編：《陳序經學術論》，浙江人民出版社 1998 年版。

28. 利馬竇：《利瑪竇中國箚記》上冊，何高濟等譯，中華書局 1983 年版。

29. 李輝：《往事蒼老》，花城出版社 1998 年版。

30. 羅素：《羅素文集》，改革出版社 1996 年版。

31. 方克立、黎錦全主編：《現代新儒家研究論集（一）》中國社會科學出版社 1989 年版。

32. 韋政通：《儒家與現代中國》，臺灣東大圖書有限公司版。

33. 羅義俊編：《評新儒家》，上海人民出版社 1989 年版。

34. 葉永烈：《傅雷一家》，天津人民出版社 1992 年版。

35. 宋強、喬邊等著：《人民記憶 50 年》，甘肅人民出版社 1998 年版。

36. 徐子芳編：《中國憂思錄》，安徽人民出版社 1988 年版。

37. 巴金：《再思錄》，上海遠東出版社 1995 年版。

38. 胡喬木《胡喬木文集》第二集，人民出版社 1993 年版。

39. 梅志：《胡風傳》，北京十月文藝出版社 1998 年版。

40. 《梁漱溟全集》第一卷，山東人民出版社 1989 年版。

41. 《梁漱溟全集》第七卷，第八卷，山東人民出版社 1993 年版。

42. 《回憶梁漱溟》：灕江出版社 1991 年版。

43. 馮友蘭：《三松堂全集》第一卷，第十三卷，河南人民出版社 1985 年版。

44. 蔡仲德：《馮友蘭先生年譜初編》，河南人民出版社 1994 年版。

45. 劉定祥等：《梁漱溟研究集》，廣西師範大學出版社 1994 年版。

46. 蔡仲德編：《馮友蘭研究》第一輯，國際文化出版公司 1993 年版。

47. 單純、曠昕主編：《解讀馮友蘭·學人紀念卷》，海天出版社 1998 年版。

48. 馮仲璞、蔡仲德編：《馮友蘭先生百年誕辰紀念文集》，清華大學出版社 1995 年版。

49. 鐘岩：《新三級學人》，浙江人民出版社 1996 年版。

50. 徐曉主編：《洗禮歲月》，中國社會出版社 1997 年版。

51. 強尼：《留學美國》，江蘇文藝出版社 1996 年版。

52. 留學生叢書編委會編：《無盡的旋律》，中國友誼出版公司 1992 年版。

53. 1976～1989 年全國主要報刊雜誌。

國家圖書館出版品預行編目

新時期中國知識份子研究 / 朱志榮著. -- 一版.
-- 臺北市：秀威資訊科技， 2010.04
面； 公分. -- (史地傳記類；PC0101)
BOD 版
參考書目：面
ISBN 978-986-221-407-7 (平裝)

1.知識份子 2.中國

546.1135 99001441

 史地傳記類 PC0101

新時期中國知識份子研究

作　　者 / 朱志榮
發 行 人 / 宋政坤
執行編輯 / 林泰宏
圖文排版 / 黃莉珊
封面設計 / 陳佩蓉
數位轉譯 / 徐真玉　沈裕閔
圖書銷售 / 林怡君
法律顧問 / 毛國樑　律師
出版印製 / 秀威資訊科技股份有限公司
　　　　　台北市內湖區瑞光路 583 巷 25 號 1 樓
　　　　　電話：02-2657-9211　　傳真：02-2657-9106
　　　　　E-mail：service@showwe.com.tw
經 銷 商 / 紅螞蟻圖書有限公司
　　　　　台北市內湖區舊宗路二段 121 巷 28、32 號 4 樓
　　　　　電話：02-2795-3656　　傳真：02-2795-4100
　　　　　http://www.e-redant.com

2010 年 4 月 BOD 一版
定價：370 元

讀　者　回　函　卡

感謝您購買本書，為提升服務品質，煩請填寫以下問卷，收到您的寶貴意見後，我們會仔細收藏記錄並回贈紀念品，謝謝！

1. 您購買的書名：＿＿＿＿＿＿＿＿＿＿＿＿＿＿＿＿＿＿＿

2. 您從何得知本書的消息？

　　□網路書店　□部落格　□資料庫搜尋　□書訊　□電子報　□書店

　　□平面媒體　□朋友推薦　□網站推薦　□其他＿＿＿＿＿＿

3. 您對本書的評價：(請填代號　1.非常滿意 2.滿意 3.尚可 4.再改進)

　　封面設計＿＿＿　版面編排＿＿＿　內容＿＿＿　文/譯筆＿＿＿　價格＿＿＿

4. 讀完書後您覺得：

　　□很有收獲　□有收獲　□收獲不多　□沒收獲

5. 您會推薦本書給朋友嗎？

　　□會　□不會，為什麼？＿＿＿＿＿＿＿＿＿＿＿＿＿＿＿＿

6. 其他寶貴的意見：＿＿＿＿＿＿＿＿＿＿＿＿＿＿＿＿＿＿＿

＿＿＿＿＿＿＿＿＿＿＿＿＿＿＿＿＿＿＿＿＿＿＿＿＿＿＿＿＿

＿＿＿＿＿＿＿＿＿＿＿＿＿＿＿＿＿＿＿＿＿＿＿＿＿＿＿＿＿

＿＿＿＿＿＿＿＿＿＿＿＿＿＿＿＿＿＿＿＿＿＿＿＿＿＿＿＿＿

讀者基本資料

姓名：＿＿＿＿＿＿＿＿＿＿　年齡：＿＿＿＿　性別：□女　□男

聯絡電話：＿＿＿＿＿＿＿＿　E-mail：＿＿＿＿＿＿＿＿＿

地址：＿＿＿＿＿＿＿＿＿＿＿＿＿＿＿＿＿＿＿＿＿＿＿＿＿

學歷：□高中(含)以下　□高中　□專科學校　□大學

　　　□研究所(含)以上　□其他＿＿＿＿＿＿＿＿

職業：□製造業　□金融業　□資訊業　□軍警　□傳播業　□自由業

　　　□服務業　□公務員　□教職　□學生　□其他＿＿＿＿＿

To：114

台北市內湖區瑞光路 583 巷 25 號 1 樓

秀威資訊科技股份有限公司　　　收

寄件人姓名：

寄件人地址：□□□

(請沿線對摺寄回,謝謝!)

秀威與 BOD

BOD（Books On Demand）是數位出版的大趨勢，秀威資訊率先運用 POD 數位印刷設備來生產書籍，並提供作者全程數位出版服務，致使書籍產銷零庫存，知識傳承不絕版，目前已開闢以下書系：

一、BOD 學術著作—專業論述的閱讀延伸

二、BOD 個人著作—分享生命的心路歷程

三、BOD 旅遊著作—個人深度旅遊文學創作

四、BOD 大陸學者—大陸專業學者學術出版

五、POD 獨家經銷—數位產製的代發行書籍

BOD 秀威網路書店：www.showwe.com.tw

政府出版品網路書店：www.govbooks.com.tw

永不絕版的故事・自己寫・永不休止的音符・自己唱